身体の国民化

多極化するチェコ社会と体操運動

福田　宏 著

北海道大学出版会

中・東欧における言語分布図（1900年ころ）

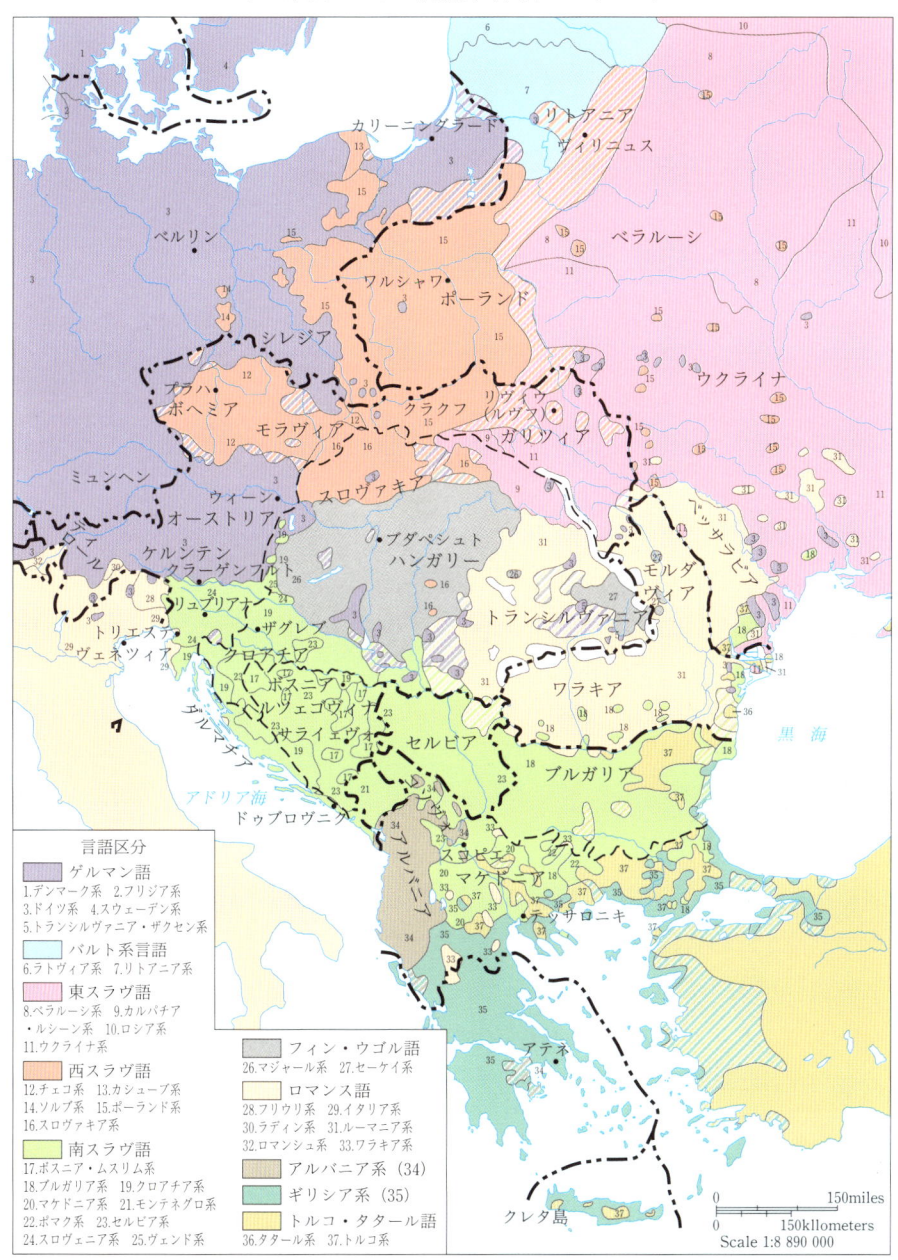

出典：Paul Robert Magocsi, *Historical Atlas of Central Europe* (University of Washington Press, 2002), Revised and Expanded Edition, p. 99.

目　次

凡　例

プロローグ ··· 1

　1万1000名の集団美　1
　民主主義の学校　2
　3つの出会い　5
　　(1)　市民層と下層民の出会い　6
　　(2)　市民性とエスニック性の出会い　8
　　(3)　身体と精神の出会い　9
　本書の構成　11

第1章　国民社会への軌跡 ··· 15

　はじめに　15
　1.1　多極化するチェコ社会　17
　　1.1.1　対抗意識　17
　　1.1.2　誰がチェコ人なのか？　19
　1.2　チェコ社会における国民主義の展開　21
　　1.2.1　M. フロフの段階論　21
　　1.2.2　近代的「市民社会」としての国民（C1段階）　22
　　1.2.3　一人歩きする「チェコ性」（C2段階）　23
　　1.2.4　市民層と下層民のせめぎ合い（C3段階）　25
　1.3　ドイツ系社会とユダヤ系社会の反応　26
　　1.3.1　追い込まれるドイツ系社会　26
　　1.3.2　「袋小路」のユダヤ系社会　30
　1.4　研　究　史　33
　　1.4.1　近代性（＝市民性）への着目　33
　　1.4.2　チェコ史学における新しい流れ　35
　　1.4.3　体育史研究における変化　36
　おわりに――本書の位置づけ　38

第2章　チェコ系とドイツ系の「分化」……………………………… 45

はじめに　45

2.1　チェコ社会における結社活動の発展　46
　2.1.1　立憲体制への移行と結社法　46
　2.1.2　結社の発展と諸国民の「分化」　47

2.2　体操運動における「分化」過程　49
　2.2.1　体操運動の萌芽期　50
　2.2.2　「分化」の始まり　52

2.3　創設者の「覚醒」　53
　2.3.1　フュグネルの「チェコ化」　53
　2.3.2　ティルシュの模索　56

2.4　チェコ的体操の探究──身体文化の創出　61
　2.4.1　「適者生存」の世界観　61
　2.4.2　モデルとしての古代ギリシア　62

おわりに　64

第3章　シンボルをめぐる闘争 ……………………………………… 69

はじめに　69

3.1　ソコル　73
　3.1.1　ソコルの発展　73
　3.1.2　体操運動における国民的公共圏　75
　3.1.3　チェコ社会におけるヤン・フス　78
　3.1.4　ソコルにおけるヤン・フス　80

3.2　労働者系体操運動　85
　3.2.1　労働者体操協会の誕生　85
　3.2.2　初期の課題　87
　3.2.3　ソコルとの関係　90
　3.2.4　「先駆的社会主義者」としてのヤン・フス　93

3.3　カトリック系体操団体　95
　3.3.1　カトリック大衆運動とオレル　95
　3.3.2　ソコルとの「対決」と「真のキリスト者」としてのフス　97

おわりに　101

第4章　「我が祖国」への想像力　　　　　　　　　　　　　　103

　はじめに　103

　4.1　「救うべき同胞」の発見　107
　　　4.1.1　言語と国民　107
　　　4.1.2　学校財団と国民協会　110

　4.2　ドイツ系多数地域とソコル運動　112
　　　4.2.1　支援活動のきっかけ　112
　　　4.2.2　社会主義勢力との対立　114

　4.3　禁止された2つの祭典　118
　　　4.3.1　テプリツェにおける祭典　118
　　　4.3.2　プラハティツェへの遠征　121

　4.4　「脅かされた地域」へのソコルの進出　125
　　　4.4.1　クカニの語り ── 国民的地平　125
　　　4.4.2　公共空間の構築 ── 体育館と指導者　128
　　　4.4.3　チェコ系多数社会とのネットワーク　131

　おわりに　133

第5章　創られるユダヤ人の身体　　　　　　　　　　　　　　137

　はじめに　137

　5.1　ドイツ体操運動における反セム主義の台頭　139
　　　5.1.1　反セム主義の新しさ　139
　　　5.1.2　体操運動における「アーリア化」の波　140

　5.2　「病的なユダヤ人」から「新しいユダヤ人」へ　145
　　　5.2.1　「劣性の他者」としてのユダヤ人　145
　　　5.2.2　ユダヤ系体操運動の展開　149

　5.3　チェコ社会におけるユダヤ人　155
　　　5.3.1　チェコ・ナショナリズムにおける反セム主義　155
　　　5.3.2　ソコルにおける反セム主義の拡大　158
　　　5.3.3　プラハにおけるユダヤ体操運動とソコル祭典　160

　おわりに　164

第 6 章　オリンピックとチェコ国民　169

はじめに　169

6.1　社会におけるオリンピックの位置　172
　　6.1.1　初期オリンピックのイメージ　172
　　6.1.2　スポーツと体操をめぐる論争　174

6.2　対立の予兆　181
　　6.2.1　1896 年の第 1 回アテネ大会　181
　　6.2.2　国家と国民の問題　184
　　6.2.3　オーストリアにおけるオリンピックへの関心　186

6.3　政治化するオリンピック　187
　　6.3.1　1906 年アテネ中間大会における最初の対立　187
　　6.3.2　1908 年ロンドン大会における「ボヘミヤ王国」　188

6.4　「国家的事項」としてのオリンピック　192
　　6.4.1　「オリンピック国民」の定義　192
　　6.4.2　グートとヴィンディシュグレーツの直接交渉　194
　　6.4.3　1912 年のストックホルム大会　197

6.5　チェコ・オリンピック委員会の追放　201
　　6.5.1　チェコ・スポーツ基本政治綱領　201
　　6.5.2　オリンピック・コングレスの参加資格　203
　　6.5.3　1914 年のパリ・コングレス　204
　　6.5.4　「政治的国民」の意味するもの　206

おわりに　208

エピローグ　213

《マラトンの戦い》とチェコ国民　213
《ティルシュの夢》——国民的体操運動の頂点　216
夢のあとに——終わりの始まり　221

参考文献　227
あとがき　247
人名索引　253

凡　例

- 現在のチェコ共和国に当たる地名についてはチェコ語の読みで表記する。ただし，初出の際にはチェコ語とドイツ語の原語を併記する。
- 引用部分内の括弧［　］は，すべて筆者(福田)によるものである。
- 本書においては，三人称複数の人称代名詞を原則として「彼ら／彼女ら」と表記する。ただし，女性を含まない場合や，引用文の中で主として男性が想定されていると思われる場合は「彼ら」とした。

身体の国民化

プロローグ

1万1000名の集団美

1912年6月29日，昼下がりのプラハ（Praha, Prag）では，チェコ体操協会ソコル（Sokol）[1]による祭典のハイライト，大人数による男性の徒手体操が始まろうとしていた。観客で満員となった特設のスタジアムに1万人を越えるソコル・メンバーが32列の縦隊となって整然と入場，体操のできる隊形へと一斉に展開していく。ソコル指導者の一人は，この時の模様を以下のように語った。

> 眼下では，熱狂した1万1000名のソコルの英雄たちが息をしている。……［体操家たちの］脈打つこめかみから大粒の汗が流れ出し，乾いた首筋を伝って血の通う腕へと流れていく。しかしながら，それでもなお，精神は何も知らずに歌い続ける。精神に支配された肉体が疲れを感じる

---

[1] ソコル（Sokol）とは，チェコ語などのスラヴ系言語で隼（タカ目ハヤブサ科）を意味する単語である。この名称は南スラヴの英雄を象徴する鳥に由来するという説があるものの真偽のほどは定かではない。Josef Müller, "Vznik a založení Pražské tělocvičné jednoty Sokola"［プラハ体操協会ソコルの起源と設立］, In: Památník (1883) pp. 44-47, esp. p. 46; Novotný (1990) pp. 5-11. また，ソコルの祭典を意味する slet は，もともと「鳥の群れ」を意味する単語であるが，ソコル運動の中で「祭典」を意味する言葉として使われるようになった。本書では slet を「祭典」と訳す。なお，カトリック系体操団体の名称として採用されたオレル（Orel）は鷲を意味する単語である。

図1　第6回ソコル祭典(1912年)における男子徒手体操
出典：Památník VI, n. p.

ことはありえないのだ。……菩提樹からはそよ風が吹き，その香りがますます強まっていく。息をせよ，スラヴの樹よ。我々と共に息をせよ。そう，スラヴが息づくのだ。今を生き，そして，未来を生きるために[2]。

　このソコル祭典には，外国からも多数のジャーナリストが訪れていた。その中の一人，イギリスの『タイムズ』記者H. W. スティードは，隣に立っていた青年チェコ党のK. クラマーシュに思わずこう洩らしたという。「彼らは体操家というよりは軍隊ですね」「そうです」クラマーシュは答えた。「武器を持たせれば，彼らはヨーロッパ戦争でちゃんと仕事をするでしょう」[3]。

民主主義の学校

　1862年にプラハで設立されたソコルは，20世紀初頭にはチェコ社会最大

---

2) Památník VI, p. 268.
3) Henry Wickham Steed, *Through Thirty Years 1892-1922: A Personal Narrative* (London, 1924) vol. 1, pp. 359-360.

の結社へと成長していた。服装や言葉遣い，行動パターンなどによって身分や階級の差異が明確に意識されていた時代である。このような社会において，お互いに親称の「君・お前 ty」で呼び合い，同じ体操着を着て同じ場所に集い，同じ動作によって国民[4]としての一体感を体得する。そのような体操運動のあり方は，人々に大きなインパクトを与えるものであったに違いない。1884年から亡くなる1937年までソコル会員であり，第一次世界大戦後に新生チェコスロヴァキアの初代大統領となったマサリクは，次のように語っている。

> ……それ［ソコル］は民主主義の学校です。私がソコルで体操をしていた時には，労働者や学校の先生もそこにいました。私の隣に労働者が立っていた時，私が彼に「君」で呼びかけると，彼は私のことを「お前」と言ったり「あなた」と言ったりと，はっきりしなかったのでした。最終的には「君」と呼ぶようになりましたが，最初のうち彼は，大学の教師にどうやって呼びかけていいのか分からなかったのです[5]。

もちろん，すべての階層の人間が等しくソコルの体育館に通い，同じように練習していたという表現は，ある程度割り引いて読む必要があろう。ソコルなどの体操団体は，一般に，実際に練習を行う体操会員(cvičící)と経済的

---

4) 本書においては，英語のネイションに相当する言葉(národ, Nation)に「国民」という訳語を当てる。ここでは，国民は「原初的」なものではなく，極めて近代的なものと捉えられている。国民とは，「人間の信念と忠誠心と連帯感とによって作り出された人工物」であり，「想像の共同体」なのである。小沢(1991) pp. 2-3；ゲルナー(2000) p. 12；B. アンダーソン(1997)。少なくともその意味では，近代以前に存在したエトニ(ethnie)と国民とは本質的に断絶している。故に本書では，国民の近代性を強調しながらも前近代のエトニとの連続性を指摘するスミスの議論からは距離を置いている。スミス(1998)。なお，英語のナショナリティーに相当する言葉(národnost, Nationalität)については「民族」又は「民族性」の訳語を当てる。国民および国民主義の理論を整理したものとしては，中澤(2002)を参照。

5) 1930年1月16日に行われたマサリクへのインタヴュー。Quoted in Krejčí (1947) pp. 45-46.

図2 マサリクとソコル(1894年)
(後ろから2列目、左から3番目がマサリク)
出典：Krejčí (1947) n. p.

な援助や指導を行う寄付会員(přispívající)とに分かれており，メンバー全員が体操をしているわけではなかった。また，体操会員の多くが労働者など社会的下層に位置する人々であったのに対し，寄付会員には社会的上層の人々が多く含まれていたことを考えると，ソコルを単純に「民主主義の学校」と呼ぶわけにはいかないであろう。

とはいえ，大衆の国民化過程において，ソコルが大きな役割を果たしたという事実は否定できまい。例えば，プラハ生まれの歴史家ハンス・コーンは，ソコルがチェコ国民主義に対して「最大のインスピレーション」を与えたと述べ，チェコスロヴァキアの古典的通史を著したハリソン＝トムソンは，「大衆を国民という共同体に統合する過程において政治的リーダーよりも重要な働きをした」と指摘している[6]。

では，ソコルに代表されるような体操結社がチェコ社会の国民主義に大き

---

6) Kohn (1960) p. 232; Samuel Harrison-Thomson, *Czechoslovakia in European History* (Princeton University Press, 1953), 2nd edition, p. 229. その他，Hugh Seton-Watson, *Nations and States: An Enquiry into the Origins of Nations and the Politics of Nationalism* (London: Methuen, 1977) p. 212; Garver (1978) pp. 31, 116-119; Glettler (1970) p. 30 などを参照。

な影響を与えたとすれば、それはいかなる点においてであろうか？　この点を解明することが本書の課題である。

3つの出会い

　近代社会における結社の重要性をいち早く指摘したのは、フランスのトクヴィルである。1831年から翌年にかけてアメリカ合衆国を視察した彼は、「新しい世界」に感銘を受け、帰国後、古典的名著『アメリカにおけるデモクラシー』を著したのであった。政治制度から政治文化、宗教、社会までの多岐に渡る論述の中で、彼は、合衆国の民主主義を支えている重要な要素として自発的結社を挙げたのである。

　こうした中間集団に対する関心は、例えば、アノミーの進行する産業社会にあって職業集団が持ちうる意義を強調した19世紀末のデュルケム、中間的＝媒介的な社会集団の形態に基づいて大衆社会を類型化した20世紀半ばのコーンハウザーなどに受け継がれている[7]。最近では、トクヴィルの言う結社の効用を統計的手法によって明らかにしたパットナムが挙げられよう[8]。彼は、1970・80年代のイタリアを取り上げ、結社の活性度や新聞購読率、投票率を「市民共同体」指数として数値化し、各州の統治パフォーマンスとの相関関係を明らかにしている。彼もまた、トクヴィルと同様、結社が民主主義の有効性と安定性を高め、メンバー間における協力の習慣や連帯感、公共心を醸成する効果を持つと指摘したのである。トクヴィルやパットナムなどによれば、こうした点は、政治的結社だけではなく非政治的な結社につい

---

7) 富永茂樹『理性の使用——ひとはいかにして市民となるのか』みすず書房、2005、pp. 70-154、esp. 121ff.

8) ロバート・D. パットナム（著）、河田潤一（訳）『哲学する民主主義——伝統と改革の市民的構造』NTT出版、2001、pp. 107f.; Frank Trentmann, *Paradoxes of Civil Society: New Perspectives on Modern German and British History* (New York/Oxford: Berghahn Books, 2003), 2nd edition, p. 12. アレクシス・ド・トクヴィル（著）、岩永健吉郎、松本礼二（訳）『アメリカにおけるデモクラシー』研究社、1972、pp. 105ff.

ても有効だという。合唱団や野鳥観察クラブといった結社もまた，自己鍛錬の場となり，物事がうまくいった時の協力の喜びを教えるのである。

　その意味では，チェコ社会最大の組織であったソコルは，近代社会と結社の関係を探るうえで格好の素材と言えよう。ソコルは，「チェコ人は皆ソコル！」というスローガンの下，広範な層の人間を運動の中に取り込んでいったからである。モッセの言葉を借りて言えば，ソコルは，大衆を国民化し，彼ら／彼女らに市民的価値観（respectability）を付与するうえで大きな役割を果たしたということになろう[9]。本書においては，こうした体操結社を「3つの出会いの場」として捉えていくことにしたい。すなわち，(1)市民層と下層民の出会い，(2)市民性とエスニック性の出会い，(3)身体と精神の出会い，の3つである。

(1) 市民層と下層民の出会い

　ソコルをはじめとする体操団体は，同時代のドイツ系体操団体と同様，体を鍛えることだけを目的としていたわけではない。組織の活動拠点である体育館は，合唱や器楽のコンサート，演劇といった催しが定期的に行われる場所であり，様々な社会的地位の人々が出会い，お互いに語り合い，同胞意識を強める場としても想定されていた。また，体育館には，ヤン・フスをはじめとする国民的英雄の肖像画や「身体の美と機敏さの完璧なモデル」であるギリシア彫刻の絵や写真が飾られており，会員たちは，そういった視覚的象徴からチェコ国民の理想とする姿を学ぶはずであった[10]。さらには，体育館に併設された図書室や新聞・雑誌の閲覧室において教養を高め，講義室で行われる各種の講演会に出席することもメンバーには期待されていた。時には，ソコル主催の遠征，すなわち心身の鍛錬を目的とした集団での徒歩旅行にも参加し，「我が祖国の自然」を肌で感じ取ったりすることも要求されたであろう。要するに，ソコルは，広範な層の人々をチェコ国民としてふさわしい

---

9) モッセ(1994, 1996)。
10) Nolte (1990) pp. 272-274.

人間にするべく，身体と精神の両面から教育を行う一種の公共空間を現出しようとしたのである。

したがって，体操運動においては，体操を行った回数や時間だけでなく，数多くの蔵書を有することや，たくさんの講演会や遠征をこなすこと，といった点も重視されていた。各地のソコル協会は年間の活動記録を提出することが義務づけられ，教育活動に不熱心な支部に対しては警告がなされたり，あるいは，蔵書の寄付や弁士の派遣といった支援が行われたりした。例えば1912年においては，ソコルは1156支部，16万8260名(18歳未満の青年・児童会員を含む)のメンバーを擁する団体となっており，全体では720回の公開体操，3318回の遠征，741回の歴史散歩，3587回の講演会が行われたと記録されている。また，ソコル独自の図書室は757，閲覧室は264であり，合計で5万4424冊の専門書，18万7077冊の教養書・娯楽書を持っていると報告された[11]。

こうしたソコルの活動は，市民層によって形成される市民的公共圏を下方に拡大しようとする試みであった。体育館は，市民層と下層民が出会い，いわば「国民的公共圏」が創出される場として位置づけられていたのである。ハーバーマスは，『公共性の構造転換』において，王権や宮廷に代表される「具現的公共圏 Repräsentative Öffentlichkeit」から「読書する公衆 Lesepublikum」への転換を扱う一方，その後に現れた「教養＝資産なき民」による「平民的公共圏 Plebejische Öffentlichkeit」を一種の逸脱として見なしている。だが，「大衆の国民化」に焦点を当てる本書においては，この「平民的公共圏」の方を重視する必要があろう。その点では，本書は，ドイツ社会民主党(SPD)の「労働者的公共圏」に焦点を当てた佐藤卓己の立場に近い[12]。

---

11) Jan Prokop & Jos. Mráz, "Statistika České Obce Sokolské za rok 1912" [1912年におけるチェコ・ソコル共同体の統計], *Sokol* 40: 8/9 (1914) pp. 219-228.
12) 佐藤(1992) pp. 12-15；ハーバーマス(1994) pp. 2-3。

(2) 市民性とエスニック性の出会い

それでは，体操運動において創出されようとしていたチェコ国民とは，一体何だったのだろうか？ 例えば，19世紀末のソコル機関誌では「自由・平等・友愛」と題する論考が発表され，チェコ国民が普遍的理念の担い手として位置づけられている[13]。ここでは，後期ストア派のエピクテトスに始まり，カント，J. S. ミルといった思想家の言葉が引用され，「世界史」における「自由・平等・友愛」の系譜が語られていく。だが，論者によれば，現在の社会においては自由と平等の意味が誤解され，個々人が勝手気ままに行動するような状況が生まれているのだという。本来，自由は秩序と掟を前提として成り立つものであり，一定程度の規律(kázeň)を必要とする。また，平等といっても，社会の成員が皆同じ権利を有するというだけでなく，義務を課せられていることも忘れてはならない。さらには，自立した個人からなる社会であっても，極端な利己主義に走るのではなく，他人を思いやる友愛の心を持たねばならない。論者はこのように述べ，市民的価値観の重要性を訴えかけたのであった。

しかしながら，彼の主張は抽象的な議論だけでは終わらなかった。この論考によれば，「自由・平等・友愛」は人類にとって共通の理念であると同時に，極めてチェコ的な理念でもあった。その根拠とされたのは，中世におけるヤン・フスの宗教改革である。カトリック教会の腐敗とドイツ人支配層からの圧力に敢然と立ち向かったフス，そして，彼の意志を継承し自らの宗教的良心に忠実であろうとしたフス派の戦士たち。その末裔であるチェコ国民は，そうした先達の理想を，再び自分たちの手に取り戻すべきなのであった。そのことにより，チェコ国民は，再び人類史の先頭に立ち，かつての栄光を復活させるのである。論者はこのように議論を展開させた。

だが，ここには大きな論理の飛躍が見られる。一つは，中世におけるフス

---

13) Frant[išek]. Mašek, "Volnost, rovnost, bratrství" [自由・平等・友愛], *Sokol* 24: 2 (1898) pp. 25–28; 24: 3, pp. 49–51; 24: 5, pp. 101–105.

の主張がフランス革命に代表される「自由・平等・友愛」の理念を先取りするものと捉えられている点[14]，もう一つは，フスやフス派の戦いがチェコ人のドイツ人に対する国民的抵抗と把握され，その対立が現在まで継続していると見なされている点，である。ここでは，フス時代の人間集団と19世紀におけるチェコ語話者の集団が同一視され，エスニック的共同体の連続性が前提とされている。さらには，その共同体に，市民的理念としての「自由・平等・友愛」を担うという使命が課せられたのである。

　しかしながら，ここで確認しておきたいのは，彼の論考における歴史認識の「過ち」ではない。国民史の構築過程においては，こうした歴史の「読み替え」や「捏造」は半ば必然的に発生するものであり，それを逐一批判することは筆者の主たる目的ではない。むしろ本書で注目したいのは，構築される国民史においては，普遍的理念を強調する市民的要素と言語や血縁，習俗といった面を強調するエスニック的要素の両方が，分かちがたく結びついているという点である。

(3) 身体と精神の出会い

　では，チェコ国民が形成されるうえで，なぜ体操が必要とされたのだろうか？

　ソコル創設者の一人であったインジフ・フュグネルは，下層民の身体を体操によって「矯正」し，チェコ国民としてふさわしい体にすることを望んでいた[15]が，これは決して特殊な考え方ではなかった。19世紀半ばのチェコ社会においては，卑屈で歪んだ臣民の身体ではなく，健全で背筋の伸びた市民的身体が国民の必要条件とされるようになっていた。

---

14) ただし，この「自由・平等・友愛」という組み合わせ自体，フランス革命の初期から定着していたわけではない。共和国の標語として一般化したのは1880年代に入ってからである。阪上孝『近代的統治の誕生——人口・世論・家族』岩波書店，1999，p. 53 などを参照。

15) 例えば，1862年4月20日付の義兄弟ヘルフェルト宛ての書簡において，フュグネルは，発育不良（verkümmert）の職人を鍛え，彼らに自覚（Bewusstseyn）を持たせることが「奴隷根性」からの解放につながると述べている。Feyl (1956) pp. 571-572.

こうした発想の背景にあったのは，18世紀の啓蒙思想であろう[16]。世俗世界における人間自身の発展が意識されるようになると，精神だけでなく，肉体的な側面にも関心が向くようになった。18世紀後半には，ヨーロッパ各地の私立学校や公立学校において体育が導入されていくが，その直接のきっかけを作ったのは，1762年に発表されたルソーの『エミール』であろう。その後，「近代体育の父」グーツムーツ，「近代教育の祖」ペスタロッツィを経て市民的身体観が定着していった。「健全なる肉体に健全なる精神」という古代ローマのフレーズが近代的な意味を獲得したのは，この啓蒙主義の時代である。

　こうした市民的身体論が国民的身体の議論へと転換する大きな契機となったのは，ナポレオンによって生み出された国民軍の存在であった。後に「体操の父Turnvater」と呼ばれることになるヤーンは，1806年，ナポレオンの仏軍に対するプロイセン軍の防衛戦争に志願し，「祖国」の大敗を経験した。そして，1907年から08年にかけてベルリンで行われたフィヒテの講演「ドイツ国民に告ぐ」に感銘を受け，「祖国」の防衛に必要な精神と身体を育成すべく活動を開始する。その結果生まれたのが，トゥルネン（Turnen）と呼ばれるドイツ体操運動である。

　さらには，19世紀末に支配的となった社会ダーウィニズム的発想も，身体に対する眼差しを強化するうえで大きな意味を持っていた。フュグネルと並ぶソコル創設者の一人，ミロスラフ・ティルシュは，1871年の著作において，人間を含むすべての創造物の歴史を「存在をめぐる絶え間ない闘争」と規定し，その中で，能力がなく劣性のものは戦いに敗北し死に絶えるのだと主張している[17]。彼は，人類の発展の単位となるのは国民であり，社会の中では強い国民だけが生き残り，弱い国民は滅びる運命にあると主張し，小規模なチェコ国民が「生存闘争」に打ち勝つためには体操が必要だと訴えたのである。

---

16) 三浦（1994）pp. 208-231；グルーペ&クリューガー（1999）pp. 111-150。
17) Tyrš (1871) pp. 131-133.

こうした言説は，19世紀末から20世紀初頭にかけて登場した社会衛生学や優生学といった新しい知によって補強され，国民の身体を管理の対象にしようとする国家の思惑——社会国家化への流れ——とも合致したのであった[18]。

本書の構成

ここで本書の構成について述べておくことにしよう。まず第1章では，19世紀のチェコ社会を概観し，議論の前提となる点が説明される。ハプスブルク帝国の統治下にあったこの地域においては，チェコ人とドイツ人の対立が先鋭化し，深刻な政治問題へと発展していたが，近代以前からそうした国民主義が存在したわけではない。ここでは，その点を踏まえたうえで，チェコ社会における国民社会の誕生と多極化の過程を概観し，チェコ人とドイツ人，そしてユダヤ人も含めた国民間の対立が発生するプロセスを指摘することとしたい。また，ドイツ史学における市民層研究やチェコ史学の新しい潮流，および体育学の動向を紹介することにより，研究史における本書の位置づけを行う。

次の第2章においては，本格的な結社活動が展開されるようになった1860年代に着目し，当初は存在していなかったチェコ人とドイツ人の差異が「発見」され，明確化されていく過程を明らかにしている。歴史家のハンス・コーンは，この都市がチェコ人とドイツ人の2つの空間に完全に分断されていたと回想しているが，同世紀半ばの段階においては——少なくとも現在の感覚から見る限り——両国民の違いはそれほど明確ではなかった。1860年代初頭のチェコ社会においては，各種の自発的結社が国民別に組織され始めていたが，多くの場合，チェコ系結社とドイツ系結社の関係はそれほど敵対的なものではなかった。だが，1880年代以降は，チェコ人とドイツ人の

---

[18] 「社会国家」の概念については，川越修『社会国家の生成——20世紀社会とナチズム』岩波書店，2004，を参照。

差異が明確に意識されるようになり，結社レヴェルにおける両国民の関係も悪化していく。ここでの課題は，チェコ社会におけるチェコ系とドイツ系への「分化」過程を体操組織の事例から明らかにすることである。

続く第3章から第6章までが本書の核心を成す部分である。この4つの章では，19世紀末から20世紀初頭の時期に焦点を当て，それぞれ異なる角度から国民化の過程を見ていくことにしたい。具体的には，第3章では階級や宗派といったチェコ国民内部の亀裂，第4章では「ズデーテン地域」をめぐるチェコ国民とドイツ国民の対立，第5章ではチェコ人とドイツ人の「狭間」に置かれたユダヤ国民，第6章ではオリンピック運動と国民主義の関係，に光を当てることとなる。

最初の第3章では，チェコ系の3つの体操団体，すなわち，ソコル，労働者体操協会，カトリック系体操団体によって発信されていた国民的シンボルを比較検討する。19世紀末の大衆化の時代においては，チェコ国民内部における社会的亀裂が明確化し，国民概念そのものが多義化していったと言える。だが，それぞれの勢力が自らを真に国民的な存在と位置づけ，正当性争いをする中においては，国民の実在性についての疑問は発せられなくなり，不問のまま放置されていく。つまり，国民という概念そのものは多義化しながらも，国民という共同体が実体として存在するという感覚だけは強化されてしまうわけである。ここでは，体操団体による国民的象徴に焦点を当てることにより，大衆化時代における国民主義のこうした特質に迫りたい。

第4章においては，体操運動における「我が祖国」の表象を扱う。交通手段やコミュニケーション手段が発達しつつあったとはいえ，19世紀後半においても，プラハを中心とするチェコ系多数地域のチェコ人にとって，後に「ズデーテン地域」と総称されることになるドイツ系多数地域は依然として身近な存在ではなかった。ところが，19世紀末より，ソコルをはじめとする各種の結社活動において，これらの周辺地域を「我が祖国」とし，そこに居住するチェコ系住民を「ゲルマン化の危険にさらされた我が同胞」と位置づける言説が積極的に発信されるようになった。ここでは，チェコ社会における「想像の共同体」の表象過程を体操運動の側面から明らかにしていくこ

ととなる。

　第5章では、ユダヤ人の動向に焦点を当て、彼ら／彼女らの置かれた位置からチェコ社会を逆照射してみたいと考えている。19世紀半ばの段階では、多くのユダヤ人が事実上ドイツ人に「同化」していたのに対し、チェコ系勢力が力を持つようになった19世紀末においては、チェコ人に「同化」するユダヤ人が増加し、チェコ系ユダヤ人とドイツ系ユダヤ人との間での対立が生じたのであった。さらには、ユダヤ人をいわば第3の国民として規定するシオニズムも登場したため、チェコ社会における国民化のプロセスは一層複雑なものとなった。ここでは「筋骨逞しきユダヤ人 Muskeljudentum」を志向するシオニズム系体操団体に着目し、彼ら／彼女らがどのようにして自己を規定し、何のために身体の鍛錬に向かったのかを探っていきたい。

　最後の第6章においては、チェコ社会におけるオリンピック運動に焦点を当て、国民主義とスポーツの関係について見ていくことになる。サッカーのワールドカップやオリンピックを見れば分かるように、現在においては、体操やスポーツをはじめとする身体文化と国民主義の結びつきは自明のように思われている。しかしながら、19世紀末の段階においては、オリンピックにしても、サッカーにしても、国民を代表して戦うという意識は希薄であり、スポーツにおいて国民主義が露骨に表出されることは稀であった。第6章ではこうした点に着目し、チェコ社会における言説を中心としながら、体操とスポーツの対立、そして、スポーツが国民主義を発揚する場へと変容していく過程を実証的に追うことにしたい。

第1章　国民社会への軌跡

はじめに

　19世紀末のプラハに生まれ，第一次世界大戦前の青年期にシオニズムに傾倒した経験を持つハンス・コーンは，冷戦期の1964年，20世紀初頭のこの都市について以下のように回想している。

> 両者［チェコ人とドイツ人］の社会的，文化的つながりは，もしあったとしても，ごくわずかなものであった。両者は，それぞれの学校，大学，劇場，コンサートホール，スポーツ・クラブ，居酒屋，レストラン，カフェを持っていた。つまり，生活や活動のあらゆる面において自発的な分離が支配的となっていたのである。隣り合っているにもかかわらず，自足的でほとんど没交渉な2つの世界を，ある種の暗黙の「鉄のカーテン」が分け隔てていた。20世紀初頭のプラハのように，国民主義がこれほどまでヴィヴィッドなものとして存在し，すべてのものを圧倒するような力を発揮した都市は，他にはほとんど見られない[1]。

　こうした記述に表れているように，19世紀から20世紀にかけての世紀転

---

1) Hans Kohn, *Living in a World Revolution: My Encounters with History* (New York: Trident Press, 1964) p. 10.

換期のチェコ社会，とりわけプラハの国民対立は深刻なものであった。この社会においては，チェコ人とドイツ人，そしてユダヤ人の3つの国民が並存し，それぞれによる国民主義が展開されていたのである。

　社会の上層から下層までを貫く「亀裂」が生じていたという点では，この現象は「柱状化 verzuiling」と呼べる。この概念は，もともとオランダ社会の現象に着目したレイプハルトによって提唱されたものであった[2]。彼は，内部に深い「亀裂」を持つオランダ社会が何故安定したデモクラシーを実現できたのか，という観点からいわゆる「多極共存型デモクラシー consociational democracy」の概念を生み出したのである。彼によれば，19世紀末から1960年代に至るオランダでは，カトリックとカルヴァン派の両勢力が，政党から労働組合，新聞，放送局，学校に至るまで系列組織化を進めており，両勢力による集団が同一社会の中で柱状に並列する状況となっていたが，それにもかかわらず，エリート同士の協調関係によって高度の政治的安定が実現されたという。オランダ社会の分断状態とエリート間協調の存在という彼の歴史把握そのものは現在では批判の対象となっているが[3]，柱状化という概念をチェコのような多国民社会に適用することは有用であろう。国民という単位に基づく社会の柱状化とエリートの行動様式を分析することにより，チェコ社会の統合／分裂過程を他の社会と相互比較する視点が生まれるからである[4]。

　しかしながら，ここで注意すべきは，19世紀当時のチェコ社会が，たとえ「平和共存的」ではなかったとしても，完全に分断された状態ではなかっ

---

2) 田口晃「『多極共存型』(コンソシエイショナル)デモクラシーの可能性 —— 最近のヨーロッパ小国研究から」『思想』632 (1977) pp. 262-274；Arend Lijphart, *The Politics of Accommodation: Pluralism and Democracy in the Netherlands* (University of California Press, 1975), 2nd edition.

3) この点については，水島治郎「伝統と革新 —— オランダ型政治体制の形成とキリスト教民主主義」『国家学会雑誌』106：7/8 (1993) pp. 175-234, esp. pp. 226-233 を参照。

4) 中根 (2002) pp. 843-848。第一次世界大戦前のベルギーについては，津田由美子「ベルギーの柱状化に関する一考察 —— 第一次大戦前の組織化過程を中心に」『姫路法学』31/32 (2001) pp. 297-336 を参照。

たという点であろう。チェコ系とドイツ系，そしてユダヤ系社会は，互いに反目し合いながらも相互に影響を及ぼしていたし，誰がチェコ人であり誰がドイツ人であるのか，という点も，現在の感覚からすれば極めて「曖昧」だったからである。以下，その点について見ていくことにしよう。

1.1 多極化するチェコ社会

1.1.1 対抗意識

まず第1に，19世紀後半のチェコ社会においてチェコ人，ドイツ人，ユダヤ人の相互作用が存在していたという事実である。まずは，ユダヤ系作家であり，ドイツ語で文筆活動を行っていたエゴン・E.キッシュの言葉を見てみよう。

> チェコ人の市民がドイツ劇場に足を踏み入れることは一度もなかったし，その逆も言えた。コメディー・フランセーズかモスクワ芸術劇場，あるいは誰か有名な歌手がチェコ系の国民劇場で客演するような場合，ドイツ語の新聞はそれを完全に無視した。他方ドイツ劇場で客演が行われる際には，それがウィーンのブルク劇場であれアードルフ・フォン・ゾンネンタールであれ，エンリコ・カルーソーであれ，一般のチェコ人はそれを知らずにいたのだ[5]。

プラハにおいてチェコ人とドイツ人がお互いの文化活動を完全に無視していたという記述はかなり割り引いて読まなければならないが，両者がお互い

---

5) クラウス・ティーレ＝ドールマン（著），平田達治，友田和秀（訳）『ヨーロッパのカフェ文化』大修館書店，2000，p. 225からの再引用。また，おびただしい量の研究が存在するカフカ関連の文献においても，19世紀末のプラハにおけるドイツ人とチェコ人の対立状況が示されている。ここでは，さしあたりヴァーゲンバッハ(1995)とヤノーホ(1994)の2点を挙げておく。

に意識し合っていたのは確かであろう。それぞれの国民が強烈な対抗意識を持っていたからこそ，両者の文化活動が異常と言えるほど活発化し，結果として，チェコ社会全体における国民形成を促進したのである。チェコ社会における国民形成を見るうえでは，チェコ系社会，ドイツ系社会，そしてユダヤ系社会の相互作用を視野に入れておく必要がある。

例えば，ドイツ系のマスメディアは，チェコ人が低水準の文化しか持たず，ドイツ人やフランス人といった国民と同等の存在ではない，と盛んに書き立てていたのに対し，チェコ系のメディアでは，チェコ文化のレヴェルの高さ，チェコ市民の洗練さの度合い，といったものを強調し，自らが「真っ当な国民」であることを証明しようとしていた。例えば，1891年にチェコ系勢力による独自の博覧会が行われ，それが成功裡に終わった時，青年チェコ党系の『国民新聞 Národní listy』は以下のように書いた。

> チェコ国民の奇跡により，……［我々は］かつての農耕的国民から……工業的国民へと転換し，歴史なき国民から歴史を有する国民へ，そして，社会構成が不完全で文化的に弱い装備しか持たなかった民族集団(etnik)から，現在のヨーロッパ・スタンダードから見ても引けをとらない近代化した文化的国民(Kulturvolk)へと成長することに成功したのである[6]。

---

6) チェコ語で書かれたこの記事において，「文化的国民 Kulturvolk」という単語のみドイツ語で書かれている。*Národní listy* (October 18, 1891) (quoted in Hlavačka (1991) p. 109). なお，1891年の博覧会をめぐるチェコ人とドイツ人の対立については，Hlavačka (1991) の他，Milan Hlavačka & František Kolář, "Češi, Němci a jubilejní výstava 1891," *Český časopis historický* 89:4 (1991) pp. 493-518 ("Die Tschechen, Deutschen und die Jubiläumsausstellung 1891," *Bohemia* 32:2 (1991) pp. 380-411, trans. by Christiane Brenner); *Pražské slavnosti a velké výstavy: Sborník příspěvků z konferencí Archivu hlavního města Prahy 1989 a 1991*［プラハの祝祭と大博覧会］ *Documenta Pragensia* 12 (1995); Catherine Albrecht, "Pride in Production: The Jubilee Exhibition of 1891 and Economic Competition between Czechs and Germans in Bohemia," *Austrian History Yearbook* 24 (1993) pp. 101-118; Lothar Höbelt, "Ausgleich und Ausstellung: Wirtschaft und Politik in Böhmen um 1900," *Bohemia*

1.1.2　誰がチェコ人なのか？

　第2の問題は，誰がチェコ人であり，誰がドイツ人であり，誰がユダヤ人であるのか，が全く自明でなかった点である。例えば，先ほど述べたチェコ系の博覧会を開催するうえで重要な役割を果たしたB. ボンディという人物を取り上げてみよう[7]。金物業を営み，ユダヤ系社会の中で「影の助言者éminence grise」と目されていた彼は，政治的には老チェコ党の指導者として活躍していた。それまでドイツ語を用いる議員しかいなかったプラハ市議会において，「初のチェコ語の使い手」として登場したのは彼であった。その点からすれば，彼が10年ごとに行われる国勢調査において，「チェコ語」を「日常語 Umgangssprache, obcovací jazyk」として申告していたのは当然であったと言えるが[8]，実際には事情はもっと複雑であったように思われる。というのも，実際の仕事においては，彼はドイツ語を使う機会の方が多かったであろうし，家庭においても，ウィーン生まれでチェコ語が使えなかった彼の妻とはドイツ語で話していたと考えられるためである。ちなみに，その妻は，家族の中で唯一人，日常語をドイツ語で登録していた。

　また，表1.2より，1880年のプラハでは「チェコ語」を日常語として登録する者が86.2%，ドイツ語を日常語とする者が13.7%であったのに対し，1910年には，「チェコ語」93.7%，ドイツ語6.1%となり，ドイツ語の比率が一貫して低下していることが分かる。この背景には，「チェコ語話者」が大量にプラハに流入したという事実もあるが，もともとドイツ語話者として申

　29:1 (1988) pp. 141-147 などを参照。
7) Kieval (1988) p. 24; Cohen (1981) p. 90.
8) 1880年より10年ごとに行われるようになった国勢調査と「日常語」の問題については，第4章においても言及する。なお，調査においては「チェコ語」という選択肢ではなく「ボヘミア語＝モラヴィア語＝スロヴァキア語 böhmisch＝mährisch＝slowakisch」という項目が設けられていた。したがって，チェコ諸領邦におけるスラヴ系言語は，統計上では「ボヘミア語＝モラヴィア語＝スロヴァキア語」であるが，記述が煩雑となるため，本文中では「チェコ語」，その話者については「チェコ語話者」と括弧付きで表記する。

表1.1 ボヘミア領邦における国勢調査(1880〜1921年)

	1880年	1890年	1900年	1910年	1921年
チェコ系 比率	3,470,252 62.78%	3,644,188 62.79%	3,930,093 62.67%	4,241,918 63.19%	4,376,131 66.54%
ドイツ系 比率	2,054,174 37.16%	2,159,011 37.20%	2,337,013 37.27%	2,467,724 36.76%	2,173,239 33.04%
ユダヤ系 比率	−	−	−	−	11,251 0.17%
その他 比率	2,837 0.05%	866 0.01%	3,906 0.06%	3,302 0.05%	16,203 0.25%
合計	5,527,263	5,804,065	6,271,012	6,712,944	6,576,824
ユダヤ教徒 比率	94,449 1.71%	94,479 1.63%	92,745 1.48%	85,826 1.28%	75,239 1.14%

※ 1880年から1910年までは「日常語」、1921年については「民族意識」に基づいて調査が行われている。
出典：Kořalka (1996) p.140.

表1.2 プラハ市[a]における人口統計(1843〜1930年)

年	1843	1880	1890	1900	1910	1921	1930
人口(千人)	146	314	397	514	617	677	848
増減比(1900年=100)	28	61	77	100	120	132	165

年	1843[b]	1880	1890	1900	1910	1921	1930
チェコ系	60%	86.2%	89.3%	93.1%	93.7%	94.2%	93.6%
ドイツ系	40%	13.7%	10.6%	6.7%	6.1%	4.5%	5.0%
ユダヤ系	−	−	−	−	−	0.9%	0.8%
その他	−	0.1%	0.1%	0.2%	0.2%	0.3%	0.6%

a) 1922年におけるプラハ市の領域を基準としている。
b) 1843年については推定、1880〜1910年については「日常語」、1921年以降については「民族意識」に基づく分類。
出典：Havránek (1995) pp.471-472.

告した市民が多数「チェコ語話者」に「鞍替え」したと考えない限り、この変化は説明できない。人々の「日常語」申告は変わりうるものであったし、国民意識についても固定的・絶対的なものではなかったのである。チェコ社会におけるチェコ系とドイツ系の差異化は進んでいたものの、誰がどの国民に所属するのかという点はそれほど明確ではなく、そもそも何によってチェコ系とドイツ系を分けるのか、という基準自体、可変的なものであった。19

世紀後半には，チェコ系とドイツ系の違いは言語的なものと捉えられるようになり，国勢調査における言語調査が国民意識を申告する場と認識されるようになっていたが，完全に言語と国民が一致したわけではない。

その意味では，チェコ諸領邦における個々の人間を「チェコ人」と「ドイツ人」に区分することは不可能であり，「チェコ人」や「ドイツ人」という用語を用いること自体，慎重でなければならない。だが，国民主義が高まりつつあったチェコ社会を記述するためには，「チェコ人」や「ドイツ人」，そして「ユダヤ人」という表記法を採用せざるを得ない。本書においては引き続き「〜人」という用語を用いていくが，それはあくまで便宜的なものであるという点をここで断っておきたい。

1.2 チェコ社会における国民主義の展開

1.2.1 M. フロフの段階論

国民主義を段階に分けて考える際には，フロフの議論が参考になる[9]。彼は，ヨーロッパにおける8つの小規模国民を取り上げ，経済発展および国民主義の担い手という2つの指標を用いながら，国民主義の展開パターンを比較検討している。彼によれば，国民主義には以下の3つの段階があるという。

A. 学問的関心の時期。一部の文筆家が国民の言語や風俗に関心を持ち，それに対する研究を深めていく。
B. 政治的主張が始まる時期。一定の社会階層や職業層に属する「愛郷者 patriot」たちが様々な組織を通じて体系的に宣伝を行う。
C. 国民主義が大衆へと浸透する時期。国民的要求を掲げての闘争に幅広い階層の人間が動員されていく。

---

9) Hroch (1985, 1999b). 他には，ミロスラフ・フロハ［フロフ］「国民運動における市民層──ヨーロッパ的比較」コッカ (2000) pp. 325-341 を参照。

例えば，チェコ国民主義の場合，A段階に当たるのは18世紀末の啓蒙期から1830年代までの時期，B段階が1840年代までの時期，そして1848年革命以降の時期がC段階とされる。彼の研究は，複数の国民主義を比較する有効な視点を提供したという意味において評価されるべきものであろう。しかしながら，その研究の射程範囲は，国民主義の大衆化が始まる時点までであり，その後，下層民がどのようなプロセスを経て国民化されていくのか，そして，国民主義が大衆化することによって国民主義それ自体の質はどのように変化していくのか，という点については，彼の研究からは見えてこない。そこで本書においては，チェコ社会におけるチェコ国民主義を例に，フロフの言うC段階をさらに3段階に分けて見ていくことにしよう。

1.2.2　近代的「市民社会」としての国民（C1段階）

チェコ社会において本格的に国民主義が展開されるようになったのは，ハプスブルク帝国が立憲体制に移行し始めた1860年以降のことであった。ドイツ語で生活し，ドイツ語文化圏で成長してきたチェコ社会の「愛郷者vlastenec」たちが，自らを自立した市民として規定し，ドイツ国民に比肩しうる存在として自らを表象するために，自分たちのチェコ性をアピールし始めたのである[10]。だが，彼らのロマン主義的発想によって最もチェコ的であるとされた農民は，愛郷者とは無縁の存在であった。チェコ系愛郷者たちは，農民の姿を範としてバンデリウム（Banderium）と呼ばれる騎馬隊[11]を組織し，チェコ社会の祭典を彩る出し物として提供したが，そこには本当の農民は存在していなかった。また，彼らはチェコ国民にとっての公論の場を創出するために，『国民新聞』を中心とするチェコ語メディアも生み出したが，それを実際に読んでいたのは，チェコ系下層民ではなく，チェコ語よりもドイツ語をはるかに得意とする市民層，すなわちチェコ社会の愛郷者たち

---

[10] この点についての記述は，篠原（2003b）に依拠している。
[11] バンデリウムの語源はハンガリーの騎馬隊である。ただし，ハンガリーのバンデリウムそれ自体は，モハーチの戦い（1526年）でハンガリーが敗北した時に途絶えており，19世紀後半のチェコ社会で創出された国民的パレードとは直接の関係はない。

自身であった。1860年代より頻繁に行われるようになった「聖地巡礼」や舞踏会においても，それに参加していたのは新しく考案されたチェコ的衣装をまとった市民層だけであった。彼らはチェコ社会のドイツ系メディアから「創られたチェコ性 das gemachte Čechenthum」と揶揄されながらも，自分たちの近代性や市民性をアピールするために，自らの歴史性や文明性を証明する記号を創り出していったのである。

1.2.3　一人歩きする「チェコ性」（C 2 段階）

C 1 段階においては，自らを市民と規定することが第一義であり，そのチェコ性は市民性を表象するための記号にすぎなかった。ところが1880年代以降のチェコ社会では，この論理が逆転し，チェコ性そのものが重要性を持つこととなる。A. D. スミスの用語法を借りるならば，以下のように言い換えることもできるだろう。1860年代においては国民の市民的側面が重視され，その存在を証明するためにエスニック的側面が援用されたのに対し，1880年代以降は，国民のエスニックな側面それ自体が重要視され，その保持と発展が国民主義にとっての至上命題となったのである。もちろん，国民の言語権は，1848年革命においてボヘミア国権が自然権として位置づけられた時に，チェコ人の権利として定式化されたと言えるだろう。だが，その段階における言語権は，人間が自立した市民として生きるためのものであり，市民的権利の前提となる権利であった。その意味では，チェコ語そのものに絶対的な価値が付与されるようになった1880年代以降の言語権とは質的に異なるものだったのである。

国民主義のこうした質的転換が生じた理由として以下の 4 点を挙げることができよう。

まず第 1 に，経済発展や選挙権の拡大などによる政治の大衆化という点である。エスニックな意味でのチェコ的要素を持った大衆が政治の世界に参入することにより，チェコ社会におけるエスニック性が強化されたのであった。そのため，政治的要求において言語の問題が前面に出る頻度が高まったのである。

第2の点は，1880年より10年ごとに行われるようになった国勢調査である。既に述べたように，この調査には日々の生活で用いている「日常語」を申告する項目が設けられており，これが政治的な意味を持つようになった。当局はこの調査が国民の民族性（národnost, Nationalität）を調べるものではないと再三に渡ってアピールしていたが，実際の場面においては，「日常語」の選択と国民の選択が同一視されるようになっていたのである。

　第3の点は，チェコ語による高等教育の普及である。特に，1882年にプラハ大学がドイツ語部門とチェコ語部門に分割されたことは重要であった。これは，チェコ語で大学までの課程を修了することが可能になったというだけではなかった。チェコ語部門の創設は，チェコ国民主義の担い手となりうるエリート層を恒常的に輩出する機関が誕生したことを意味していたのである[12]。

　第4の点は，チェコ文化の「成熟」である。1882年にチェコ文化の殿堂となる国民劇場が落成したことに象徴的に表れているように，文学や音楽，絵画といった各分野においてチェコ文化が発展し，国民の存在意義を高めるものとして機能するようになった。

　こうした点により，チェコ国民主義におけるチェコ性の比重は一気に高まっていく。それを象徴しているのが，19世紀末になって盛んに議論されるようになった「チェコ問題česká otázka」であろう[13]。チェコ人という小国民の存在意義を問う論争が，本格的なチェコ国民主義が開始された60年代ではなく，国民主義のエスニック性が前面に出されるようになった80年代に始まったことは決して偶然ではない。60年代においては市民であること，そして自立した人間であることが第一に重要であり，そのチェコ性については副次的な意味しか持たなかった。それに対し，80年代においてはチェコ性そのものが重要性を持つようになり，ドイツ人に比して「小さな」チェコ人が存在する意味はあるのか，という問題意識が生じたのである。

---

12) この点については，Freeze (1988) を参照。
13) 篠原 (1998) pp. 1-31, esp. pp. 18ff.；Havelka (1995) pp. 7-43; Urban (1990) pp. 427-438 を参照。

1.2.4　市民層と下層民のせめぎ合い（C 3 段階）

それにつれて深刻化したのが市民層と下層民のギャップであった。大衆の国民化過程において両者が実際に接点を持つようになり，その必然的な結果として双方の相違が顕在化したのである。ソコル指導者の一人であった J. クシェンは，両者の距離感を以下のように表現している。

> ……我が人民（lid）は，我々自身の存在を知らしめようとする者の後についてきていない。我が人民は，我々自身のことに関心を持っていないし，文化的・経済的・政治的闘争に自覚的でない。
> ［国民のなかで］最も大きな層をなす我が人民は，我々自身の国民的・政治的指導者を知らないし，時代のキーワードを知らない。彼らはそういったものを理解していないのだ。
> 彼らは，マッツィーニが馬鹿にしていた「オーストリア的公教要理」を信じ，旧来の路線のまま自らの人生を生き続ける。その公教要理は，実際のところ，労働する人民を隷属的な精神に，深くかつ洗練された高度な知覚ができないような精神状態に押しとどめている。
> 時の積み重ねと伝統によって虐げられた小径において，田舎臭く閉鎖的，疑い深くて不安げ，かつ屈辱に満ちた我が人民を貴方は見るだろう[14]。

すでに 1860 年初頭の段階において，国民の概念は下方に向かって開かれたものとなっており，理念的にはすべての階層がチェコ国民に属するはずであった。だが，実質的に国民主義に参加していたのは市民層のみであり，下層民は国民主義と接点を持たなかったと言える。ところが，19 世紀末に大衆が政治に参入するようになると，彼ら／彼女らを如何にして国民に包摂するのかという問題が現実の課題として浮上する。この時期，ソコルをはじめ

---

14) Jan Křen, "O výchově lidu (Zlomek studie O výchově našeho lidu)" ［人民の教育について］, *Sokol* 27:4 (1901) pp. 76-79; 27:5, pp. 100-103, esp. p. 76.

とする多くの結社では，道徳的に退廃した「人民」を国民として教育しなければならない，という言説が盛んに発信されるようになるが，これは新しい現象であった。理念的存在ではなく生身の人間として下層民を見ることにより，「人民の退廃」という「現実」が初めて市民層に意識されるようになったからである。

また，この現象は，階級や宗教といった社会的亀裂の発生によっても加速された。チェコ社会では，1890年代に入ってから労働者運動やカトリック運動が本格化し，各勢力による下層民の奪い合いが激化している。そうした中で市民層から下層民への働きかけが活発化し，彼ら／彼女らを自らの陣営に引き入れるべく努力し始めたのである。

1.3　ドイツ系社会とユダヤ系社会の反応

1.3.1　追い込まれるドイツ系社会

ドイツ国民主義はチェコ国民主義に対抗する形で生じている。19世紀の半ばまでは，ドイツ語はチェコ社会において依然として高い地位を保持していたが[15]，1880年代になると，チェコ系の政治的・経済的勢力が目に見えて強くなってきたためであった。ドイツ語が圧倒的に優勢であった社会的エリートの間でも，チェコ語を「恥ずかしがらずに」使う者が数多く出現し，それまでドイツ語しか使えなかった人々の中にも，チェコ人としての意識を獲得し，チェコ語を習得してそれを使い始める人が出てきたのである。例えば，チェコ・ソコルの創設者であるティルシュやフュグネルも母語はドイツ語であった。そのような状況の中で，数のうえでは少数派であるドイツ系勢力は追い込まれる立場となり，「大家 majitelé」というよりはむしろ「間借り人 nájemníci」の感覚を持つに至った[16]。

---

15)　例えば，歴史家の J. マリーは，自己の回想録の中で，19世紀前半においては着飾った女性に対して道ばたでチェコ語で話しかけるのはマナーに反することであった，と述べている。Quoted in Havránek (1995) p. 477.

特にプラハにおいては，この変化が顕著に表れていた。ドイツ系の市会議員は年々減り続け，1882年にはわずかに5人，そのうち4人がユダヤ系という状態であった。1888年12月7日には最後のドイツ系市議が市庁舎を去り，その後，1919年に6人のドイツ系市議が選出されるまでドイツ系は皆無となったのである[17]。そうした状況の中で1892年12月21日，プラハ市議会は街路表示をすべてチェコ語表記に一本化することを決定している。もちろん，これに対してはドイツ側からの反対が出たし，ボヘミア総督もプラハ市長に対して抗議した。だが，ウィーンの帝国当局はそれを認めたのである。実際には1894年より，街路表示がチェコ語に切り替わった。ドイツ系勢力は201軒の家に独自の街路表示板を取り付けたが，1896年，当局によりそれを差し止められている[18]。

こうしたチェコ系の「横暴」に対抗し，市政におけるドイツ系の利益を確保するために，1893年，ドイツ人都市問題協会(Deutscher Verein für städtische Angelegenheiten)が設立されている。この団体は出版活動や苦情の窓口として機能した。プラハ商工会議所も1884年にはチェコ人がメンバーの過半数を占めるようになったため，同年，ドイツ人手工業者協会(Deutscher Handwerkerverein)が設立されている。それだけではない。「チェコ化」してしまった既存の音楽院(Konservatorium)などに対抗するために，ドイツ人ボヘミア科学・芸術・文学振興協会(Gesellschaft zur Förderung deutscher Wissenschaft, Kunst und Literatur in Böhmen)が1891年に設立され，また，チェコ人の国民劇場に対抗するために，1888年に新ドイツ劇場(Das Neue Deutsche Theater)が建設された。そのこけら落としを飾ったのは，ヴァーグナーの《ニュルンベルクのマイスタージンガー》であった。このように，公的機関をチェコ系に独占されつつあったドイツ系勢力は，それに対抗するために自らの組織化を行い，チェコ社会にお

---

16) Hlavačka & Kolář (1991) p. 502(本章脚注6参照).
17) Richard Klier, *Das Deutschtum Prags in der Vergangenheit* (Karlsbad-Drahowitz/Leipzig, 1936) pp. 63-65.
18) Wiskemann (1967) p. 217.

けるドイツ系社会の「柱状化」を推し進めていったのである。

ドイツ系勢力における古典的自由主義から大衆的国民主義への転換点をなしたのは，1882年のリンツ綱領であろう。その目的は，ツィスライタニア（オーストリア）におけるドイツ的性格の保持であり，国家語としてのドイツ語を守ることであった[19]。綱領の作成に参加したのは，それまでのドイツ系古典的自由主義者に不満を持つ若い世代であり，そこには，後に汎ドイツ党（Alldeutsche）の指導者となるシェーネラーや後の社会民主党指導者 V. アードラーも含まれていた。彼らは，ターフェの「鉄の環」連合の下で野党の地位に転落してしまった古典的自由主義政党と立憲地主党（Verfassungstreue Großgrundbesitz）に見切りをつけ，より民族至上主義的な形で自らの「財産保全 Besitzstandsicherung」の方向へと向かったのである。

しかしながら，プラハの状況はその他のドイツ人地域とは異なっていた。高い社会的地位を保持していたプラハのドイツ人は，主にユダヤ系ドイツ人から構成されていたがために，西ボヘミアのヘプ（Cheb, Eger）に支持基盤を持っていた汎ドイツ勢力[20]のように反セム主義（反ユダヤ主義）[21]的傾向を持つ民族至上主義の流れを受け入れることはできなかった。結局のところ，

---

19) Berchtold (1967) pp. 198-203. その他，ショースキー（1983）の第3章「新調子の政治」を参照のこと。なお，ツィスライタニア（Předlitavsko, Zisleithanien）は「ライタ河以西」を意味する単語であり，1867年に成立したオーストリア＝ハンガリー二重君主国のオーストリア側を意味する言葉として用いられた。ツィスライタニアの正式名称は「帝国議会に代表される諸王国と諸領邦 Im Reichsrat vertreten Königreiche und Länder」であり，本書が対象とするチェコ諸領邦——ボヘミア王国領，モラヴィア辺境伯領，シレジア大公領の3領邦——もここに含まれる。ドイツ系勢力はオーストリアという名称を好んで使ったが，これは正確にはツィスライタニアの2領邦（上オーストリアと下オーストリア）を指す言葉でしかなかった。ドイツ系勢力はしばしばオーストリアを正式名称にする提案を議会に提出しているが，そのたびに，スラヴ系諸国民やイタリア人に拒否されている。Garver (1978) p. 33.

20) Wiskemann (1967) pp. 101-104.

21) 反セム主義（Antisemitismus）という言葉が広く用いられるようになったのは1880年代に入ってからであった。この言葉は，新しいタイプの反ユダヤ主義，すなわち人種主義的な色彩の濃い反ユダヤ主義を表現する単語として登場した。長沼（1995）pp. 202-203；竹中（2004）pp. 44-59。詳しくは第5章を参照。

彼ら／彼女らは，従来どおり，非「反セム主義的」＝古典的自由主義を維持したため，プラハの「ドイツ・カジノ Deutsches Kasino［Casino］」を中心とするサークルはドイツ系勢力全体の中で孤立することとなった。ドイツ語とチェコ語の双方で文筆活動を行っていたユダヤ系批評家・翻訳家のアイスネル（アイスナー）は，プラハ・ドイツ人といわゆる「ズデーテン・ドイツ人」との関係を以下のように描写している。

> ドイツ国境地方と，ユダヤ人が数多く混入していたプラハのドイツ系住民との間には，拒絶と蔑視という相互反目が存在していたのだ。というのも，ユダヤ人の方も，ズデーテン・ドイツ人は野蛮であるという理由で軽蔑していたからである。……ズデーテン・ドイツ人は彼らにしてみれば「水たまりの蛙」，「泥臭い野卑さ」であった[22]。

ただし，チェコ地域の端の部分を取り囲むようにして形成されていたドイツ系地域も一枚岩であったわけではない。まず何より，それらのドイツ系地域を示す総称が存在しなかったし，「ズデーテン Sudeten」という単語も元はボヘミア東北部の一地域を示す名称にすぎなかった[23]。他方，ボヘミア北

---

[22] パーヴェル・アイスナー（著），金井裕，小林敏夫（訳）『カフカとプラハ』審美社，1975，pp. 30-32。
[23] ロスチャイルド（1994）pp. 131-132, n. 2。ロスチャイルドによれば，チェコ諸領邦に居住するすべてのドイツ人を示す語として「ズデーテン・ドイツ人」が最初に現れたのは，1902年，ドイツ民族至上主義派の週刊誌においてであった。なお，第一次世界大戦前においては，チェコ諸領邦それ自体が「ズデーテン諸領邦」と呼ばれることもあったようである。この用語法においては，ドイツ系地域とチェコ系地域は区別されていない。ドイツ語（Sudetenländer）での例としては，Heinrich Rauchberg, *Die Bedeutung der Deutschen in Österreich: Vortrag, gehalten in der Gehe-Stiftung zu Dresden am 14. März 1908* (Dresden, 1908)，チェコ語（Sudetské země）での例としては，Antonín Boháč, "Zatímní výsledky letošního sčítání lidu"［今年の国勢調査における暫定的な結果］, *Naše doba* 18 (1911) pp. 585-594, 674-682, 755-764, 839-844, 892-897 等が挙げられよう。この言葉は，主として官庁用語として，カルパチア諸領邦やアルプス諸領邦，カルスト諸領邦，といった用語のように山脈名による地域区分の一つとして使われていたようである。ドイツ系地域としての「ズデーテンラント」が定着したのは戦間期であ

部のリベレツ(Liberec, Reichenberg)では，自都市をボヘミア・ドイツ人の中心地にしようとする機運が強く，ボヘミア・全ドイツ市大会(1898年)やリベレツ博覧会(1906年)が，その文脈において行われたのであった。だが，そうした試みはうまくいかず，リベレツを中心とするボヘミア・ドイツ人としての一体感が実際に形成されたわけでもない[24]。

1.3.2 「袋小路」のユダヤ系社会

19世紀末のチェコにおいて最も困難な立場に立たされたのはユダヤ人であろう。チェコ系とドイツ系の対立が深まる中で，彼ら／彼女らは，自らの子供をドイツ語の学校に通わせるのか，それともチェコ語の学校に通わせるのかを決めなくてはいけなかったし[25]，1880年から開始された国勢調査では，「日常語」の選択肢として「イディッシュ」は設けられておらず，ドイツ語か「チェコ語」のどちらかを選ぶしかなかったのである。既に述べたように，公式には「日常語」は民族性とは無関係とされていたが，当時の状況下においては，そうした「日常語」の選択は，チェコ人として生きるのか，それともドイツ人として生きるのかを選択することと同一視されたのである。例えば，ドイツ系「自由派」の統計学者H.ラウヒベルクですら，以下のように書くことを厭わなかった。

> [ユダヤ人は] これまでの数百年間にわたる伝統を破ること [＝チェコ人の陣営に移ること] が本当に正しいのかどうかをよくよく考えなければならない。日和見の態度をとったり，その時の情勢によってこちら側やあちら側に立ったりできるという考えは明らかに誤っている。……た

った。Křen (1990) pp. 481-482.
24) Miloslava Melanová, *Liberecká výstava 1906* [リベレツ博覧会] (Liberec, 1996) pp. 57-62; Jan Novotný, "Projekt provincie 'Deutschböhmen' v ambicích liberecké radnice do roku 1914" [1914年までのリベレツ市当局における「ドイツボヘミア」地域計画], *Documenta Pragensia* 14 (1997) pp. 183-192. その他，Bahm(1999)を参照。
25) Havránek (1995) pp. 477-478.

表1.3 プラハにおけるユダヤ系市民の「日常語」選択（1890〜1900年）

	1890年			1900年		
	「チェコ語」	ドイツ語	ドイツ語の割合	「チェコ語」	ドイツ語	ドイツ語の割合
Ⅰ. 旧市街	1,622	4,902	74.8%	3,781	2,146	36.2%
Ⅱ. 新市街	1,472	5,008	77.4%	4,135	5,239	55.9%
Ⅲ. マラー・ストラナ	47	61	56.5%	146	41	21.9%
Ⅳ. フラッチャニ	23	6	20.7%	12	4	23.5%
Ⅴ. ヨゼフォフ	1,118	2,549	69.5%	1,427	634	30.6%
Ⅵ. ヴィシェフラド	12	0	0%	13	6	31.6%
Ⅶ. ホレショヴィツェ	164	62	27.4%	366	160	30.4%
Ⅰ－Ⅶ 計	4,498	12,588	73.8%	9,880	8,230	45.3%

※プラハ市にもともと組み込まれていたのは旧市街，新市街，マラー・ストラナ，フラッチャニのみであった(1784年時点)。その後，1851年にヨゼフォフ，1883年にヴィシェフラド，1884年にホレショヴィツェ，1901年にリベニがプラハ市に編入されている。なお，1890年の「チェコ語」人口については合計数が合わないが，原資料を確認できなかったため，そのままとしている。
出典：Cohen (1981) p. 102.

とえドイツ人とドイツ語で交流しているユダヤ人であっても，チェコ人とチェコ語で交流するユダヤ人は，ドイツ人からはチェコ人だと見なされるであろう。そのようなユダヤ人は，かつての自らの態度によって［ドイツ人側からの］信用を得ていたとしても，［ドイツ人側における］つながりや利点を維持することなど望みえない。彼ら［ユダヤ人］は選ばねばならないのだ。決断とは，断固たるものであり，最終的なものなのである[26]。

そもそも，ユダヤ人の解放が開始されたのは，1781年のヨーゼフ2世による寛容令によってであった。これにより，ユダヤ人は事実上のドイツ系社会への同化を始めるが，それは国民意識の問題ではなかった。ヨーゼフ2世らの改革により，彼ら／彼女らはドイツ語の使用を強制されたのであるし，何よりもまず強い社会的上昇志向が彼ら／彼女らをドイツ語文化圏へと向かわせたのである[27]。

---

26) Heinrich Rauchberg, *Der nationale Besitzstand in Böhmen* (Leipzig, 1905), 3 vols. (quoted in Stölzl (1975) pp. 57-58).
27) Iggers (1988) p. 430.

だが，国民対立が深刻化し，チェコ系勢力が目に見えて強くなってきた1880年代から，チェコ系陣営に加わり，チェコ人としての国民意識を獲得するユダヤ人が増加し始める。例えば，1890年の時点で日常語としてドイツ語を選択したユダヤ人は，プラハ中心部(Innenstadt)において73.8%であったのに対し，1900年においては45.3%に減少していた(表1.3)。実数にして4000名強のユダヤ人がこの10年の間に日常語をドイツ語から「チェコ語」へと変更したことになる[28]。また，興味深いことに，チェコ系ユダヤ人とドイツ系ユダヤ人との間で対立が発生し，お互いの態度を批判し合う一方，彼ら／彼女らの中には貧しいユダヤ人に対する反セム主義を主張する者[29]や哲学者のF.マウトナーのように自らに対する嫌悪感，すなわち「自己憎悪 Selbsthaß」に陥る者も見られた[30]。例えば，ユダヤ系ドイツ語作家であったフランツ・カフカの作品にも，こうした複雑な感情が反映されている。彼は，恋人のミレナ・イェセンスカーに宛てた手紙で，「ユダヤ人の英雄的精神と南京虫は両方とも絶滅させることができないもの」とする一方，ユダヤ人を「戸棚に押し込んでしまうべきだ」と主張し，時々戸を開けて，閉じ

---

[28] Cohen (1981) pp. 101-102; Stölzl (1975) pp. 50-51. ただし，プラハのユダヤ人について言えば，「日常語」や貧富の差に関係なく，圧倒的多数が自らの子弟をドイツ語系の学校に通わせていた。少なくとも，公立学校に関して言えば，1890年においては，1863名のユダヤ系の子供のうち，97%がドイツ語学校に通っていたし，1900年においても91%，1910年においても89%の子供が依然としてドイツ語学校に通っていた。基本的には第一次世界大戦に至るまで，社会的上昇にはドイツ語能力が不可欠と見なされていたのである。Cohen (1981) pp. 224-225; Kieval (1988) p. 45.

[29] ただし，シオニストの中には，ガリツィアやブコヴィナのユダヤ人に対するロマン主義的な憧れを抱く者が多数見られた。というのも，産業化されていないこれらの地方では，正統派でイディッシュを話すユダヤ人が多数存在し，伝統的に純粋なユダヤ性をなおも保持しているように思われたからである。こうした憧れは，しかし，第一次世界大戦における戦線の後退により，これらのユダヤ人が西方へと流れ，実際に彼ら／彼女らの姿を目の当たりにすることによって打ち砕かれてしまう。Kieval (1988) pp. 122, 174ff.

[30] Iggers (1988) p. 436.「自己憎悪」については，ボリス・グロイス(著)，中澤英雄(訳)「ユダヤの逆説，ヨーロッパの逆説――テーオドール・レッシング『ユダヤ人の自己憎悪』によせて」『思想』806(1991) pp. 99-119 を参照。

込めたそのユダヤ人が「本当に窒息死しているかどうかを確認しなければならない」[31]と書いている。

こうした状況の中，世紀転換期にはユダヤ人の若い世代によって4つの新しい可能性が見出された[32]。それを単なる逃避現象として見るのか，高次元での解決，すなわち止揚として見るのかは判断が分かれるところであるが，ともかく，その第1はシオニズムであった。これは，主として人種主義的な反セム主義に対応して生じたものであり，ユダヤ人にチェコ人やドイツ人と同格の国民としての地位を保証するものであった。第2は，国民を越えるもの，すなわち社会主義やオーストリア主義(rakušanství, Österreichtum)――多民族国家(Vielvölkerstaat)としてのハプスブルクへの忠誠――への傾倒であった。第3は，チェコ系とドイツ系との間を結ぶ文化的橋渡しの姿勢である[33]。特に，1911年から12年にかけて出された雑誌『ヘルダー・ブレッター *Herder-Blätter*』では，チェコ語文学のドイツ語への翻訳が積極的に行われ，両国民の相互理解を目指すと共に，シオニズムの急進化に一定程度の歯止めをかけることが目指されていた。第4は，チェコ人としての精神とユダヤ人としての精神を統合し，新たなアイデンティティーを生み出そうとしたチェコ・ユダヤ運動(Česko-židovské hnutí)である。

1.4 研 究 史

1.4.1 近代性(＝市民性)への着目

ドイツ史学においては，1980年代のいわゆる「歴史家論争」により従来の「特有の道 Sonderweg」論に疑問が付せられるようになった。ビスマル

---

31) Quoted in Iggers (1988) p. 437.
32) Křen (1990) pp. 319-321; Kieval (1988) pp. 87-92, 179-180.
33) Pavel Kosatík, *Menší knížka o německých spisovatelích z Čech a Moravy* [ボヘミアとモラヴィア出身のドイツ語作家についてのより小さな本] (Praha: Nakladatelství Franze Kafky, 2001) pp. 197-205, esp. p. 198.

ク以来，ドイツは道を「誤って」近代化の路線から「逸脱し」，ナチズムとホロコーストへと向かってしまったというドイツ「特有の道」論に対し，イギリスにおける左派系の歴史家より，その見方がイギリスやフランスといった「西欧」をいたずらに理想化するのではないか，という反論が加えられたのである[34]。彼ら／彼女らは，ドイツ社会における諸文化の「市民的性格」と「近代性」を指摘し，ドイツを「特殊な事例」とするのではなく，ヨーロッパ全体において見られる現象の一類型として把握し直そうとしたのであった。もちろん，こうした見方は，「自虐的」な歴史観よりも誇りうる「国民史」を希求する方向とも親和性を持っているが，ドイツ史をナチズムの経験からいったん切り離して考えさせる，という点では評価できるものであった。また，ドイツ史を国際的な比較の下に置くうえでも，こうした流れは必要不可欠なものであろう。例えば，19世紀の市民層をヨーロッパ的規模で比較したコッカの共同研究はその成果の一つと言える[35]。

こうした動きはオーストリア史研究，あるいはハプスブルク史研究においても見られる。オーストリア＝ハンガリーにおける中産階級の弱さと近代的市民社会の未成熟を議論の前提としていたA. J. P. テイラー(1987)やショースキー(1983)に対し[36]，例えば，2001年に出版されたR. オーキーの『ハプスブルク君主国』[37]では，古典的自由主義の転機となった1882年のリンツ綱領以降も自由主義そのものは途切れず，社会民主党や(ドイツ系)キリスト教社会党などにも受け継がれたとされる。また，新しく登場した国民主義的

---

[34] その嚆矢となったのは，ブラックボーン＆イリー(1983)であった。なお，「歴史家論争」については，松本(1985)，および，ユルゲン・コッカ(著)，肥前栄一，杉原達(訳)『歴史と啓蒙』未来社，1994の第7章などを参照。

[35] いわゆるビーレフェルト学派のユルゲン・コッカをリーダーとして行われたこの共同研究は，『19世紀の市民層——ヨーロッパ的比較におけるドイツ』(全3巻)として1988年に結実している。その中の第3巻がコッカ(2000)として邦訳されている。なお，ドイツ史学における市民層研究の潮流については，森田(2001)，および，村上俊介『市民社会と協会運動——交差する1848/49年革命研究と市民社会論』御茶の水書房，2003，pp. 65ff. を参照。

[36] Giustino (2003) pp. 12-14.

[37] Okey(2001). また，本書の書評，阿南大『東欧史研究』24(2002) pp. 56-58を参照。

勢力である青年チェコ党やシオニズム，さらには，ドイツ民族至上主義派にしても，それまでの自由主義を前提として登場したのであり，単純に「反自由主義」と言い切れる存在ではなかった。その意味では，古典的自由主義の後に台頭したこれらの動きについては，「反自由主義」ではなく「ポスト自由主義」と呼ぶ方が適切であろう[38]。こうした新しい見方は，スケッド (1996)，ジャドソン (Judson 1996a)，ボイヤー (Boyer 1995) らの近年の研究，チェコ社会に関して言えば，キング (King 2002)[39] やジュスティーノ (Giustino 2003) にも通底している。

1.4.2 チェコ史学における新しい流れ

経済史を中心とするチェコスロヴァキア（当時）の公式史学が，1970年代以降の「正常化」過程において次第に硬直化していく中，19世紀を「ブルジョア的発展の時代」ではなく，近代的市民的社会の形成期として捉える見方が登場してきていた[40]。主なものとしては，本章1.2節において言及したフロフ (Hroch 1985) のように，経済基盤の変化に着目しながらも，国民主義の担い手に焦点を当てることによって初期国民主義の発展段階を類型化した研究，19世紀の政治史を総合的に捉えたウルバン (Urban 1994)，労働運動史を主体にしながらも，当時の社会変化を肯定的に捉えたコジャルカ (Kořalka 1996)，そして，ドイツ系社会とチェコ系社会の相互作用の場としてチェコ社会を捉えたクシェン (Křen 1990) などが挙げられよう。

また，1980年代に入ってからは，プルゼニ (Plzeň, Pilsen) とターボル (Tábor) において毎年のようにシンポジウムが開かれるようになり，社会史的視点から国民史を再検討する試みが行われるようになった。1968年の「プラハの春」以降，当局の歴史研究に対する監視は強まったものの，プル

---

38) この点については，例えば，Scott Spector, *Prague Territories: National Conflict and Cultural Innovation in Franz Kafka's Fin de Siècle* (University of California Press, 2000) pp. x-xi を参照。
39) King (2002) については，書評，桐生裕子『東欧史研究』26 (2004) pp. 84-87 を参照。
40) この点については，篠原 (1997)，および Kořalka (1992) を参照。

ゼニやターボル，あるいは，ブルノ（Brno, Brün），オロモウツ（Olomouc, Olmütz）といった地方都市では比較的自由な研究が可能であり，歴史学の新しい流れを生み出す土壌となったのである[41]。こうした潮流から生まれた研究としては，歴史的神話の形成過程を明らかにしたラク（Rak 1994），記念碑設置のコンテクストを解明したホイダとポコルニー（Hojda & Pokorný 1997），フス派の戦いに着目し，その史実が如何にして語られていくかを述べたチョルネイ（Čornej 1995）等が挙げられよう。これらの研究では，封建的バロック的社会が近代的な市民的社会へと転成するうえで形成された国民史，国民的シンボル，国民文化に焦点が当てられ，それらの形成メカニズムが明らかにされてきている。

1.4.3 体育史研究における変化

チェコにおける体操運動を考察するにあたっては，それと密接な関わりを持っていたドイツ体操運動[42]に関わる研究状況についても見ておく必要が

---

41) Kořalka (1992) pp. 1035-1036；篠原 (1997) p. 72, n. 9。
42) 日本のドイツ体育史研究においては，Turnenという言葉を「体操」と訳さずに「トゥルネン」とカタカナで表記するのが一般的である。Turnenは日本語の「体操」という言葉に合致しないというのがその理由であり，著者もその点について特に異論はない。しかしながら，19世紀後半のチェコ社会においては，チェコ人がドイツ語で話す際——例えば帝国議会でチェコ系議員が発言する場合——自らの体操をTurnenと表現し，ユダヤ系の体操団体も当初は「ユダヤ・トゥルネン協会 Jüdischer Turnverein」という名称を用いていた。当時における内務省の官吏も，チェコ系体操団体であるソコルのことを「ソコル・トゥルネン協会 Der Sokol-Turnverein」と記述している。この文脈においては，Turnenという言葉には，「ドイツ特有の」というニュアンスよりもむしろ，より一般的な「体操」という意味が込められていたと考えるべきであろう。ドイツ体操の創始者であるヤーンにしても，体操のドイツ性とそのオリジナリティーを強調するためにTurnenという言葉を創り出したものの，非ドイツ系国民にとってのTurnenもありうると主張したこともあり，その使い方は必ずしも一面的なものではない。Jahn & Eiselen (1816) p. LXIff. また，日本語の「トゥルネン」はドイツ体操を示す専門用語として既に定着しており，チェコ人の「トゥルネン」やユダヤ人の「トゥルネン」といった表記に違和感を覚える向きもあろう。以上の理由より，本書ではTurnenというドイツ語をすべて「体操」と訳すことにしたい。

なお，日本語の「トゥルネン」という言葉については，有賀 (1994) p. 19, n. 1, およ

あろう。ドイツの体育史研究において，体操運動と政治との関わりを手堅い実証研究によって描き出したのはヨーン(John 1976)が最初であった。その後，体育史だけでなく社会史の研究者が体操運動に取り組むようになり，2つの領域における蓄積が相互の分野で生かされるようになってきている。例えば，結社活動の一つとして体操協会に着目したデューディング(Düding 1984)，身体の規律化という観点から実証的な研究を行ったM.クリューガー(Krüger 1996)，ハビトゥスの形成という観点から体操運動における言説の変容を扱ったゴルターマン(Goltermann 1998)，スポーツのドイツ市民層への浸透という観点から身体文化と階層の問題を論じたアイゼンベルク(Eisenberg 1996)，といったものが挙げられる。

日本におけるドイツ体育史研究者としては，ドイツ体操運動についての包括的な研究を行った成田(2002)がまず挙げられるが，運動の社会性，政治性といった観点については不充分である。また，労働者体操運動史の観点からは，上野(1977, 1978)や唐木(1977)の他，A.クリューガー&リオーダン(1988)を中心とする国際的な共同研究が行われている。あるいは，18世紀後半から19世紀前半にかけてのドイツ身体文化の質の変化について示唆に富む研究を行っている山本(1993, 2004)も挙げられよう。最近の研究の中では，M.クリューガーと視点を共有し公共圏の形成という観点から体操運動を扱っている有賀(1998, 1999, 2002b)や，運動の担い手の変化に着目した小原(2001, 2003)が注目される。

では次に，チェコの体操運動に関する研究状況を見ておくことにしよう。グレットラー(Glettler 1970)やブロウセク(Brousek 1977)がウィーンのチェコ系移民によるソコル運動を取り上げていたが，チェコ本国におけるソコル運動と国民主義との関係を初めて正面から取り上げたのは，アメリカ合衆国のノルテ(Nolte 2002)であった。本国であるチェコスロヴァキア(当時)では，戦間期において運動の当事者によるものが数多く著されているが，いずれも

び山本(1993) pp. 1-9 を参照のこと。ヤーン自身による Turnen の理解については，Düding (1984) p. 54, n. 107 を参照。

宣伝の要素が強い資料である。また，第二次世界大戦後には体育史の専門家による研究が開始されたものの，ムハ(Mucha 1953)やJ. マレク(Marek 1967)に代表されるように，労働者体操運動の歴史がメインであり，ソコル運動の発展過程はもっぱら「ブルジョア的反動への逸脱」として扱われている。1989年の「ビロード革命」以降においては，ヴァイツやケスルを中心とする研究(Waic 1996/97)のようにソコルの社会的機能に着目した著作や，イェリーネク(Jelínek 2000)のように結社研究の観点から体操運動を扱ったもの，最近ではチェコとドイツの体育史研究者による国際的な共同研究(Waic 2004)などが現れている[43]。

なお，日本においては，体育史の専門家である切刀による研究(1984, 1988)や，筆者自身の拙稿(福田 2002)が挙げられよう。

おわりに——本書の位置づけ

かつて陸上競技のオリンピック候補選手でもあったというアメリカの文化人類学者マカルーンは，画期をなした著作『オリンピックと近代』(原書は1981年)において以下のように述べている。

> ……私［マカルーン］は図書館を漁った。自分たちの心を掻き乱し，自分たちに努力を強いるその共通の目標である，オリンピックというものに意味を与えてくれるような本を探した。だが私の期待に応えてくれるものは図書館にはまったくなかった。……ガイドブックや，回想記や，競技に関する報告書や，大会公式記録などの類が大部分を占める中に，ようやく見つけ出すことのできたわずかな学問的著作もあるにはあった。だが大方は，オリンピックという動きと表情に満ちた世界から，自己にとってのわずかな関心の材料を拾い出してくる，専門家的悪弊に陥った

---

43) その他，ポーランド・ソコルを扱ったBlecking(1990)，スラヴ系ソコル運動をまとめた唯一の研究書であるBlecking(1991)等が挙げられる。

ものにすぎなかった。……この学問上の空白は、「文化人」が社会の遊戯的側面に対して侮蔑のまなざしを送っているということの、さらなる証拠となるものである。それはスポーツにこそもっとも貴重な人生体験を味わっている私たちが、日々苛まれている侮蔑の視線である[44]。

　だが、身体文化が全くの「学問上の空白」であったわけでもない。既に第二次世界大戦以前の段階において、ノルベルト・エリアスがスポーツを「文明化の過程」に付随する現象と位置づけ、その社会的意味を指摘している[45]。
　彼によれば、産業社会の発展過程においては、分業と相互依存の発生により、近代以前に比して抑制された人間関係が必要となる。近代的共同体においては、人と人との関係は「機能的」となり、原始的な感情を発露させる回路は抑えられてしまうが故に、その分、興奮を得たいという欲求も増大する。その不満を解消するべく登場したのがスポーツという娯楽であった。もちろん、スポーツそれ自体においても暴力は制限されたものとして立ち現れる。ボクシングなどの現在の格闘技を見れば明らかなように、階級の区別や反則技の設定によって、暴力の発生が最小限のものとなるようにコントロールされていく。つまり、社会の「文明化＝暴力の抑制」と密接に結びついて誕生した近代的意味でのスポーツには、それ自体、暴力を抑制する「文明化」への傾向が内包されているのである。いずれにせよ、我々は、スポーツにおける限定的な興奮を楽しむことによって、社会における抑制と緊張によって被ったストレスを発散させ、精神的な均衡を保っているということになる。
　その典型的な例として、イギリスにおけるフットボールが挙げられよう[46]。中世のイギリスにおいて見られた民衆のフットボールは、今の時代では考え

---

44) マカルーン(1988a) pp. 11-12。
45) エリアス＆ダニング(1995)；多木(1995)。ただし、エリアスの『文明化の過程』(赤井慧爾ほか訳、法政大学出版局、1977-78、2巻組。原書は1939年)が広く英語圏の研究者に知られるようになったのは、1976年にそのポケット版が出されてからであった。
46) エリアス＆ダニング(1995) pp. 253-277。他には、エリク・ダニング、ケネス・シャド(著)、大西鉄之祐、大沼賢治(訳)『ラグビーとイギリス人――ラグビーフットボール発達の社会学的研究』ベースボール・マガジン社、1983を参照。

られないぐらい「野蛮」なものであった。ゲームにおいては，ボールだけでなく相手を攻撃するための棒も使われ，死傷者が出ることもしばしばであった。競技場の内と外，選手と観客との境界は曖昧であり，通りがかりの人間が試合に参加することもあれば，傍観を決め込んでいる観客が突然，選手に殴りかかられることもあった。ところが19世紀に入ると，そのような暴力的なフットボールがパブリック・スクールの生徒によって受け入れられ，ルールによって制度化された「非暴力的」娯楽，すなわちラグビーに改造されていったのである。

エリアスによるこうした研究が認知され，スポーツ社会学という分野が誕生したのは1960年代であった。だが，身体文化に関する研究は主として体育学系の研究者によって行われており，人文・社会科学全般においてその成果が共有されているとは言いがたい。最近では，社会学などの分野でも身体文化に対する関心が高まり，人文・社会系と体育系の研究者によるコラボレーションも行われるようになったが[47]，両者の間には依然として断絶があるように思われる。マカルーンの指摘した状況は，21世紀初頭の現在においてもあまり変わっていないのではなかろうか。本書は，こうした点を踏まえつつ，いわば学際的な視点から体操運動の政治的・社会的側面に光を当てていきたいと思う。

本書における第1の意義が学際性であるとすれば，第2に挙げられるのは市民層研究への貢献であろう。

ただし，コッカの指摘するように，市民層は定義の困難な概念である[48]。一般的に市民層のカテゴリーに入れられるのは，経済・有産市民層(ブルジョア)と知識人層――ドイツ社会においては特に「教養市民層」と呼ばれ

---

47) 日本におけるコラボレーションの例として，清水(2004)；吉見俊哉ほか『運動会と日本近代』青弓社，1999といった著作が挙げられる。人文・社会科学一般と体育学を結びつけるうえでは，特にカルチュラル・スタディーズが大きな役割を果たしたと言える。この点については，伊藤守(編)『文化の実践，文化の研究――増殖するカルチュラル・スタディーズ』せりか書房，2004などを参照。

48) コッカ(2000)の序章，および，松本(1981)を参照。

るグループ——，および職人層や官吏であり，場合によっては小規模自営業者がここに含められる。19世紀後半には，技師をはじめとする新しいタイプの専門職や事務職員も市民層に参入することとなる。しかしながら，市民層の社会的境界は極めて曖昧であり，地域や時代，あるいはその時々のコンテクストによって変化しうるものであった。

例えば，市民層が形成される初期においては，「上」との闘争，すなわち特権を持つ世襲的身分や官憲国家，反啓蒙的教会との闘争が問題となっており，「下」との差異，すなわち下層民と市民層の区別は重要ではなかった。それに対し，労働運動など「下」との闘争が課題となった時期には，下層民と市民層の差異が意識されたのである。だが，こうした様々な「ずれ」を抱えながらも，「市民」「市民性」「市民層」という言葉は，19世紀のヨーロッパにおいて社会・政治上の言葉として確かに存在していた。コッカによれば，「近代的で世俗的で身分制を超えた，上から監督されず理性的に自己規制する，まさしく『市民』社会のモデル」が構想されていたという[49]。

ところで，この市民概念は国民概念とも強い親和性を持つものであった。敢えて単純化するならば，市民は「普遍性」へのヴェクトルと横方向への開放性を持った概念であり，国民は「個別性」へのヴェクトルと縦方向への開放性を持った概念，と整理することがさしあたり可能だろう。この2つの概念が，19世紀のチェコ社会においても分かちがたく結びつき，時として矛盾をはらみながらも新しい社会の形成に大きな影響を与えたのである。

その点では，国民は極めて近代的な概念であり，前近代的な集団であるエトニとは連続性を持たない。チェコ語のナーロド（národ）やドイツ語のナツィオーン（Nation）に「民族」ではなく「国民」という訳語を当てたのはそのためである。ただし，この用語法によってチェコ国民およびチェコ国民主義（ナショナリズム）の「近代性」を強調したいわけではない。本書においては，「国民」や「国民主義」といった言葉を，善悪の価値判断を含まない単なる分析概念として用いている[50]。

---

[49] コッカ（2000）p. 9。

これに対し，ナショナリズム研究の先駆けとなったハンス・コーンは，価値判断に基づいて国民主義を分析した典型的な例である[51]。彼は，第二次世界大戦中に執筆した大著『国民主義の理念』において「西型」の国民主義と「東型」の国民主義を区分し，前者を，フランス革命に代表される市民的共同体を志向し，普遍主義的で自由主義的なものと捉えた。それに対し，中・東欧，あるいはそれ以外の地域で遅れて発生した「東」の国民主義は過去志向的で非合理的なものであり，既存の国家秩序を破壊し，人間の自由を脅かすものとして立ち現れてきたという。この書物が執筆された時期を考えれば，「東型」国民主義の典型例としてナチズムが想定されているのは間違いない。ただし，コーンは楽観的な見方を捨てることがなかった。彼は，いつの日か「東型」の「偏狭な国民主義」が克服されるのではないか，という希望を持ち続けたようである。

「偏狭な国民主義」を克服し，（その是非はともかく）「健全な国民主義」を育成するという課題は，今もなおアクチュアルな課題であり，最近の理論研究においても国民主義という用語を価値判断を含むものとして用いるケースが多々見られる[52]。もちろん，その試み自体は重要であり，否定されるべきものではないが，それを歴史研究に適用した場合には，実際の言葉が持っていたコンテクストを見落としてしまう危険がある。他方，19世紀社会の内実を問うあまり過度の実証研究に陥った場合には，現在の社会との接点を見失い，「意義」の希薄な研究となってしまうだろう。この点は，「市民」や

---

50) 本書においては，「国民」および「国民主義」の用語ですべて統一しているが，引用文によっては「国民」という言葉では違和感が生じる場合もある。だが，文脈によって訳語を使い分けるのは困難であるため，引用文についても「国民」で統一している。なお，国民(Nation, Volk)，民族(Nation, Volk)，人種(Rasse)，公民(Staatsbürger, Staatsvolk)，臣民(Untertan, Volk)，人民(Volk)という6つの用語について，松本が興味深い整理を行っている。松本＆立石(2005)の序章を参照。

51) Hans Kohn, *The Idea of Nationalism: a Study in its Origins and Background* (New York: Macmillan, 1948), 4th edition, esp. pp. 329-330, 574-576, 21-24.

52) この点に関して，ヴェーバーの国民主義を分析した今野の指摘は重要である。今野元『マックス・ヴェーバーとポーランド問題——ヴィルヘルム期ドイツ・ナショナリズム研究序説』東京大学出版会，2003，pp. 239-241, n. 5 を参照。

「公共圏」といった用語についても同様である[53]。

　以上の点を踏まえたうえで，筆者は研究対象に対して一定程度の「距離」を置きたいと考えている．つまり，19世紀のチェコ国民主義を「克服すべき」ものと見るわけでもないし，いたずらに理想化するわけでもない．ましてや，チェコ社会を「西型」とは異質のものと捉え，新たな「特有な道」論を唱えるつもりもない．ここで目指しているのは，市民層の結社活動——特に体操協会——の実態を明らかにし，そのことにより，チェコにおける近代社会の形成を他の地域と比較可能なものとして提示すること，なのである．

---

53) 規範概念としての「公共圏」(ハーバーマス)を歴史研究に適用する場合の危険性については，例えば，森村敏己「『集う』ことの意味」，森村敏己，山根徹也(編)『集いのかたち——歴史における人間関係』柏書房，2004, pp. 16-17 を参照．

第 2 章　チェコ系とドイツ系の「分化」

はじめに

1862年4月18日，プラハの歴史家 A. ギンデリは，深刻化するドイツ人とチェコ人の対立について以下のように書いている[1]。

> ……我々［ドイツ人とチェコ人］の間の対立はますますひどくなっている。要するに両者を媒介する性格を維持しているような会合とか機構とかいったものが既に存在しないのだ。もし体操をしたいと思うならば，ドイツかまたはチェコ(böhmisch)体操協会のどちらかに所属しなければならない。チェコのベセダ［社交団体］があるかと思えば，ドイツのカジノ［社交団体］もある。またドイツ系の歴史協会があるかと思えばチェコのも……。要するに，もし息を吸おうとするならば，ドイツの空気かチェコの空気のどちらを選ぶかを説明しなければならない，そんな時代がここにやって来ているのだ。

この記述は，ドイツ人とチェコ人の「和解不可能性 Unversöhnlichkeit」を示す例として歴史家によってしばしば引用されているようである。しかし

---

[1] ギンデリからモラヴィアの歴史家 P. フルメツキーに宛てて書かれた書簡。Quoted in Brix (1988) pp. 374-375.

ながら，19世紀末において見られたような深刻な国民対立が，1860年代初頭の段階で既に生じていたと果たして考えて良いのだろうか。本章においては，この疑問に答えるために，体操協会を通して1860年代の実相を明らかにしていくことにしよう。体操協会は合唱運動と並んで，最も早期にドイツ系とチェコ系に分裂した結社の一つであり[2]，両者の関係を探るうえで有効な手がかりになると考えられるからである。

2.1　チェコ社会における結社活動の発展

2.1.1　立憲体制への移行と結社法

　チェコ社会において結社活動が最初の頂点を迎えたのは，他の中・東欧地域と同様，1848年革命の時であった。この時，集会・結社の自由が認められ，様々な組織が誕生したものの，その大半は革命の失敗と共に消滅してしまう。1851年末には「ジルヴェスター(大晦日)勅令」によって立憲政治が否定され，翌52年11月26日には「新絶対主義」に対応する結社法が公布されている。この法律により政治的結社が明示的に禁止され，その他についても許可制が基本となり，当局による厳しい管理下に置かれることとなった。
　1859年に対イタリア戦争で敗北したハプスブルク帝国は，破綻した国家財政を立て直すために貴族や市民層に譲歩し，再び立憲体制への道を歩み始める。その後同国は，66年の対プロイセン戦争での敗北によってドイツ統一の流れからも排除され，より一層の国制改革を迫られることとなった。その結果，1867年に成立したのがオーストリア＝ハンガリー二重君主国である。ハプスブルクは帝国東半部のハンガリーに対して妥協(アウスグライヒ)を行い，内政上の支配権を与えたのであった。これ以後，共通業務と呼ばれる3部門——外交・軍事およびそれに関わる財政——を除けば，ハンガリー(トランスライタニア)は帝国西半部のオーストリア(ツィスライタニア)と同

---

2) Cohen (1981) p. 63; Soukupová (1992) pp. 7–28.

様，独自の議会と内閣を持つようになった。

　1852 年の反自由主義的な結社法が改正されたのは，このアウスグライヒの時である。67 年 11 月 15 日にツィスライタニアを対象として制定された新しい結社法は，二重君主国の崩壊まで存続しただけでなく，チェコスロヴァキア第一共和国時代にもその大枠が引き継がれ，第二次世界大戦後の1951 年まで存続した[3]。この法によれば，結社の設立は基本的に届出制となり，当局に申請書と規約を提出して明示的に許可の返答を受けるか，又は 4 週間以内に不許可の返答がなければ自動的に設立が許可されるのであった。また，設立 3 日以内に会員名簿を当局に提出する義務も課せられていた。

2.1.2　結社の発展と諸国民の「分化」

　48 年革命の「挫折」以降，結社活動が再び盛んとなったのは立憲体制への移行が始まった 1860 年代以降である。61 年から 62 年にかけて，前述の体操協会や合唱協会だけでなく社交団体であるドイツ系のカジノとチェコ系のベセダ，医師会や歴史協会などが，国民別に設立されていった。ただし，慈善団体やカトリック系団体，退役軍人会，学術団体などは，80 年代の半ばまでドイツ系とチェコ系で分かれることがなかった[4]。

　1867 年に自由主義的な結社法が整備されたこともあり，プラハを中心とするチェコ社会の結社は飛躍的に増加した。ボヘミア領邦での結社数は，67 年に 1717，69 年に 2651，71 年に 3367 へと増え，69 年の段階ではツィスライタニアにおける結社の 40％強を占めるに至った。アソシエーションは，

---

3) Spolky (1998) pp. XII-XIV. なお，この節における記述は，基本的に同書 pp. VII-LXXII に拠っている。現在のプラハ市アルヒーフ (AHMP) には，1895 年から 1990 年にかけての結社目録が保存されており，1 万 8000 件を超える結社が登録されている。ただし，それ以前の結社については，1895 年まで存続したものしか保存されておらず，その年より前に消滅したものについては同アルヒーフは記録を有していない。同アルヒーフで作成された図 2.1 は，プラハにおける 1895 年以降の絶対数をグラフ化したものであるが，それ以前のものについては──管見の限り──体系的なデータを得ることができなかった。

4) Soukupová (1992) p. 11.

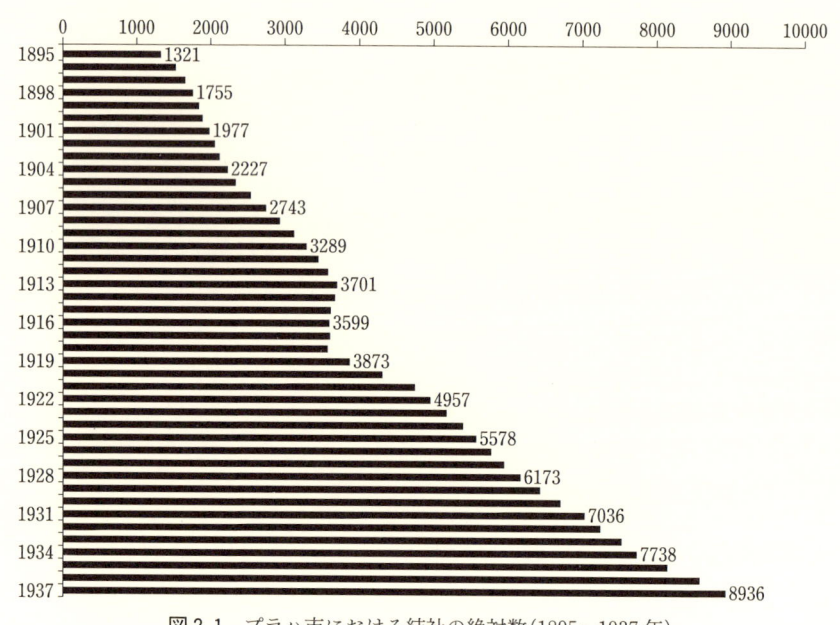

年	数
1895	1321
1898	1755
1901	1977
1904	2227
1907	2743
1910	3289
1913	3701
1916	3599
1919	3873
1922	4957
1925	5578
1928	6173
1931	7036
1934	7738
1937	8936

図2.1 プラハ市における結社の絶対数(1895〜1937年)
出典：Spolky (1998) p. XLVII.

チェコ社会における「第2の家 druhý domov」と見なされるようになったのである[5]。

ところが，1871年にチェコ諸領邦の自治を求める運動が失敗に終わり，次いで73年にオーストリア゠ハンガリー全体を襲う大不況が発生すると，市民層の活動拠点である結社の動きも停滞し，ソコルを含む各種の協会が冬の時代を迎えた。60年代には協同組合を中心とする職人層や小規模自営業者，および工場労働者層の結社が設立され始めていたが，これらの組織も不況によって衰退している。70年代の経済危機によって特に深刻な影響を被ったのは，こうした経済的に弱い層の結社活動であった。

1879年，それまで与党の地位にあったドイツ系自由派は，経済政策の失敗で不況を招いたということもあって選挙で惨敗し，ターフェの「鉄の環」

---

5) Spolky (1998) p. XXXVI.

内閣に政権を譲った。この内閣は，地主層などの保守派や教会勢力，老チェコ党などのスラヴ系勢力を基盤とし，ドイツ系自由派を包囲する形となったために，ドイツ系勢力の不満が高まっていく。80年代には景気が回復し結社活動も再び盛んとなるが，その中でいわゆる「保護協会 Schützenverein, ochranný spolek」が重要な位置を占めるようになったのは，そうした点を背景としていた。特にドイツ系とチェコ系の間では，それぞれの陣営で自国民の利益を守る保護協会が設立され，深刻な対立へと発展した（4章参照）。体操運動においても，それまで比較的良好であったソコルとドイツ体操協会の関係が悪化したのである。

　チェコ社会における大衆政党化と多党化が進んだ世紀転換期には，各政党と密接にリンクした結社が増加している。この時期には特に労働組合が多数設立され，社会民主党系やカトリック系などに分かれて競合することとなった。体操運動についても，ソコルから労働者系体操団体とカトリック系が分化し，敵対的な関係となる（3章参照）。また，アイスホッケーやサッカーといったスポーツ団体も急増し，「娯楽としてのスポーツ」よりも「国民的規律としての体操」を重視するソコルと対立し始めたのであった（6章参照）。

2.2　体操運動における「分化」過程

　次に体操協会に的を絞って見ていくことにしよう。ここでは，1880年代以降に書かれた資料，すなわちドイツ系とチェコ系の関係が悪化した時期の資料から，それ以前の段階を検証することにしたい。そのことにより，1880年以前と以後の相違点がより一層明らかになるだろう。なお，一般的なソコル運動史によれば，ドイツ系とチェコ系の「分化」のプロセスは，大雑把に言って次の3つの段階に分けて説明されることが多い。

(1)　1840年代から50年代にかけての体操運動の萌芽期。チェコ系とドイツ系の体操家たちが一緒に活動していたとされる時期。

(2)　1861年末におけるチェコ系とドイツ系の分裂から1870年代末にか

けての時期。ただし，この時期においては，両者の関係はそれほど悪いものではなく，相互の交流も行われていたとされる。

(3) 1880年代以降の個別的発展の時期。両者の関係が敵対的になったとされる時期。

2.2.1　体操運動の萌芽期

まず，体操運動の萌芽期について見ていくことにしよう[6]。プラハにおける最初の体操機関と言えるのは，病気や障害のある子供のリハビリを目的として1840年に設立された治療施設であった。その後，この機関を引き継いだF.シュミットが，対象を子供だけでなく大人にも拡大し，体操の中味もより一般的なものへと変更した。他方，1853年に設立されたJ.マリペトルの機関ではチェコ語による指導が初めて導入され，初の「チェコ的体操施設」となったが，いずれにしても，ドイツ体操の基礎となった『ドイツの体操術』(Jahn & Eiselen 1816)が範とされていたという。単純化するならば，この「チェコ的」なマリペトルの施設が後のソコルの母体となり，シュミットによって運営されていた機関がドイツ系体操団体の母体となったと言えるが，実際には事態はもっと「複雑」であったようである。後にチェコ系の体操家となった人物の中にもシュミットの施設に参加していた者がいたし，その逆も存在したからである。また，そもそも両方の機関において活動している者もいた。当時の文脈においては，チェコ系かドイツ系かという相違は，まだそれほど問題とはなっておらず，1861年に新たな体操団体を創設する計画が持ち上がった時にも，特に議論されることもなく，双方の国民を含む「ウトラキスト的utrakvistický」組織の設立が決定されたという[7]。

---

6) この時期に体操施設に通っていたチェコ系の人物として，歴史家のF. L. パラツキー，言語学者のパヴェル・シャファジーク，生理学者のJ. E. プルキニェ，教育学者のカレル・アメルリング，医師のE. グレーグルと『国民新聞』を創刊したジャーナリストJ. グレーグルの兄弟，ティルシュといった名前が挙げられている。Roček (1995) p. 12; Masák (1924); Schwarzenfeld (1956) p. 31.

7) 「ウトラキスト的」という言葉は，両形色論，すなわちパンと葡萄酒の2つの形による聖体拝領を意味するキリスト教の用語であり，フス派の穏健派を指し示すものであっ

第2章 チェコ系とドイツ系の「分化」　51

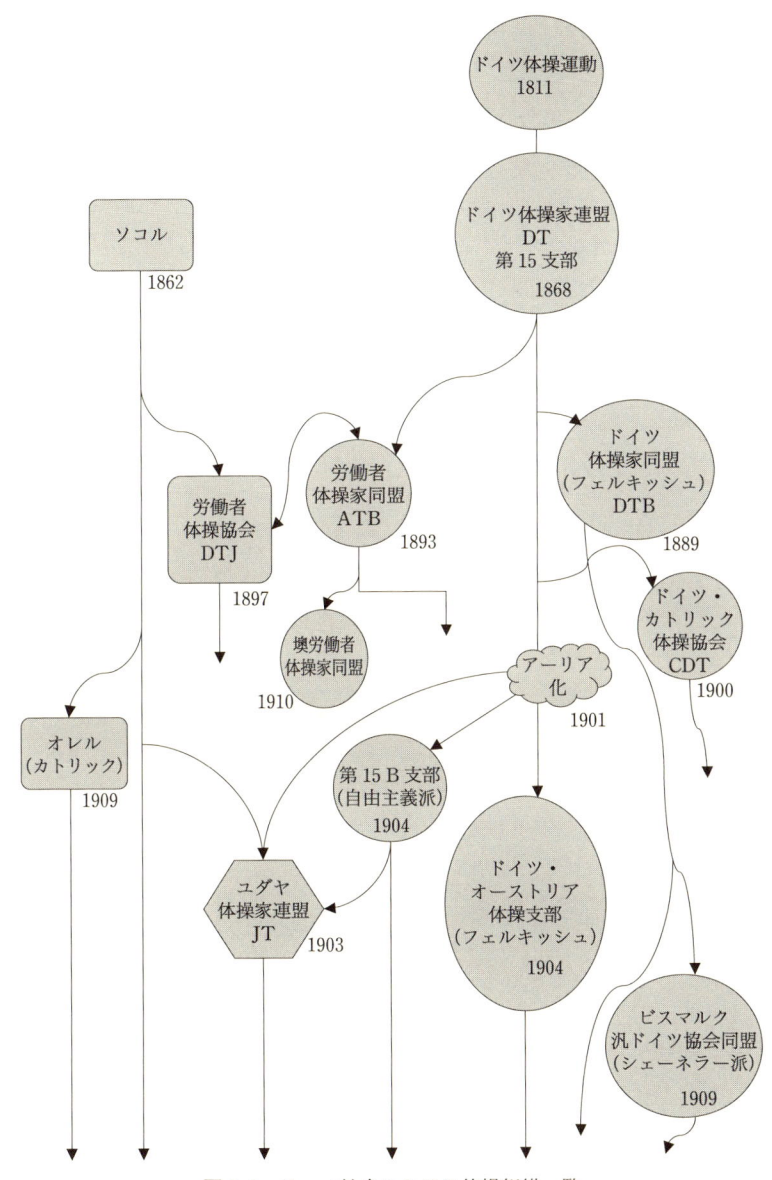

図2.2　チェコ社会における体操組織一覧

ところが，この年の秋，事業家であり信用銀行(Creditanstalt)のプラハ支店長であったパトロン役のゾイター卿が，設立資金を提供する代わりにプラハ男子体操協会(Pragermänner Turnverein)というドイツ語の名称とドイツ語での訓練を要求したことから対立が発生する[8]。結局，ティルシュやグレーグル兄弟は，1862年2月にチェコ系独自の組織「プラハ体操協会Tělocvičná jednota Pražská」を設立したのであった。なお，「ソコル」という名称は南スラヴ人の解放闘争における英雄を意味する言葉であり，E.トンネルの提案によって名づけられたと考えられるが[9]，当初は当局への配慮から正式名称としては登録されていない。一方，ドイツ系の団体は「プラハ・ドイツ体操協会Deutscher Turnverein in Prag」という名称で1862年1月に設立されている。

2.2.2 「分化」の始まり

しかしながら1860年代から70年代にかけては，ソコルとプラハ・ドイツ体操協会の関係は必ずしも敵対的なものではなかったという[10]。例えば，

たが，19世紀半ばにおいては，チェコ系とドイツ系の双方を含むという意味で用いられた。なお，1912年に出版されたプラハ・ドイツ体操協会の50年史においては，1860年代の初めまでは「種族Volksstämme」の違いに関わりなく体操が行われており，そもそも，体操のドイツ的性格を疑う者は誰もいなかった，と書かれている。また，マリペトルの「チェコ的」な体操にしても「ドイツという芽から発育開花した」ものにすぎないと評価されている。Rychnovsky (1912) pp. 8-9.

8) Roček (1995) p. 15; Jandásek & Pelikán (1946) pp. 6-7.
9) Památník (1883) p. 46.
10) 1880年代に書かれた回想録では，当時のドイツ系体操協会とソコルの関係は「騎士的chevaleresknf」なものであり，両者の「交流」が行われていたとされている。Památník (1883) p. 234; Rychnovsky (1912) pp. 21-22. なお，1862年5月11日，ソコルがプラハ郊外のザーヴィストに遠征を行い，行く先々で「歓迎」されたのに対し，プラハ・ドイツ体操協会も，その一週間後の18日，同じ場所を目的地とする遠征を行っている。ところが，ドイツ人の場合には，帰り道でチェコ人による「投石の嵐」に遭ったのだという。なお，毎年行われていたプラハ・ドイツ体操協会によるプラハ近郊への遠征は，国民対立の悪化のため1886年以降中止された。Rychnovsky (1912) p. 23; Památník (1883) pp. 224-225.

1864年に行われた後者の旗の聖別式には,「国民衣装」のチャマラ (čamara)[11] を着たソコルのメンバー16人が参加していたし,1870年においても,ソコルはプラハ・ドイツ体操協会のメンバーを公開体操に招待していたのである。

この時期において見られたドイツ系体操家との「交流」は,ソコル運動史においては,後続世代の読者に一種の「驚き」を与えるものとして記述されている。だが,1880年代以降においては,こうした「交流」は影を潜め,チェコ系とドイツ系の「敵対関係」が常態化したのだという。ただし,1880年代以降に関するソコル史においては,ドイツ系体操運動との関係よりも,体操運動の成熟やチェコ的体操の体系化といった問題に重心が置かれているように思われる。1882年に初めて行われたソコルの第1回祭典,会員数の大幅な増加,体育館を中心とする日常的活動の充実など,チェコ国民における身体文化の発展ぶりが強調されているのである。もちろん,その言説には,チェコ体操がドイツ体操に匹敵し,ある意味ではそれを凌駕するだけの力を獲得したという自負心が見え隠れしていると言えよう。

2.3 創設者の「覚醒」

2.3.1 フュグネルの「チェコ化」

体操団体が国民ごとに「分化」していく中で,当事者のアイデンティティーはどのように変化したと見なされているのだろうか。ここでは,ソコルの創設者として筆頭に挙げられるフュグネルとティルシュに焦点を当て,その語られ方について見ていくことにしよう。

フュグネルは,プラハで成功した織物業者の息子として1822年に生まれ,ドイツ語を話す両親の下で育ったという。ギムナジウムを卒業後,商業の実

---

11) ポーランド地域でもともと用いられていた黒色の上着,チャマラ (czamara) に由来する。1848年頃よりチェコ社会においても国民的な衣装と見なされるようになり,サロンなどで着用する正装として定着した。Ottův slovník, vol. 5, pp. 856-857.

図 2.3　フュグネルの墓碑の除幕式（1869 年 7 月 18 日）
出典：Tyrš (n.d.) p. 52.

地経験を積むためにトリエステ（現イタリア）に滞在し，そこで祖国の統一と独立を求める青年イタリア党とガリバルディの熱狂的な支持者となる。それもあってか，プラハに戻ってからはハプスブルク帝国の保守的な体制にますます不満を持つようになったとされている。また，唯の不仲であったのか，それともその「経済的エゴイズム」を嫌ったのかは定かではないが，同業者であり，遠縁にあたる J. リービヒを「人間であることを忘れた魔物」と呼び，その影響下から逃れるために，家業の織物業から保険業界へと転身を図ったのであった[12]。

　フュグネルがチェコ人として意識的に活動するようになったのは 1859 年頃であったようである。一人娘レナータの家庭教師をしていた風刺作家の J. ノヴォトニーがチェコ系の政治犯として数回投獄されたこと，そして，フュグネル自身，ノヴォトニーを通してチェコ系サークルとの交友関係を持つようになったことから，フュグネルは徐々にチェコ人としての意識を持つようになったと説明されている。彼は，妻と娘共々ドイツ人や「ハプスブルクの

---

12) フュグネルが義兄弟ヘルフェルトに宛てた 1855 年 2 月 27 日付の書簡を参照。Feyl (1956) pp. 552, 559; Tyršová (1927) vol. 1, p. 33; Nolte (1996) p. 58.

連中 habsburáky」との交遊を制限し，家族の目につく場所にはドイツ語ではなくチェコ語の本を置くようにしたという。また，ハインリヒ (Heinrich) というドイツ風のファーストネームをインジフ (Jindřich) というチェコ風の名前に変え，写真撮影をする場合には必ずソコルのユニフォームかあるいはチャマラを着るようになった。

とはいえ，すでに40代にさしかかろうとしていたフュグネルにとっては，チェコ語をマスターすることは容易ではなかった。彼はドイツ語で書いた娘への手紙の中で「バカなお父さんはチェコ語で書くのはうまくないんだ」と嘆いて見せたこともあった[13]。しかしながら，当時のチェコ系エリートにはフュグネルのようにチェコ語が苦手な者が多く，チェコ語ができないということは特に「障害」とはならなかった[14]。

さて，そのフュグネルとソコルとの関係であるが，彼自身は熱心な体操家ではなく，時折フェンシングをたしなむ程度であったという。彼がソコルの初代会長に選ばれたのも，ティルシュやグレーグル兄弟の推薦によるものであり，彼自身の意思によるものではなかったらしい[15]。だが，チェコ語が不得手であったにもかかわらず，ソコル・メンバーの多数を占めていた仕立屋，指物師，肉屋，毛皮加工業者といった手工業者と親しく接するようになり，

---

13) Tyršová (1927) vol. 1, p. 73. 幼少時のレナータが「お父さんの子供の時はまだドイツ人だったの？」と尋ねた際，父親は以下のように答えたという。「全然。ドイツ人ではなかったよ。プラハ人，ドイツ語をしゃべるプラハ人だったんだよ。あそこにたくさん本があるだろう？ あれは昔買ったものだけど，その中にはチェコ史の絵があるんだよ。私はそこからチェコの歴史を学んだし，印刷されたチェコ語の単語を一語一語判読していったんだ。単語の意味は，料理で使うチェコ語の蓄えとドイツ語の単語の助けを借りながら理解したんだよ。」 *Ibid.*, vol. 1, p. 19.

14) ロチェクによれば，フュグネルはドイツ人としての顔を完全に捨てたわけではなかった。彼は，本業の保険業界では依然としてハインリヒの名前で活動し，ボヘミア芸術協会といったドイツ系組織においてもメンバーであり続けた。Roček (1995) p. 30, n. 49.

15) 「ソコル旗の母」とも呼ばれた作家の K. スヴェトラーは，フュグネルが会長に選出されたと聞いた時，それが自分が昔から知っているハインリヒ・フュグネルと同一人物とは思えなかったという。なぜなら，彼女の知る限り，フュグネルの一家はチェコ語を一語たりとも話せないからであった。Za praporem (1887) p. 16; Památník (1883) pp. 62-65; Dvořáková (1989) p. 52.

彼らと「君・お前」で呼び合う関係になったとされている[16]。ただし，遠征の目的地などで見知らぬ人と接する場合には，彼は目立たずに行動するよう心がけ，チェコ語での演説についてもティルシュをはじめとする他の指導者たちに任せていた[17]。

しかしながら，フュグネルをチェコ系陣営に向かわせたのは一体何だったのだろうか。娘のレナータによれば，それは，彼の持っている自由主義と民主主義の精神なのであった[18]。彼にとっての自由主義とは暴政，王朝，教会に対する戦いであり，そこから彼の青年イタリアへの共感，アイルランド運動への共感，ハプスブルクに対する反感が生まれたのだという。寝室にカントとワシントン，そしてガリバルディの肖像画を飾り，反体制ジャーナリストのカレル・ハヴリーチェクにも親近感を示していた。娘が生まれた時には，敬愛するデカルトのラテン名レナトゥス・カルテシウスにちなんでレナータ（Renáta）と名づけるほどであった。また，民主主義の立場から貴族の特権に嫌悪感を示し，「小さき人々 malé lidé」を尊重していたという。こうした点から，フュグネルはチェコ人としての人生を選択したとされているのである。

2.3.2　ティルシュの模索

ティルシュは，医師の息子として1832年，北西ボヘミアのヂェチーン（Děčín, Tetschen）に生まれた。もともとの名前はフリードリヒ・エマヌエル・ティルシュ（Friedrich Emanuel Tirsch）であり，家庭ではドイツ語が使われていたようである。幼少期に両親と妹を亡くし，3人の叔父の下を転々としたために，悲観的な人生観を持つようになったと言われている。また，身体が虚弱であったことから，幼い頃には学校にも満足に通うことができな

---

16) Tyršová (1927) vol. 2, pp. 27-28. フュグネルは，1862年3月27日に行われた非体操会員向けの交流会（přátelská schůzka）において，会員同士が「君・お前」で呼び合うことを提案し，了承されている。Dvořáková (1989) p. 46.
17) Tyršová (1927) vol. 2, p. 82.
18) Tyršová (1927) vol. 1, p. 87; vol. 2, p. 116.

図2.4　ティルシュ(1882年)
出典：Tyrš (n.d.) p. 91.

かった。

　彼の生活が安定したのは，プラハに住む3人目の叔父に引き取られてからであった。1841年末，ティルシュ9歳のときである。歳の近い5人の従兄弟に囲まれ，彼はやがてマラー・ストラナ地区のギムナジウムに通うようになる。虚弱体質を心配した叔父の薦めにより市内の体育施設にも行くようになったが，当初は嫌々ながらであったという。48年の革命時には，ティルシュはチェコ人としての自覚を持つようになり，同級生と共に，当時「愛郷的 vlastenecký」と評されていた旧市街のギムナジウムに転校した。50年10月に行われた卒業試験では，ティルシュを含む84名全員が国民としての自覚からチェコ語での試験を選択したという[19]。

　哲学を志したティルシュは，プラハ大学においてヘルバルト派のロベルト・ツィンマーマンに師事し[20]，次第にショーペンハウアーの悲観哲学に惹

---
19) Dvořáková (1989) p. 15.
20) プラハにおけるツィンマーマンについては，ジョンストン(1986) vol. 2, pp. 491-495 を参照。

かれるようになった。大学の課程を終えた後は，中央ボヘミアのノヴィー・ヤーヒモフ(Nový Jáchymov)で食器工場を経営する E. バルテルムスに家庭教師として雇われ，そこで 4 年間を過ごしている。ティルシュ本人は，この 4 年間を最も幸福な時期であったと回想している。バルテルムス家の邸宅は一種の文学・哲学サロンとして機能しており，ティルシュはこのサロンをきっかけとしてフグネル一家を含む多くの知己を得ることができた。特にフグネルはティルシュに対して好意的であり，プラハの自宅に有していた豊富な蔵書を彼のために開放したという。ティルシュはフグネルの自宅に足繁く通い，文学や哲学談義に花を咲かせ，蔵書を読み漁るようになった。

　だが，確たる将来の展望があるわけではなかった。1860 年に学位を取得したものの，師事していたツィンマーマンの後任にはなれず，ショーペンハウアーに関する教授資格論文も大学に受理されなかった。本格的な自由主義時代が始まろうとしていた 60 年に，彼は何か「物書き」になるつもりでプラハに戻ってきたものの，特に生活の当てがあるわけでもなかった。断続的に通っていた体育施設では，それなりの指導力を発揮するようになっていたが，それは彼にとっての生活の一部であり，すべてではなかった。ソコルの設立に関わっていく中で，彼にとっての体操運動の比重が増していったというのが実際のところであろう。特に，ソコル設立直後の 62 年 5 月，有給の体操指導責任者(náčelník)に任命されたことは，彼にとって大きな意味を持っていた。ティルシュは 84 年にソコルから身を引くまでこの職にあったが，長年にわたってそれが主たる収入源となったからである。

　また，ティルシュは最初からソコルで主導権を握っていたわけでもない。初期の執行部においては，「愛郷的思考 vlastenecké smýšlení」を重視し，政治への積極的なコミットを目指す貴族のトゥルン = タクシスやジャーナリストの J. グレーグルら「進歩派 strana pokroku」に対し，ティルシュやフグネルのように体操を重視する「体操派 strana turnerská」が対峙する格好となっていたのである[21]。

---

21) 切刀(1984) pp. 88-91。

その対立が明確な形で現れたのは遠征への参加をめぐってであった。1862年4月27日に行われた国民的聖地ジープ(Říp)での祭典について、ソコルの政治化を警戒した体操派が参加に反対したものの、不参加ではソコルの体面が保てないという理由もあり、結社ではなく個人単位での参加となった。この祭典には、結局ティルシュとフュグネルを含む73名が参加し、その多くがソコルのユニフォームを着用していたという。しかも、進歩派のトゥルン＝タクシスとJ.グレーグルが政治色の濃い演説を行うなど、祭典の中で重要な役割を果たしたのである。

　これに対しティルシュは、「真の」ソコル遠征を行うために、同年5月11日、プラハ郊外のザーヴィスト(Závist)への遠征を企画した。彼のイニシアティヴによって新たに策定された規則では、ソコル遠征の非政治的性格が明記され、行進の隊列から離れた者や指導者の指示に従わなかった者に対しては、協会からの除名を含む厳格な罰則が規定された。翌6月には、『国民新聞』で容赦のない政府批判を行ったJ.グレーグルが禁固刑と罰金刑を受けたことから、結果としてソコルにおける進歩派の比重が低下し、ティルシュやフュグネルを中心とする体操派が主導権を握るようになる。

　だが、体操派とはいえ、ティルシュが非政治的な人間であったわけではない。彼は、チェコ国民党(Národní strana)の青年チェコ派(Mladočeši)として、1867年よりボヘミア領邦議会に出馬している[22]。初当選は69年であり、73年にはウィーンの帝国議会議員にも選出されている。だが、国民党が頻繁に議会をボイコットしていたことや健康上の問題により、彼はまともに議会に出席せずに政治から手を引くことになった。彼の最後の政治活動は、1874年、青年チェコ派が国民党の老チェコ派(Staročeši)から正式に分離して国民自由党(Národní strana svobodomyslná)を結成する際、その宣言書に署名したことである。

　なお、彼が名前をチェコ風のものに変えたのは、1860年にプラハに戻ってからと考えられる。しばらくの間は姓の綴りが安定せず、Tirsch、Tirš、

---

22) Sokol (1973) p. 20.

Tyrš などのヴァリエーションが存在したし，ベドジフ (Bedřich) という名を使っていた時期もあったが，64 年にはミロスラフ・ティルシュ (Miroslav Tyrš) に落ち着いたようである。

ティルシュは幼少期にチェコ語の優勢な地域に住んでいたこともあり，フュグネルとは対照的にチェコ語の会話には不自由しなかったと考えられる。だが，基本的な学校教育はドイツ語で受けていたことから，チェコ語で書くことには苦手意識を持っていた。少なくとも，ノヴィー・ヤーヒモフに滞在していた 1850 年代後半においては，彼はドイツ語でノートをとっているし，ギムナジウム向けに哲学の教科書をチェコ語で書くように依頼されたものの，彼はチェコ語の能力に自信がないという理由で断っている。しかしながら，当時の高等教育がすべてドイツ語で行われていたことを考えれば，母語が何語であれ，チェコ語で書くことにある種の困難が伴うのは普通のことであった。60 年代前後に自力でチェコ語能力を高めたティルシュもまた，そうした困難を克服したチェコ系知識人の一人だったのである[23]。

1872 年にフュグネルの娘レナータと結婚したティルシュは，安定した収入が必要となったこともあり，当時計画が進んでいた国民劇場のデザインに関与するなど，芸術の分野でも積極的に活動するようになった[24]。1881 年にはプラハ工科大学にて芸術史担当の助教授 (docent) に任命され，念願であった大学での職も得ることができた。さらに，プラハ大学がチェコ語部門とドイツ語部門に分割された際には，前者における助教授，次いで員外教授 (profesor extraordinarius) に任命されている。その職を全うするため，彼

---

[23] この点は，文語が確立されつつあった明治初期の日本と状況が似ていなくもない。言文一致を目指した二葉亭四迷は，思うように文章が書けないと，まずロシア語で書き，それを日本語に逆翻訳したと言われているが，チェコ語の書き手たちもまた —— たとえチェコ語が母語であったとしても —— 似たような言語的格闘を経験したのではないだろうか？ 彼らはドイツ語が問題なく使えるにもかかわらず，相当な無理をしてチェコ語で執筆し，自らの公論の場を構築しようとしていたのである。日本語の問題に関しては，イ・ヨンスク (李妍淑)『「国語」という思想 —— 近代日本の言語認識』岩波書店，1996，p. 22。

[24] 芸術の分野におけるティルシュの活動については，Nolte (1993a) pp. 47-62 を参照。

は 1884 年 6 月にソコルでの役職を降りている。彼が休暇先のティロールの谷にて死体で発見されたのはその 10 週間後であった。事故死とされているが，長年にわたって精神疾患に悩まされていたことから自殺とする説もある。

2.4 チェコ的体操の探究――身体文化の創出

2.4.1 「適者生存」の世界観

次に，チェコ人にとっての体操の位置づけについて見ていくことにしよう。チェコ体操の体系を創出したのはティルシュであったが，そもそも彼はなぜ国民的な体操が必要だと考えたのだろうか。この点について，後にソコルの「福音」と評されるようになった彼の著作『我々の課題・方向・目的』(Tyrš 1871)から考えてみることにしよう。

ティルシュはこの小論において，人間を含むすべての創造物の歴史は「存在をめぐる絶え間ない闘争」であると規定し，その中で，能力がなく劣性のものは戦いに敗北し，死に絶えるのだと主張している。社会ダーウィニズム的な発想がここには表れている[25]。彼は，人類の発展の単位となるのは国民であるとし，社会の中では強い国民だけが生き残り，弱い国民は滅びる運命にあると主張した。「衰退するか，それとも成熟するか，すなわちすべてか無のどちらかしかない」のである。特に，小さな国民の場合は，少ない数の中で発展に必要な力を確保し，その健全なる発展を図らねばならないため，

---

25) ただし，ティルシュがダーウィンの著作を読んでいたかどうかは定かではない。植物生理学者の J. ザックスがティルシュにダーウィンについての情報を与えたとされているが，ティルシュの著作においてダーウィンについての言及はなされていないからである。Havlíček (1923) pp. 49-50; Tyršová (1932-34) vol. 1, p. 36. なお，ドイツ語圏において「社会ダーウィニズム Sozialdarwinismus」という言葉が初めて使われたのは 1906 年のことであった。この言葉は主として R. ホーフスタターの『アメリカの社会進化思想』(後藤昭次訳，研究社，1973 年。原題は *Social Darwinism in American Thought*, 1944 年にアメリカ合衆国で出版)において使われたものが歴史家の間に広まったのであり，少なくとも 19 世紀半ばの言葉ではなかった。Kelly (1981) p. 101; p. 157, n. 1.

その分，大きな国民よりも努力しなければならない。こうした「厳しい状況」の中でチェコ人が存在に値する国民として生きていくために，ソコルが必要とされたのである[26]。

2.4.2　モデルとしての古代ギリシア

それでは，チェコ人はどのような体操をすべきなのか。ティルシュは，1868年に著した『オリンピアの祭典』(Tyrš 1868)において，チェコ人が参照すべきモデルとしてギリシア人の体操を挙げ，特に，彼らの団結を内外に誇示する場として機能していたオリンピアの祭典を高く評価している[27]。ティルシュによれば，ギリシア人たちは自分自身の力を誇示するためではなく，祖国(vlast)を守り祝福するために古代オリンピックに参加したのであった。勝利の証として月桂冠やオリーヴの葉を獲得すること自体が重要なのではなかった。彼らにとって大事であったのは，競技での勝利によって祖国の強さが証明されることであったという。チェコ人が学ぶべきモデルとされたのは，こうしたギリシア人の「愛郷主義」と「利他主義」なのであった。

ソコル史の記述においては，ドイツ体操が中世の騎士を参照したのに対し，チェコ体操は古代ギリシアの身体文化を参照したと説明されることが多い。その行間においては，ドイツ体操の「射程の短さ」に対するチェコ体操の「奥の深さ」と「豊かさ」が強調されているのである。しかしながら，ドイツにおいて「体操の父」と評されたヤーンにしても，「ドイツ国民に告ぐ」と題する講演を行ったフィヒテにしても，古代ギリシアを参照していたという点はここで指摘しておくべきであろう。フィヒテとヤーンは，ドイツ人が純粋な言語を有する「始原民族 Urvolk」であり，ギリシア人の文明を継承するに値する存在だと主張したのである[28]。このように，ギリシア人を参照

---

[26] Tyrš (1871) pp. 131-133.

[27] Tyrš (1868) p. 38; Tyršová (1932-34) pp. 75-77; Olivová (1979) pp. 505-507; Ludvíkovský (1923) pp. 3-38. ソコルにおけるギリシア観については，Olivová (1991) pp. 155-164 を参照。

[28] Düding (1984) pp. 24-28. その他にも，森政稔「ナショナリズムと政治理論」山脇直

すべきモデルとして取り上げ，自らの国民がそれを継承する唯一無二の存在であると規定するレトリックは，チェコ国民主義だけに見られたわけではない[29]。

また，ティルシュの活動は古代ギリシアを模倣するというだけではとどまらなかった。彼は，体操における「チェコ性」を提示するために，国民的体操の体系を創り上げていったのである。その成果が1873年に出版された『体操の基礎』(Tyrš 1873)であった[30]。ただし，彼は体操における「チェコ的なるもの」を産み出したわけではない。彼が成し遂げたのは，「チェコ的な体操」(と思われるもの)に近代的な体操体系という衣をかぶせ，それを表現する手段としてのチェコ語の専門用語を創り出したことであった。このことによって初めて，チェコ体操はドイツ体操に匹敵する「近代性」と「独自

司ほか『ネイションの軌跡』(ライブラリ相関社会科学7)，新世社，2001，pp. 306-355, esp. pp. 327-330 を参照。

[29] マサリクは，1899年の講演において，ソコル運動における古典古代の受容について皮肉を込めながらコメントしている。「……我々の国民的ソコルは，本当はもともとドイツの組織でした。名称とユニフォーム以外は，全くのところチェコのものではないのです。いや，ユニフォームにしてもそれはガリバルディのものだったわけですから。我々は［体操を］単にドイツ人から取り入れただけですし，［それは］体操の父・ヤーンによって生み出されたものなのです。私は何もここでソコル批判をするわけではありません。しかし事実は事実なのです。我々の中の最良の人々は，ソコルから［ドイツ的性格を］引き剥がし，チェコ国民らしさを付与しようとしていますが，それは今のところうまくいっておりません。ソコルの用語においてですら，まだまだドイツ語の用語が使われているのですから。しかしながら，体操の父・ヤーンにしてもドイツ的なものを何一つ創り出しておりません。彼は［古代の］ギリシア人やローマ人からそれを取り入れているのです。ソコルは，我々がよそのものを如何に早く受け入れるのか，という一つの例です。我々のところには，そんなものがたくさんあります。だからこそ，［他の文化の］受容にあたっては自覚と熟考が必要なのです。」Quoted in Krejčí (1947) pp. 53-54.

[30] 本書において，体操は4つのカテゴリーに分類されている。(1)器具無しの体操。自由運動，走り，跳躍，行進。(2)器具有りの体操。鞍馬，水平木棒(今日の鉄棒)，平行棒，ダンベルなどを使う体操。(3)集団体操。(4)レスリング，ボクシング，フェンシングなど複数で行われる体操。なお，本書の序文においては，ヤーンがプロシアに亡命したボヘミア兄弟団の末裔であると書かれている。Tyrš (1873) p. 6.

性」を有するものとして現出しえたのである。

おわりに

　チェコにおける一般的な体操運動史に従うとするならば，1860年代初頭におけるドイツ系体操協会とチェコ系体操協会の関係は，それほど悪くなかったということになろう。だが，その評価の背景には，単線的なチェコ人の「覚醒」過程という国民史の「語り」が存在しているように思われる。この時代を説明するにあたっては，両者の対立がそれほど深刻なものではなかったという点や，ドイツ人やチェコ人といったアイデンティティーが曖昧であったという点が強調されるものの，それらは，チェコ国民が成熟していくうえでの過渡的現象として理解されるのである。しかしながら，1860年代初頭において認識されていたドイツ系とチェコ系の差異は，曖昧であったのではなく，後の時代に認識されるようになった差異と位相を異にするものであったのではなかろうか。

　ここでフュグネルの娘レナータの説明をもう一度見てみることにしよう。ドイツ系であったはずのフュグネルがチェコ系へと転じた理由は，彼女の説明によれば，自由主義と民主主義の精神であったという。とすれば，自由主義や民主主義を信奉していたからチェコ語が用いられる社会に転じたというのではなく，自由主義や民主主義といった近代的概念と国民が同一視されていたと考えた方が当時の実相に近いのではないだろうか。すなわち，当時の社会においては，自由主義者や民主主義者になることとチェコ人になることが同義のものと捉えられていたように思われるのである。実際，この時代の文献においては，近代性や市民社会の概念と符合する語彙が「チェコ的なるもの」と同義で扱われ，封建性や反動を示す言葉が「ドイツ的なるもの」と同一視されている。その点は体操についても同じであった。フュグネルは，単にチェコ的な体操を行うことがチェコ人の育成につながると考えていたわけではない。彼にとっての体操とは，「奴隷根性」から自らを解放するための手段であり，自立した人間になるための術なのであった。人々は，まさに

表 2.1　プラハ・ソコル協会のメンバーシップ (1882 年)

	非体操会員		体操会員		計	比率
	創設会員	寄付会員	体操会員	奨学生会員		
貴族 不動産所有者	9	21	5	0	35	4.1%
事業家 商業従事者	37	128	75	0	240	27.8%
ジャーナリスト 専門職・大学教員	6	44	68	5	123	14.3%
教師・事務職	4	34	78	2	118	13.7%
職人・労働者	26	150	113	20	309	35.8%
学生・実習生	0	0	21	4	25	2.9%
団体会員	5	4	—	—	9	1.0%
不明・その他	0	2	1	0	3	0.3%
計	87	383	361	31	862	100%
比率	10.1%	44.4%	41.9%	3.6%	100%	—

出典：Památník (1883) pp. 215-221 に掲載された会員名簿より作成。

その体操を行うことによって近代的な市民(＝チェコ人)へと転じることができると考えられたのである。

　また，フュグネルがもともとドイツ人の家庭で育ったという記述にも注意が必要であろう。フュグネルがドイツ語を主とする家庭環境の中で育ったのは事実かもしれないが，ドイツ人というアイデンティティーを持っていたかどうかは定かでないからである。また，彼が意識的にチェコ人としての人生を選択したとしても，それがドイツ人からチェコ人への転換と認識されたわけではないだろう。「ドイツ人の家庭に育ったにもかかわらず，チェコ人として覚醒した」という表現は，あくまで 1880 年代以降の言説空間において可能になったはずだからである。その点では，使用言語の問題はあくまで慎重に扱う必要があろう。

　しかしながら，当時の社会において志向されていたものが市民社会的なものであったとするならば，それはなぜ国民的な側面を有していたのだろうか。当時の運動が「純粋に」近代的な社会を求めるものであったならば，体操協会のような結社がチェコ系とドイツ系に分裂する必然性はなかったはずであ

る。現段階においては，その理由を明確に説明することはできないが，多少の推論を提示することによって本章の結びに代えることとしよう。

　当時の社会をチェコ系とドイツ系に分けた第1の原因として考えられるのは階層の問題である。体操協会におけるメンバーの社会的出自を見ていくと，ドイツ系・チェコ系のいずれも手工業者や自営業者といった小市民層，および労働者の比率が高いという点に気づく[31]。両者のメンバーシップについてはより詳細な考察が必要と思われるが，ドイツ系のプラハ体操協会が上層ミドルクラスを中心とする社交団体ドイツ・カジノと密接な関わりを持っていた点や，体育館の建設にあたってもそのカジノがイニシアティヴをとったという点を考えると[32]，少なくともプラハ・ソコルよりも相対的に上位に位置するメンバーがドイツ系体操協会に所属していたようである。そうした階層の違いが，ドイツ系とチェコ系への「分化」の分かれ目になった可能性は否定できないであろう。

　チェコ系とドイツ系を分かつ第2の要因として挙げられるのは，反ユダヤ主義の問題である。これもまた早急に結論を出すことはできないものの，ドイツ系のプラハ体操協会が比較的多数のユダヤ系メンバーを含んでいた[33]ことが「分化」の原因となったとも考えられよう。例えば，1864年にライプツィヒやベルリンなどからプラハを訪れたドイツ系の体操家は，ソコルにも招待され，チェコ系体操家との「交流」を行っているが，その際，彼らは「プラハ・ドイツ体操協会は半分以上がドイツ人以外の国民(národ)によっ

---

31) 既述のように，ソコル・メンバーは，ドイツ系体操団体と同様，実際に体操を行う会員と寄付会員や創設会員といった実際には体操を行わない会員から構成されていた。ドイツ系・チェコ系のいずれにおいても，非体操会員には社会の上層部に位置する人間が多く，体操会員には手工業者や自営業者などの小市民層や労働者が多数含まれていたと言える。Památník (1883) pp. 215-221; Dolanský (1957) p. 522; Sokol (1973) pp. 16-17; Cohen (1981) pp. 193f.; Kruppa (1992) pp. 190-191.
32) Gedenkschrift (1887) pp. 72f., 136-141.
33) 1888年，ドイツ系のプラハ体操協会に所属する民族至上主義派のメンバー64名が脱退し，プラハ・ドイツ男子体操協会(Deutscher Männerturnverein in Prag)を設立している。ただし，この組織が正式に「アーリア条項」を掲げてユダヤ人の入会を禁止するようになったのは1897年のことであった。Rychnovsky (1912) pp. 62f.

て占められている」と指摘している[34]。ソコル側の説明によれば，ゲストとして訪れたドイツ系体操家たちは，ドイツ体操協会よりもむしろ，「異なる国民」が含まれていないソコルで体操することを望んだというのである。もちろん，当時における「分化」の原因を反ユダヤ主義に帰すことについては慎重でなければならないが，この点についてより子細に検討してみる価値はあるだろう。

本章においては，1860年代におけるドイツ系社会とチェコ系社会の「分化」を体操運動の側面から扱ってきた。ここで指摘できるのは，当時において認識されていたドイツ系とチェコ系の差異が，後に認識されるようになった差異の有り様と異なっていたということであるが，その点について詳しく考察していくには，より綿密な結社研究が必要であろう。特に，体操協会のメンバーシップにその疑問を解く一つの手がかりが隠されているのではないか，という点を示唆することによってこの章の記述を終わることとしたい[35]。

---

34) Památník (1883) p. 234.
35) 1860年から1880年代にかけては，結社側と当局の双方で会員個々人の比較的詳細な情報が残されている。結社そのものの規模がまだ小さなものであったこと，そして，当局が結社の行動を子細にわたってフォローしていたことがその理由である。だが，結社活動が大衆化した1880年代以降については，メンバー各人の社会的出自についての詳細な情報を見出すことは困難である。現段階においては，1882年におけるプラハ・ソコル協会の会員名簿（表2.1参照）を入手しており，またCohen (1981) p. 195よりプラハ・ドイツ体操協会のメンバーシップについて，およびNolte (2002) pp. 65-67より1860年代におけるソコル協会のメンバーシップについて比較的詳しい情報を得ているが，ノルテやコーエン自身の階層区分の基準が不明なため，今のところ，著者自身の手でチェコ側とドイツ側の階層分布の差を比較することは不可能である。この点については他日を期すことにしたい。

第 3 章　シンボルをめぐる闘争

はじめに

　1899 年 5 月 22 日。ソコルの主催により，ヤン・フスの生誕地フシネツ (Husinec, Husinetz) への巡礼が行われている[1]。これは，1415 年のコンスタンツ公会議で異端とされ，火刑に処されたフスを国民的シンボルとして確認する重要な祝祭であった。巡礼の主催者であり，フスの生家の所有者でもあったソコルは，ボヘミア南部の都市チェスケー・ブヂェヨヴィツェ (České Budějovice, Budweis) から特別列車を仕立て，約 1000 名の参加者をフシネツへと運んだ。そのうち，ソコル会員は約 700 名であったという。フシネツの駅からはバンデリウムという騎馬隊を先頭とするパレードが行われ，参加者は群衆が見守る中をフスの生家へと向かった。目的地に到着した一行は，ソコル会長であったヨゼフ・E. シャイネルの演説に耳を傾けることとなる。

　……彼［ヤン・フス］の心と身体を苦悩させたのは一度だけではありません。プラハのドイツ的でよそよそしい性格は彼のチェコ的な感情を驚かせてしまったのです。プラハはチェコ国民の心の故郷ではありません

---

[1] "Sokolská výprava do Husince"［フシネツへのソコルの遠征］, *Sokol* 25:6 (1899) pp. 169-170.

でした。この街はライン河沿いにでもあるような場所となっていたのです。……プラハは一瞬にしてドイツ的な都市となり，隷属状態に置かれたチェコ人民はただただ苦しみ，貪欲で情け容赦のない侵入者の前に後退を繰り返すばかりでした。プラハの教会ではチェコ語の説教が聞こえることもなく，我々人民にとって最悪の宿敵，すなわちドイツ人が市参事会を独占するほど事態は悪化していたのです。その時，チェコの言葉と精神によって育てられ，汚れなきチェコ人民の中から現れた若きヤン・フスは，自らのチェコ語とチェコ人としての源に依拠し，内奥の高貴なる自らの心に従って現状を憂慮し，恥じたのでありました。すぐさま彼は，この不正に対して然るべき怒りを持ち，そして，それに対抗することを決意したのです[2]。

シャイネルは集まった聴衆に対し，500年前におけるフスの壮烈な戦いについて蕩々と述べ，19世紀に生きるチェコ人も彼と同じように戦うべきだと訴えかけたのであった。
　しかしながら，ヤン・フスが国民的シンボルとして位置づけられるようになったのは19世紀半ばのことであり，その後もフスのイメージは固定されることなく変化し続けていた。本章においては，その点に着目し，ソコルをはじめとするチェコ系体操運動において発信されたシンボルを抽出していきたいと思う。そもそも，体操結社は大衆に対して最も強い影響力を持っていたアソシエーションの一つである。運動の指導者たちは，体育館に集まってくる会員に対し，チェコ人としての自覚を促すために，国民の拠り所となる国民史や国民をシンボライズする表象を指し示し，時には創り出していったのであった。ここでは，そうした活動に焦点を当てることにより，チェコ社会において流布していた国民をめぐる言説の一端を探っていくことにしよう。第3章において第1の課題となるのは，この点である。

---

[2] Josef E. Scheiner, *Památce mistra Jana Husa: o prvé pouti sokolské do Husince dne 22. května 1899* [師ヤン・フスの記念館へ——1899年5月22に初めて行われたソコルのフシネツ遠征] (Praha, 1899) p. 6.

第 2 の課題は，社会民主党系とカトリック系の体操団体によって発信された言説を抽出し，その意義を検証するという点である。19 世紀末に生じたエリート政治から大衆政治への移行と連動して，体操運動においても「ブルジョア的」なソコルに対抗するべくチェコスラヴ労働者体操協会同盟(Svaz dělnických tělocvičných jednot českoslovanských)［以下，同盟(SDTJ)と記す］やキリスト教社会党系のオレル(Orel)が誕生したが，そうした新興勢力もまた，国民的シンボルを使って大衆の支持を獲得しようとしていたのである。

もちろん，そうした点から，社会主義者やカトリック勢力もまた，自らの理論や教義を捨てて国民主義へと傾倒したと単純に結論づけることはできない。だが，彼らが国民という価値を否定せずに —— もしくは否定できずに —— インターナショナリズムやカトリシズムを主張していたというのは事実である。ここでは，同盟(SDTJ)とオレルによるプロパガンダをソコルによるそれと比較検討し，各組織の指導者が自らの主張と国民的価値とをどのように「両立」させようとしていたのか，という点について考えていくことにしたい。

結論を先取りして言えば，ソコル，労働者体操協会，およびカトリック系のオレルによる競合は，ソコルの勝利に終わったということになろう。第一次世界大戦に至るまで，そして戦間期においても，ソコルの圧倒的な優位に変化は生じなかったからである。しかしながら，ソコルの大衆に対する働きかけが活発化し，その会員数が急速に伸び始めたのは，他の体操団体が出現し始めた 1890 年代後半以降のことであった(表 3.1～表 3.3 参照)。同盟(SDTJ)やオレルは大きな勢力とはなりえなかったものの，国民的組織としてのソコルを脅かしたという点では重要な意味を持っていたのである。まさにそのことにより，どの組織が真に国民的な存在なのかという問題が発生し，国民をめぐる言説を各団体がこぞって発信し始めたのであった。ソコルが優勢であったことは確かである。だが，3 者の対抗関係を把握しなければ，ソコルが何故，積極的に国民的シンボルを打ち出すようになったのかという点は見えてこない。

表 3.1 ソコルの会員数(1865～1913 年)

年	協会数	成人会員 非体操会員	成人会員 体操会員	成人会員 計	青年 (14～18 歳)	児童 (8～14 歳)	総計
1865	22	821	899	1,720	−	−	−
1880	86	5,802	2,010	7,812	−	−	−
1892	174	13,506	5,306	18,812	−	−	−
1897	367	27,421	7,682	35,103	−	−	−
1900	428	29,104	6,986	36,090	−	−	−
1904	645	39,293	11,642	50,935	6,907	8,121	65,963
1907	749	45,588	14,719	60,307	8,465	13,371	82,143
1910	916	70,357	24,720	95,077	−	26,616	−
1912	1,156	86,823	32,360	119,183	16,289	32,788	168,260
1913	1,182	93,462	34,635	128,097	20,121	46,229	194,447

※ 1910 年以降の統計においては，成人会員数に女性会員の数が含められている。なお，1910 年における成人女性の会員は 1 万 4585 名，1912 年においては 2 万 689 名であった。
出典：Waic (1996/97) pp. 50, 63; Jan Prokop & Jos. Mráz, "Statistika České Obce Sokolské za rok 1912" [1912 年におけるチェコ・ソコル共同体の統計], Sokol 40:8/9 (1914) pp. 219-228.

表 3.2 労働者体操協会同盟(SDTJ)の会員数(1903～1913 年)

年	協会数	非体操会員	体操会員	女性会員	青年・児童会員	合計
1903	31	−	−	−	−	747
1904	31	445	959	−	−	1,404
1907	175	6,372		−	3,344	9,716
1909	313	9,904		845	4,600	15,349
1911	−	4,630	8,331	1,687	7,793	22,441
1912	429	4,880	9,603	2,345	8,792	25,620
1913	542	5,989	11,367	3,073	13,854	34,283

出典："Statistický přehled 'Dělnických tělocvičných jednot českoslovanských'" [「チェコスラヴ労働者体操協会」の統計的概観], Tělocvičný ruch 1 (1905) pp. 154-155; "Statistika Svazu Dělnických tělocvičných jednot českoslovanských za rok 1911" [1911 年におけるチェコスラヴ労働者体操協会同盟の統計], Tělocvičný ruch 8:16 (1912) p. 255; Tělocvičný ruch 10:12 (1914) pp. 168-169; "Dělnické tělocvičné jednoty českoslovanské" [チェコスラヴ労働者体操協会], Sokol 36:1 (1910) p. 18; Mucha (1953) pp. 53, 56.

表 3.3 オレルの会員数(1909～1914 年)

年	会員数
1909	828
1913	7,106
1914	12,068

出典："Po desíti letech" [10 年の歩み], Orel 8:1 (1923) p. 1; Kössl, et al. (1986) p. 96.

3.1 ソ コ ル

3.1.1 ソコルの発展

オーストリア＝ハンガリー二重君主国のオーストリア側に位置していたチェコ諸領邦では，19世紀末，チェコ人の「文化的成熟」を象徴する国民劇場が落成し，「我が国民」はドイツ人に劣らない「文化的国民 Kulturvolk」であるという自負が芽生えつつあった。一方，ウィーンの帝国議会では，チェコ系政党が与党連合に初めて参加し，国民としての要求が実現され始めていた。その結果，チェコ語が限定的ながらも官庁の公用語として認められ，さらには，プラハ大学が1882年にドイツ語部門とチェコ語部門に分割されることによって，初等教育から高等教育に至るすべての課程をチェコ語で修めることが可能となる。また，この時期には選挙権も拡大され，典型的な名望家政党であった老チェコ党から大衆政党としての性格も兼ね備えた中間型政党，青年チェコ党へと政治の主導権が移り始めた。ソコルは，青年チェコ党とは別個の組織であったが，党の主要メンバーがソコルにおいても指導的な役割を果たしていたことを考えれば，両者のつながりは明白であった[3]。新たに選挙権を得た人々を自らの陣営に取り込もうとする青年チェコ党にとって，日常的なレベルで大衆との接点を持つソコルは，大衆を国民的共同体へと導き，かつ，青年チェコ党への大衆の支持を調達するうえで重要な存在となっていたのである。

さて，そのソコルであるが，各地のソコル協会を統轄する統一組織，チェコ・ソコル共同体（ČOS, Česká obec sokolská）が当局によって認可された

---

[3] Garver (1978) pp. 116-119. なお，1900年の時点において，大土地所有者クーリエを除けば，ボヘミア選出のチェコ系帝国議会下院議員でソコル会員であったのは72名，非ソコル会員の議員は38名であった。また，モラヴィア選出のチェコ系帝国議会下院議員でソコル会員であったのは19名，非会員の議員は18名であった。シレジアについては，ソコル会員の議員は1名，非会員の議員は2名であった。なお，ボヘミア選出の大土地所有者クーリエ選出の議員の中には，3名のソコル会員が含まれていた。"Poslanci-Sokolové" [国会議員のソコル会員], *Sokol* 26:7 (1900) pp. 165-166.

図3.1　プラハ・ソコル協会の体育館(外観と体育室内部)
出典：Památník (1883) n. p.

のは 1889 年になってからであった。ただし，最初はボヘミア王国領のソコルだけであり，対象がモラヴィア辺境伯領，シレジア大公領に拡大され，全チェコ諸領邦レベルの団体となったのは 1892 年，下オーストリアまで含められるようになったのは 1904 年であった。1908 年には，プラハを本部とするスラヴ・ソコル運動同盟(Svaz slovanského Sokolstva)が設立され，クロアチア，スロヴェニア，ポーランド，セルビア，ブルガリア，ロシアの各ソコル系体操団体が加盟している[4]。

第一次世界大戦前の最後のソコル祭典となった第 6 回祭典(1912 年)では，女性も含めて延べ 2 万 2000 名余りのソコル会員がレトナー公園の特設会場で行われた徒手体操に参加し，1 万 7712 名の会員の他，4680 名のゲスト，約 200 名の騎手がパレードに参加したのであった。中でも，祭典のハイライトとなったのは約 1 万 1000 名の男性による徒手体操であろう。彼らが 32 列の縦隊となってスタジアムに整然と入場し，体操のできる隊形へと一斉に展開した時の模様については，本書の冒頭で紹介したとおりである。

3.1.2 体操運動における国民的公共圏

ソコル運動において，会員に対する組織だった啓蒙活動が開始されたのは 1895 年である[5]。この年のチェコ・ソコル共同体(ČOS)総会で採択されたいわゆる聖ヴァーツラフ決議では，体操を国民すべてに開かれたものにすること，すなわち，限られた者のための体操ではなく誰でもできる体操に重点を置くことが決定される一方，人民(lid)の精神的・道徳的レヴェルを向上させることが唱えられた。それまでは各支部において半ばバラバラに行われていた講演会や蔵書の購入といった教育活動が義務化され，共同体(ČOS)本

---

4) チェコ以外のスラヴ系ソコルについては以下の文献を参照。Scheiner (1911) pp. 25f.; Blecking (1991).
5) Jan Pelikán, *Vznik, vývoj a cíle sokolské práce vzdělávací* [ソコルの教育活動の起源，発展，目的] (Praha, 1927) pp. 25-28; Jiří Pokorný, *Lidová výchova na přelomu 19. a 20. století* [19・20 世紀転換期における人民の教育] (Praha: Karolinum, 2003) pp. 41-71. なお，この決議は，総会が行われた日(9 月 28 日)が「聖ヴァーツラフの日」であったことから「聖ヴァーツラフ決議」と呼ばれるようになった。

部で新たに設置された教育部門の管理下に置かれたのである。

　この教育部門において特に重視されたのは講演会活動であった。1900年時点での「チェコ語話者」の識字率は93.8%であり，ツィスライタニアの平均(65.4%)を大きく上回っていたが[6]，大多数の者にとって，機能的識字の問題，すなわち抽象的な文章を読んだり書いたりすることは依然として困難であった。その点では，蔵書を個々人で読むよりは，弁士の話を聴き，直接対話する方がはるかに効果的と考えられたのである。

　また，1898年の総会では，講演会で必ず話すべき内容として4種類のテーマ ── すなわち，(1)ソコル運動について，(2)チェコ史とその意義について，(3)公衆衛生について，(4)時事問題について ── が定められている。機関誌『ソコル広報』では講演の行い方を指南する記事が掲載され，種本となる文献の一覧が付されている。ソコルのすべての支部で講演会を行うために，人前で話をするのに慣れていない者も大量に動員されたのであろう。この記事では，そうした「初心者」のために分かりやすく話す方法が紹介され，決して種本を棒読みしてはいけない，と書かれている。さらに，事前に予習をする際には赤ペンと青ペンを使って重要な点と強調すべき点に印をつけること，という念の入れようである[7]。

　では，具体的にどのような人々が弁士として活躍したのだろうか？　1900年の統計によれば，チェコ・ソコル共同体全体で783名の弁士が合計1869回の講演会をこなしているが，その中で最も多いのが初等・中等学校の教師(261名，33.3%)であった。その次に事務員97名(12.4%)，職人・労働者95名(12.1%)，弁護士とその助手(koncipient)56名(7.2%)，医師52名(6.6%)，学生35名(4.5%)と続いていた。大多数の者は年に一度か二度の講演を行うだけであり，第4章にて詳述するヴァーツラフ・クカニのようにこの年だけ

---

[6] この数字は6歳以上を対象とした統計に基づいている。Kořalka (1996) pp. 102-105. 同年におけるドイツ語話者の識字率は91.8%であった。

[7] "Valný sjezd České obce sokolské" [チェコ・ソコル共同体総会], Sokol 24:5 (1898) pp. 125-127; "Pokyny ku přednáškám" [講演を行うためのヒント] (Příloha k Věstníku Sokolskému), Věstník Sokolský 2 (1898) n. p.

で 35 回もの講演を行う者は例外的であった[8]。主としてチェコ系少数地域のソコル支部を回っていた彼や，俗に「ソコルの師範 sokolský písmák」と呼ばれていたカレル・ヴァニーチェクのような「人気講師」は常に不足気味であり，良質の弁士を確保するのは容易ではなかった。1908 年よりソコル主催の演説学校が開設されたのは，増え続ける講演会の需要を満たすためであろう。

ソコル主催の講演会は，基本的に会員外にも開かれたものであり，1900 年時点では平均で 80 名程度の聴衆を集めていた。だが，多くの講演会が実際には旅籠屋 (hostinec) で行われていたり，たとえ体育館で講演会が行われたとしても，その後に舞踏会といった娯楽が供されたりするのは，ソコル指導部にとっては由々しき問題であった。講演会の後には弁士と聴衆との対話が行われるべきであり，情報の一方通行で終わるべきものではなかった。聴衆を確保するためとはいえ，講演会よりも酒やダンスを目当てにやって来た者を前にして話をするのは耐えがたい，とクカニは苦々しく報告している。講演会の後に演奏会や歌唱を行うことは奨励されたが，それはあくまで国民的・道徳的な内容でなければならず，流行歌 (odrhovačka) などを歌ってはならなかったのである。

以上見てきたように，講演会をはじめとするソコルの教育活動は，いわば「上から」大衆を国民化しようとする試みであった。ソコルの拠点となる体育館は，様々な身分や階級の人々が出会い，語り合い，一つの共同体を形成する場所とされていたが，実際には，市民層と下層民が共に手を携えて国民へと「成長」していく予定調和的な世界ではなかった。ソコル指導部による社会的下層の囲い込みは，彼ら／彼女らの無関心や消極性と衝突することにより，ますます管理主義的な傾向を強めていったのである。それが，ソコルによって現出されようとしていた国民的公共圏の実態であった。では次に，ヤン・フスというチェコ史上の「偉人」を題材として国民化過程を見ていく

---

8) V. Kukaň, "Přednášková činnost českého Sokolstva r. 1900" [1900 年におけるチェコ・ソコル運動の講演会活動], *Sokol* 28:2 (1902) pp. 35-38; 28:3, pp. 61-64.

ことにしよう。

3.1.3　チェコ社会におけるヤン・フス

　1415年のコンスタンツ公会議で異端とされたフスは，現在のチェコ共和国においても国民的シンボルとして機能しており，火刑にされた7月6日は国の祝日とされている。一般的なフス・イメージに従えば，彼は当時の教会における腐敗と社会における矛盾を批判し，自らの命をかけて真実への忠誠を守った人物ということになろう。また，国民運動のリーダーであったというイメージも重要なフス像の一つである。つまり，フスとその信奉者であるフス派の戦いには，当時の社会において優勢であったドイツ人に対するチェコ人の戦いという国民対立の要素が含まれていた，という解釈である。

　しかしながら，中世に生きたフス本人は，近代的な意味での国民的英雄では決してなかった[9]。バロック的宗教世界が浸透した17・18世紀のチェコ諸領邦では，フス運動（husitství）の記憶は薄れており，たとえ言及されることがあっても「代償の高くついた悲劇的なエピソード」として語られるのみであった。当時のチェコ支配層にとっては，フス運動は「異端者」の反乱にすぎず，自らの宗教的正当性とは無縁の存在だったのである。また，1775年には大規模な農奴反乱が発生しているが，この時の農民の意識にはフス運動に結びつくものを見出すことができない。

　しかしながら，18世紀末になると，啓蒙主義者たちが学問的対象としてフス運動に注目し始めた。その代表的な人物がドブロフスキーであろう。彼は1788年の著作において，フスを教会改革の先駆者として捉えたのである。

　さらに，フランス革命の勃発が，フス運動の解釈を多様化させる役割を果たした。プラハ大学で最初のチェコ語の教授となったペルツルは，ジャコバン派のテロルとフス派を同一視する見解を発表している。彼によれば，フス派の時代には，「ターボルの山に多くのならず者たちが集まり，教会や修道院を打ち壊し，焼き払った」のであった。フス運動を肯定的に位置づけた例

---

9) Rak (1994) pp. 49-66；薩摩 (2003) pp. 77-89.

としてはコンドルセが挙げられよう。彼によれば，フスはドイツ国民による古来の自由信仰を象徴する人物であった。ハンガリー・ジャコバン派も，真実の勝利，そしてその守り手の無敵さのシンボルとしてフス運動を位置づけている[10]。

ところが，ナポレオンの登場によってヨーロッパ中がフランス軍の存在に頭を痛めるようになると状況が変わる。この時期，ハプスブルク帝国によって初めて一般向けのプロパガンダが行われ，おびただしい量のビラの作成，愛郷主義的な劇の上演，歴史的先駆者を扱った輝かしいカンタータの作曲などが行われたのである。そうした中，チェコ諸領邦ではカトリック教会の主導によるフス運動の賛美が行われた。ここにおいて初めて，フス運動は愛郷的性格を帯びるようになるが，それは，国家やカトリック教会のイニシアティヴによるものであった。

メッテルニヒ体制においては，フス運動への言及が当局によって監視される状況となるが，ある意味ではそれは，フス運動が愛郷的シンボルとしてチェコ社会に定着したことを示しているのであろう。こうした中で，チェコ地域のヤン・フスをチェコ国民のヤン・フスへと変化させる役目を果たしたのが歴史家フランチシェク・パラツキーであった。このことは，彼によって著された初の本格的なチェコ史のタイトルにも表れている。最初に出された独語版（第1巻は1836年に刊行，1867年に完結）では，『ボヘミア史 Geschichte von Böhmen』であったのに対し，1848年より刊行され始めたチェコ語版（1876年に完結）では『ボヘミアとモラヴィアにおけるチェコ国民の歴史 Dějiny národa českého v Čechách a v Moravě』とタイトルが変化し，チェコ地域の歴史ではなくチェコ国民の歴史という点に重心が移ったのであった。それに伴い，ヤン・フスの位置づけも愛郷的英雄から国民的英雄へと変化したのである。

こうした解釈がチェコ社会に浸透する直接的なきっかけとなったのは，ターボル運動と呼ばれる大規模な運動が1868年に発生した時であった。こ

---

10) Rak (1994) pp. 54.

の時期には，程度の差こそあれ，フスをはじめとする各種のシンボルがチェコ国民の実体性を証明するものとして読み替えられ，提示されるようになったのである[11]。チェコ系の指導者たちは，そうしたシンボルを利用することによって，自らがドイツ人などと同格の「歴史的国民」であり，文明的存在であると規定し始めたのであった。ソコル運動においても，それと連動した形でチェコ国民の「輝かしい過去」が表象されるようになっていたのである。

ところが，階級や宗教といった社会的亀裂が政治対立へと発展した19世紀末においては，チェコ人の存在を証明するというよりは，国民内部における各勢力の自己正当化のために，国民的シンボルが活用され始めたのであった。体操運動においてもその点は例外ではなかった。ソコルが機関誌において積極的にフスやフス派を取り上げるようになったのは1890年代後半以降であったという事実，そして，本章の冒頭で紹介したように，フスの生家に向けてソコル主催の「巡礼」が初めて行われたのは1899年であったという事実は，体操運動における競合関係の発生という事情抜きに理解することはできない。ソコルは，この時期に誕生した社会主義者やカトリック教会による体操団体に対抗するために，自らがフス派の正統な継承者であることを強調し始めたのである。また，既述のように1890年代の後半になってはじめてソコル内部に教育部門が設置され，会員の啓蒙に力が入れられるようになったのも，こうした動きと無関係ではない。この時よりソコルは，様々な啓蒙活動によって，下層民，とりわけ未成年層を囲い込み，彼ら／彼女らがソコルから他の団体へと「逸脱」しないように積極的に管理し始めたのである。

3.1.4　ソコルにおけるヤン・フス

それでは，19世紀末の段階において，ヤン・フスは具体的にどのように位置づけられていたのであろうか？　ここでは，ソコルの教育部門において

---

11) Rak (1994) pp. 59-60, 29-30; Nolte (1990) p. 179; Heumos (1986) pp. 118-119; Čornej (1995). ターボル運動については，大津留(1984)；篠原(1995)を参照。

図 3.2　プラハ旧市街広場のフス像(1926 年頃)
(定礎 1903 年，落成 1915 年)
出典：Hojda & Pokorný (1997) p. 80.

1万5000部発行され，会員に無料で配布された A. ハインのパンフレット『師ヤン・フス』[12] をもとに，国民的シンボルに課せられた役割について見ていくことにしよう。

　まず第1に挙げられるのは，ヤン・フスがチェコ国民の歴史性や文明性を証明するものとして援用されている，という点である。実際，ハインは，もしフスがいなければ，その100年後にルターが新しい宗派の創始者になることはなかったし，ローマの「世界支配」が終わることもなかったであろうと述べ，「師フス」の偉大さを強調したのであった。そして，フスという先人が存在するが故に，チェコ国民は人類の教養史において「名誉ある地位」を占めることが可能になったと彼は結論づけたのである。

　フスというシンボルに課せられた第2の機能は，チェコ国民内部の2つの「敵」，すなわちカトリック系組織と労働者組織が登場することによって新しく生み出されたものであった。まず，カトリック系組織との関係から見てい

---

12) Ant. Hajn, *Mistr Jan Hus*［師ヤン・フス］(Praha, 1897).

くことにしよう。

　ハインは，教会の腐敗を正そうとするフスの運動を「反教権主義的」であったと規定している。「教権主義 klerikalismus」という言葉が否定的な意味合いを伴って使われるようになったのが19世紀後半であったことを考えれば[13]，彼がフス時代における対立軸を19世紀末の文脈の中で捉えようとしていた点は明らかである。ハインは，チェコ人としてのフスを強調しながらも，この「教権主義」というレッテルを利用することによって，国民内部におけるカトリック勢力を非国民的，あるいは非フス的な存在と規定し，国民的存在としてのソコルの正当性を示唆したのである。

　ただし，ヤン・フスが反教会的とされながらも，その宗教性が完全に否定されたわけではない。フスが目指していたのはむしろ「真の宗教性」であり，彼が攻撃していたのは，そこから逸脱した教会の腐敗なのであった。だが，ハインのテキストにおいて重要視されているのは，フスの宗教的教義そのものではなく，道徳，真実，(信仰の)自由といった世俗的価値に転化しうる要素であった。ハインは，宗教的存在としてのフスを語りながらも，実質的には彼を脱宗教化し，世俗的かつ国民的なフス・イメージを構築していったのである[14]。

　とはいえ，実践レヴェルにおけるソコルと宗教との関係は甚だ微妙なものであった。ソコル運動の初期には，宗教的な行事にソコル・メンバーがユニ

---

13) この点については，西川(1977) p. 14, n. 1 を参照。
14) しかしながら，「国民の英雄」としてのフスの描き方に疑問を呈する意見も機関誌『ソコル』には掲載されている。例えば，1905年頃に下オーストリアのソコル協会が主催してウィーンで行われた講演会では，フスの国民的な側面を強調するパラツキーの解釈が批判された後，フスの宗教的な側面が提示されている。「一般に流布しているフスのイメージからは，ベツレヘム教会の説教師，コンスタンツの殉教者としての彼の真の姿はほとんど見えてきません。……しかしながら，フスとその信奉者たちの戦いはまず第一に宗教的なものであったことを忘れてはならないのです。もちろん，彼らの主張の中には国民的で社会的な要素が含まれていたかもしれませんが，それは最重要のものではなかったのです。」Gust. Ad. Skalský, "Správný o Husovi soud" [フスについての正しい見方], *Sokol* 31:6 (1905) pp. 122-126; 31:7, pp. 146-153. なお，ここで講演したスカルスキーは，ウィーン大学福音派神学部の教授であった。

フォーム姿で参加したり，新たにソコル協会が創設された際には，多くの場合，その団体旗を聖別する儀式が行われていたが，世紀転換期において自由思想が浸透し，政治面におけるカトリック勢力との対立が深刻化すると，そういった眼に見える形での教会とソコルの連携は影を潜めることとなる。そもそも，チェコ諸領邦，とりわけボヘミアは，ポーランドやアイルランドとは対照的に宗教的な関心の低い地域であり，国民主義と宗教が密接に結びつくことはなかったと言える[15]。しかしながら，少なくとも統計上は，ボヘミアでは「チェコ語」人口の96.6％，モラヴィアでは96.2％がカトリック信者であったために，ソコルの宗教に対する態度はしばしば曖昧となり，場合によっては，内部における対立を引き起こしたのであった。

　例を2つ挙げておくことにしよう。ソコルの会長であり，プラハ市長，そして青年チェコ党議員としての顔を持っていた弁護士ポドリプニーは，馬に乗ってソコルのパレードを先導することに「至上の喜び」を感じ，「ソコルの王様」として名を馳せていたが[16]，その一方では，「マリア崇拝」という「欠点」を持った人物としても知られていた。1903年7月6日にプラハの旧市街広場でヤン・フス像(図3.2)の定礎式が行われた時には，彼はプラハ・フス像建立委員会の代表として演説を行い，その際，記念碑の建設はキリストへの反抗を意味するものではなく，神に対する敬意を表するものだと主張し，「アーメン」という祈りの言葉で演説を締めくくった[17]。彼はこの演説でひんしゅくを買い，最終的にはソコルの会長職を辞す羽目に陥ったのだという[18]。

　もう一つの例は，プラハ中央郵便局の上級職員を務める傍らソコル活動に

---

15) Kořalka (1996) pp. 86-87.
16) Garver (1978) p. 118-119.
17) 定礎式については，Slavnostní výbor pro položení základního kamene k Husovu pomníku v Praze, "Lidé českoslovanský!"［チェコスラヴの人民へ！］, *Věstník Sokolský* 7:9 (1903) pp. 239-241; Paces (2000) pp. 523-539 を参照。なお，ガーヴァーは，この定礎式が，消失した国民劇場の再建寄付運動以来の一大キャンペーンであったと記している。Garver (1978) p. 123.
18) Jandásek & Pelikán (1946) p. 55; Paces (2001) p. 143; Paces (2000) p. 535.

従事し，ボヘミア，モラヴィア，ウィーンの各ソコル協会を飛び回って 300 回以上の講演をこなしていたカレル・ヴァニーチェク[19]である。彼は，機関誌においてフスが「真っ当なキリスト教徒」であると述べ，「高貴な徳，友愛，キリスト教的調和」はチェコ人に課せられた使命であると書いたのであった[20]。彼は，1912 年，講演を行うために，東ボヘミアに位置するフルディム（Chrudim）のソコル協会へと赴いている。当地で新しく創設されたカトリック系のオレルに対抗するために，ソコルでは臨時に集会が開かれ，ヴァニーチェクがその講師の一人として呼ばれたのであった。彼は，約 200 名の参加者を前にして「ティルシュの著作と聖書は私の愛読書なのです」と述べた後，以下のように続けた。

> ……隣人への愛を説いている新約聖書は素晴らしいものです。一人一人がこの隣人への愛を尊重しなければいけません。ティルシュが唱えた「平等・自由・友愛」という私たちのスローガンの中にも，この隣人への愛が含まれているのです。……教権主義者たちは，私たちがティルシュの原則に忠実ではないなどと言っていますが，それは口実にすぎません。実のところ彼らは，［オレルの］会員を増やすために，ソコル・メンバーを黒く染めようとしているのです[21]。

それでは，ソコルや青年チェコ党にとっての第 2 の「敵」，すなわち社会主義運動との関係はどうであろうか。ハインは，労働者が国民として生きることを妨害する人々──すなわち社会主義者──は，ヤン・フスを理解できていないと述べ，彼らもまた，「チェコ的なるもの」から逸脱した存在として描写したのであった。だが，この点について詳しく説明する前に，労働者

---

[19] Ottův slovník, vol. 26, p. 396.
[20] Karel Vaníček, "Mistr Jan Hus"［師ヤン・フス］, *Sokol* 30:7/8 (1904) pp. 160-163; idem, "Za Husem !"［フスの下へ！］, *Sokol* 29:7 (1903) pp. 145-146.
[21] SÚA, PM, 1911-1920, Inventory No. 22604, Sign. 8/5/5/10, Carton No. 5319: K. k. Bezirkshauptmannschaft Chrudim, Z. 47110, am 28. Oktober 1912.

系体操運動の展開過程について見ておくことにしたい。

3.2　労働者系体操運動

3.2.1　労働者体操協会の誕生

　チェコの労働者体操運動史において，1897年8月という日付は重要な意味を持たされている[22]。この時，プラハでは労働者体操協会(DTJ, Dělnická tělocvičná jednota)が設立され，ソコルとは別に労働者独自の団体を結成することが，チェコスラヴ社会民主党(Českoslovanská sociálně demokratická strana)の機関紙『人民の権利』紙上で明確に宣言された。

> ……ソコルにおいて我々の同志が侮辱され，自らの信念のために追放されている状況をもはや看過することはできない。こうした事情により，プラハにおいて労働者体操協会が設立される。ここにおいて，打ちのめされたプロレタリアのために身体的・道徳的教育が行われるのだ[23]。

　しかしながら，労働者系の体操団体はこれが最初ではなかった。1892年には既にプラハ仕立工教育協会で体育部門が設けられていたし，その後も，チェコ諸領邦各地で労働者による体操団体が設立され始めていたのである。それにもかかわらず，ソコル運動史や後のマルクス主義体育史において，この1897年が分水嶺とされている背景には，この頃に発生した「ブルジョア」陣営と社会民主党陣営との決定的な対立があったと言える[24]。

　焦点となったのは，チェコ社会民主党の帝国議会議員5名によって提出さ

---

22) 切刀(1988) pp. 289-291。
23) *Právo lidu* (August 20, 1897) (quoted in Silaba (1928) p. 3)。
24) 当時の政治状況と社会民主党の動向については，Urban (1994) pp. 668-682, 720-724; Garver (1978) pp. 240-254; Zdeněk Šolle, *Dělnické hnutí v Českých zemích koncem minulého století*［前世紀末のチェコ諸領邦における労働者運動］(Praha, 1954)．

れたいわゆる反国権宣言(antistaatsrechtliche Erklärung)である。当時のチェコにおいては，ボヘミア国権を実現すること，すなわち，ボヘミア，モラヴィア，シレジアの歴史的一体性を確認し，この地においてチェコ人による自治を獲得することが国民の「悲願」となっていた。ところが，1897年3月に行われた帝国議会選挙で部分的に男子普通選挙が導入されたために，新しく選挙権を得た層の票をめぐって青年チェコ党と社会民主党との熾烈な争いが発生する。党内部に親社民的な層を抱える青年チェコ党は，これまで社会民主党に対して慎重な態度をとってきたものの，選挙法の改正によって実際に社会民主党と議席を争う可能性が生じたことから態度を硬化させ，同党に対する積極的な攻撃を始めたのである。これに対し，社会民主党は，帝国議会における「恒例行事」と化していた国権要求に敢えて異議を申し立てることによって，青年チェコ党に対抗したのであった。この時の社会民主党の主張によれば，ボヘミア国権は「カビの生えた歴史的特権と文書」に基づく意味のない要求であり，抑圧された大衆を「非現実的で誤った道」へと導く「ブルジョアの陰謀」なのであった[25]。

　問題をさらに深刻にしたのが，同年4月に公布されたバデーニ言語令である[26]。当時，首相であったバデーニが中心となって作成されたこの法令は，ボヘミアとモラヴィアにおけるチェコ語とドイツ語の平等化を狙ったものであった。従来，チェコ語は外務公用語としてしか認められておらず，役所の窓口ではチェコ語で受理された案件であっても，それ以降の事務処理はドイツ語で行われていたが，この言語令によって条件つきながらもチェコ語が内務公用語として認められ，ドイツ語とチェコ語の区別なく，案件発生時に用いられたのと同じ言語で最後まで事務処理が遂行されることとなったのであ

---

25) Urban (1994) p. 671.
26) バデーニ言語令事件については，Berthold Sutter, *Die Badenischen Sprachenverordnungen von 1897: ihre Genesis und ihre Auswirkungen vornehmlich auf die innerösterreichischen Alpenländer* (Wien: Böhlau, 1960-65), 2 vols.；江口(1998)などを参照。また，混乱する帝国議会については，トウェインによる見聞録がある。マーク・トウェイン(著)，長尾龍一(訳)「オーストリア議会見聞記」『政経研究』(日本大学)，37：3(2000) pp. 239-285。

る。それに付随して，官吏に対して2言語の運用能力を要求する規程も盛り込まれた。

　国民の平等化を進めるはずであったこの言語令は，手続き上の問題やバデーニの議会運営の拙さもあって，ドイツ人勢力の猛反発を生み出すこととなる。1897年11月には議会機能が完全に麻痺しただけでなく，ツィスライタニア全土で騒乱が発生し，その収拾に軍隊が投入される始末であった。結果としてバデーニは失脚し，言語令も数回にわたる修正の末に撤回されてしまうが，今度はチェコ人の反発が激化し，国民対立の深刻さがますます露わになってしまったのである。

　こうした中で，自らが多国民組織であるオーストリア社会民主党は，対応に苦慮することになった。各国民の平等を推進するという意味では，言語令そのものには賛成であったが，議会ではなく省令で決着をつけるというバデーニの政治姿勢は容認できるものではなかった。そして，何よりも，ドイツ系議員が主流派となっていた社会民主党自身が高まるドイツ国民主義と無縁ではいられなかったという点が重要である。結局，1897年5月18日には，チェコ系を含む社会民主党議員は，バデーニ政府が「反動勢力の利益を代表している」という理由で言語令への反対に踏み切っている[27]。

　こうなると，チェコ人社会における社会民主党と「ブルジョア政党」の対立は悪化せざるを得ない。当然のことながら，この対立は体操運動にも波及し，ソコル内における社会民主党メンバーの立場を悪くしたのであった。自発的にせよ，強制的にせよ，この時期よりソコルを脱会する社会民主党メンバーが急増し，労働者体操団体が次々と設立されたのである。

3.2.2　初期の課題

　初期の労働者体操運動において最も深刻な問題となったのは，指導者となる「知識人」の不足であった。プラハ労働者体操協会が設立された当初は，

---

27) Garver (1978) pp. 247-248. この件が引き金となって，社会民主党内部においても国民対立が顕在化した。社会民主党における国民問題については，さしあたり，小沢 (1987) pp. 19-38 を参照。

チェコ社会民主党所属の帝国議会議員も参加していたものの，それも短期間のことであった[28]。そもそも，社会民主党は体操運動に対して無関心であったために労働者体操協会への金銭的・人的な支援を行っていなかったし，機関紙『人民の権利』の同協会に対する評価も概して否定的であった[29]。その結果，労働者の中でも特に組織力のあった植字工[30]が協会の中核を担い，1905年に創刊された機関誌『体操活動』も，戦間期に至るまで一貫して植字工によって編集されたのである。チェコ社会民主党が体操運動を積極的に支援しなかった理由は定かではない。だが，オーストリア社会民主党のドイツ人たちが，体操運動を過度に国民主義的なものと見なし，それに対する警戒心を持っていたことを考えると，チェコ社会民主党員の間にもそうした感覚が共有されていたと推測することは可能であろう。また，オーストロ・マルクス主義においては，労働者階級が相続すべきなのは洗練された「ヨーロッパ的ブルジョア文化」であり，体操のような「民衆文化」ではない，とされる傾向があった[31]。そうした事情も，体操運動と党との間に一種の溝を生み出す役割を果たしたと考えられる。

次に問題となったのは，ドイツ系労働者体操団体との関係であった。当時は，チェコ諸領邦で形成されたドイツ系労働者組織の場合，1893年にライプツィヒ近郊のゲーラにおいて創設された労働者体操家同盟(ATB, Arbeiter Turnerbund)の傘下に入ることが多く[32]，チェコ系の労働者体操組織

---

28) Silaba (1928) pp. 7-8.
29) "II. sjezd Dělnických tělocvičných jednot českoslovanských v Praze"［チェコスラヴ労働者体操協会第2回プラハ総会］, *Tělocvičný ruch* 1:8 (1905) p. 118; "Dělnická tělocvičná jednota"［労働者体操協会］, *Borec* 4:24 (1897) pp. 188-189.
30) F. L., "Pravda neustoupí zlobě! (Věnováno dělníkům v Sokole)"［真実は悪意に屈しない！(ソコル内の労働者に向けて)］, *Tělocvičný ruch* 1:6 (1905) p. 85.
31) ラインハルト・クラマー「オーストリアの労働者スポーツ運動」A. クリューガー＆リオーダン(1988) p. 112. ちなみに，ドイツ社会民主党も体操運動を過度に国民主義的なものと考えており，(ドイツ系)労働者体操家同盟(ATB)には一定の距離を置いていた。モッセ(1994) p. 178. なお，オーストリアにおける労働者系体操運動を概観したものとしてはKrammer(1981)を参照。
32) John (1976) pp. 118-119.

第 3 章　シンボルをめぐる闘争　　89

にもそのような団体が存在した。1903 年 8 月 15 日にチェコ系労働者の統一組織，労働者体操協会同盟（SDTJ）が設立された際の総会では，ドイツ系組織との関係について以下のように述べられている。

　　今日まで，私たちはドイツ人と共通の組織に加盟していました。確かに，私たちはドイツ人との関係について常々満足していましたし，彼らから好意的に迎えられてもいましたが，そこでは，私たちは単なるお客としてしか扱われていないという印象を持っていたのです[33]。

こうした状況を「打開」するために，チェコ労働者体操運動は「自立」し，ツィスライタニア内の労働者体操団体によって構成されている（ドイツ）労働者体操家同盟（ATB）の第 8 支部（Kreis）から離脱したのであった[34]。ただし，ドイツ系組織との関係が全く切れてしまったわけでもない。例えば，活動中の事故に適応される傷害保険に関しては（ドイツ）労働者体操家同盟（ATB）の運営する制度に依存していたし[35]，1905 年から 1908 年までの期間は再び同盟（ATB）に加盟し，チェコ系組織だけで第 16 支部を構成したのであった[36]。

---

[33] SÚA, PM, 1901-1910, Inventory No. 16350, Sign. 8/5/42/48, Carton No. 3850: ad Z. 13269 pr., am 21. August 1903.

[34] "Dělnické tělocvičné jednoty českoslovanské"［チェコスラヴ労働者体操協会］, *Sokol* 36:1 (1910) p. 18. 第 8 支部では，長期間にわたってチェコ系支部とドイツ系支部との分立案が討議されていたようである。例えば，1898 年の第 8 支部特別総会では，支部の分割案について，そして，同盟（ATB）機関誌 *Arbeiter Turnzeitung* にチェコ語の記事を掲載するかどうかという点について議論されている。*Protocoll des III. (außerordentlichen) Verbandstages der internationalen Turnvereine des 8. Kreises (Oesterreich) abgehalten am 15. und 16. Mai 1898 in Reichenberg*, found at SÚA, PM, 1891-1900, Inventory No. 9101, Sign. 8/5/20/1 (1898), Carton No. 2522: ad Z. 281 pr., Teplitz, am 24. Juni 1898, pp. 9-13.

[35] 1905 年に開催された同盟（SDTJ）の第 2 回総会では，農村部の労働者体操協会（DTJ）の中にはドイツ語を解する会員がいないために，傷害保険の件でライプツィヒの労働者体操家同盟（ATB）との連絡がうまくいっていない例が報告されている。"II. sjezd...," p. 117（本章脚注 29 参照）。

3.2.3 ソコルとの関係

労働者体操運動とソコルとの関係を見るうえで，同盟(SDTJ)の副会長 F. エベルとソコルの K. ヘレルとの論争は有用である。

まず同盟(SDTJ)側の主張を見てみることにしよう。エベルは，まず第 1 に，ソコルが「ブルジョア的」な組織であることを批判している[37]。彼によれば，ソコルの真の目的は有産階級の社会的特権を維持することでしかなかった。ソコル自身は自らのことを非政治的な団体と位置づけ，国民の全階層を包摂する運動だと自己評価しているが，それは誤りなのであった。その意味では，労働者体操運動と同様，ソコルも特定の階級に限定された運動だということになる。

第 2 に，エベルが言及したのはインターナショナリズムの問題であった。国民運動への「不熱心さ」を批判するソコルに対し，彼は，民主化に反対する「ブルジョア勢力」こそが国民の発展を阻害していると反論している[38]。社会民主党の主張によれば，オーストリアにおける国民問題の解決 ── つまり，各国民の発展を導くこと ── にあたっては，民主的改革，すなわち普通選挙を実現するのが一番の方策であった。その点では，普通選挙の実施を要求している労働者の方が，国民問題の解決に熱心だということになる。

以上のエベルの議論に対し，ソコルはどのように反論したのであろうか。

---

36) Handbuch (1911) pp. 43, 58. なお，オーストリアにおけるドイツ系団体は，1910 年に同盟(ATB)から脱退し，ボヘミア北西部のウースチー・ナド・ラベム(Ústí nad Labem, Aussig)を本拠地とするオーストリア労働者体操家同盟(Österreichischer Arbeiter-Turnerbund)を結成している。*Ibid.*, p. 63.

37) Frant. Ebel, *Náš poměr k Sokolstvu: Přednáška místostarosty Svazu DTJ Františka Ebela na sjezdu Svazu* ［ソコル運動に対する我々の姿勢］(Praha, 1912) pp. 14–19.

38) 帝国議会のレヴェルで言えば，1897 年より部分的な形で男子普通選挙が導入され，1907 年には完全な男子普通選挙が実現した。だが，ボヘミアやモラヴィアなどの領邦議会では帝国崩壊に至るまで普通選挙は導入されていない。世紀転換期において最大の勢力を誇った青年チェコ党は，ほぼ一貫して普通選挙の実現を主張していたが，実際に選挙権が拡大され始め，農業党や社会民主党といった本格的な大衆政党が勢力を伸ばしてくると，逆に普通選挙の導入に対して消極的な姿勢を見せるようになった。

ヘレルはまず第1に，ソコルが特定階級の組織ではないという点を強調している[39]。1910年に開かれた第5回ソコル総会においては，労働者体操協会のメンバーはソコル会員として受け入れないという決議が採択された[40]ものの，彼によれば，それはチェコ系体操運動の統一性を確保するためであって，社会主義者を排除しようとする政治的意図の下に行われたわけではなかった。その点では，労働者階級に限定された同盟（SDTJ）と，社会民主党員であってもメンバーとして受け入れるソコルとの間には，はっきりとした違いがあるはずであった。

　第2に主張されたのは，体操運動において党派的な人間を育成すべきではないという点であった。ソコルにおいて教えられるべきことは，時代と共に移り変わっていく党派的主張ではなく，国民全体にとっての不変の価値であった。体育館において，若者たちは身体を鍛錬するだけでなく，道徳，節度，規律，忍耐，といった集団のルールを身につけ，自由・平等・友愛といった価値を学ぶはずであった。ソコルにおいて，若者たちは，チェコ人としての自覚を持ち，祖国への愛を持つ人間，そして，自らの犠牲を厭わず義務を遂行し，自律的な行動ができる人間へと成長していくのである。ヘレルによれば，社会主義的教育を施そうとする同盟（SDTJ）のやり方は，体操運動を党派的な目的に利用しないというティルシュの原則を破っているのであった。

　以上の議論から分かるように，ここで焦点となっていたのは，国民と社会主義のどちらを取るかという二者択一的な問題ではなく，どちらが国民という価値に忠実なのか，という点であった。ソコルが自らの全国民的な特質を強調したのに対し，同盟（SDTJ）は，「ブルジョア勢力」による国民的価値の追求には限界があると主張し，社会主義の中にこそ国民の未来が存在する

---

39) K[arel] Heller, "Sociální demokracie a Sokolstvo"［社会民主主義とソコル運動］, *Věstník Sokolský* 16:21 (1912) pp. 693-697; 16:22, pp. 735-744; 16:23, pp. 781-786, esp. pp. 784-786.

40) Ruch, "V. valný sjezd Č.O.S."［チェコ・ソコル共同体第5回総会］, *Věstník Sokolský* 14:23 (1910) pp. 624-625.

というロジックを展開したのである。

　ただし，両者共に国民の価値を肯定しながらも，国民概念そのものの中味は異なっていた。ソコルの側が「自由・平等・友愛」といったスローガンに代表されるような市民的社会を国民的共同体に等値させていた[41]のに対し，同盟(SDTJ)においては社会主義的な社会と国民が同一視されていたのである。前者が1860年代に定式化された国民イメージを引き継いでいたとすれば，後者は，その国民像の代わりに自己の主張に見合った形の国民概念を提示したのであった[42]。

　結果から見れば，体操運動におけるソコルの圧倒的優位は，同盟(SDTJ)の登場によっても揺らぐことがなかった。ソコルと密接なつながりを持っていた青年チェコ党が，世紀転換期以降，農業党や社会民主党といった本格的な大衆政党の台頭を前にして急速に衰退していったのに対し，ソコルは順調に勢力を伸ばし続けたのである。例えば，1910年の時点においては，体操会員の55.7％，寄付会員の21.4％を労働者が占めており，全体では30.6％，すなわち2万4148名が労働者という状態であった[43]。同盟(SDTJ)はソコル内に「とどまっている」労働者や社会民主党支持者を切り崩すことができなかったのである。その点では，ドイツにおける労働者体操家同盟(ATB)が「ブルジョア的」なドイツ体操家連盟(DT)に加入していた労働者を引き抜くことに失敗したのと状況は同じであった[44]。

---

41) 典型的な例としては以下を参照。Frant. Mašek, "Volnost, rovnost, bratrství"［自由・平等・友愛］, *Sokol* 24:2 (1898) pp. 25-28; 24:3, pp. 49-51; 24:5, pp. 101-105.
42) オーストリア社会民主党の理論的指導者であったオットー・バウアーは，社会主義の実現によって国民が消滅するのではなく，むしろ真の国民的な共同体が成立すると主張している。彼によれば，資本主義社会においてはブルジョアが国民文化を独占しているが，社会主義社会においては全人民が参画できるような文化共同体が生まれるはずであった。バウアー(2001) pp. 92-102。
43) Heller, "Sociální demokracie a Sokolstvo," pp. 740-742(本章脚注39参照)。
44) モッセ(1994) p. 178によれば，1924年においてもなおドイツ人労働者体操家の大半がドイツ体操家連盟(DT)にとどまっていた。

3.2.4 「先駆的社会主義者」としてのヤン・フス

次に，チェコ系社会主義者によるヤン・フスの位置づけについて見ていくことにしよう。彼ら／彼女らの間においても，19世紀末には，フスとフス派運動を「チェコにおける最初の社会主義的・集団主義的運動」[45]と位置づける言説が登場し，フスを国民的シンボルとして援用する動きが活発化する。彼ら／彼女らによれば，階級闘争の担い手となっている労働者こそが，フス派運動の後継者なのであった[46]。

だが，フスを無条件に賛美する態度を「ブルジョア的」とし，過去に対する「冷静な見方」を説く意見も存在した。例えば，同盟(SDTJ)機関誌の『体操活動』には，フス派運動を「ドイツ語話者のカトリック支配者に対するプロレタリアートの蜂起」と位置づけながらも，「我々の栄光ある過去」という見方はフェティシズムにすぎないとする意見が掲載されている[47]。それによれば，フス派革命は，15世紀における支配者と被支配者の衝突にすぎないのであり，もし，フスやジシュカ，あるいはジシュカの死後，フス派の軍事的指導者として頭角を現したプロコプなどの英雄が存在しなかったとしても，革命それ自体は発生したはずであった。

また，チェコ人の社会主義者が読むべき本とされたF. モドラーチェクの著作では，フス派時代との500年の隔たりが強調されている[48]。彼によれば，

---

45) Rak (1994) p. 62. なお，カウツキーもまた，自らの著作の中で，フスとフス派の運動を「教会の搾取に反対する闘争」と「ドイツ人の搾取に反対する闘争」が合流したものと規定している。カウツキー (1980) p. 303。なお，カウツキーのこの原書は1894年に出版され，1909年に改訂再版が出されている。本章で引用したこの訳書は後者を全訳したものである。ちなみに，カウツキーはプラハ生まれであり，中等学校時代――既にウィーンに住んでいたが――にフス派運動に魅了されたという。その後，一貫して彼はチェコ人の国民運動に親近感を抱いていたようである。Kořalka (1996) pp. 257-258.

46) "Socialism [sic] v křesťanství a husitství" [キリスト教とフス派運動における社会主義], *Tělocvičný ruch* 5:20 (1905) p. 312; "V předvečer památky roku 1915" [記念となる1915年の前夜に], *Tělocvičný ruch* 10:13 (1914) p. 179.

47) [Jiří František] Chaloupecký, "Národ, Národ, Národ..." [国民，国民，国民……], *Tělocvičný ruch* 7:30 (1911) pp. 307-308.

14・15世紀においてはフスの教えは非常に進歩的であったが，20世紀においては反動でしかないことは明白であった。彼は，フスの著作や宗教道徳的な意見をそのまま鵜呑みにする傾向は拒絶しなければならない，と主張したのである。

しかしながら，こうした「冷静な見方」はどちらかと言えば少数派であり，主流となったのは，光り輝く「神の戦士」の時代を賛美する見方であった[49]。その傾向が頂点に達したのは，ヤン・フスの火刑500周年として1915年に計画された労働者オリンピアーダ（Dělnická Olympiáda）の準備段階においてであろう。その宣伝パンフレットにおいては以下のように書かれている。

……我々は社会民主主義的なフスの祭典がブルジョア的な［フスの］祭典とは根本的に違うのだということを明確に示さなければならない。ブルジョア的な祭典においては，ただ単に空虚な似非愛郷主義が提示されるだけであるが，我々はさらに深くフスの精神と真実へと向かっていくのだ。

……我々社会民主主義者は，500年という非常に長い時間の隔たりにもかかわらず，フスとの内的なつながりの存在を感じている。彼が教会の邪悪や強圧に対して戦ったように，我々も既存の社会体制が持っている不正と戦おうではないか。……[50]

この祭典は，1914年夏に勃発した第一次世界大戦のために中止となり，最初の労働者オリンピアーダが実現したのは大戦後の1921年であった。し

---

48) František Modráček, *Mistr Jan Hus a jeho doba*［師ヤン・フスとその時代］(Praha, 1903) p. 68.
49) 例えば，以下の記事を参照。X. Dub, "Mistr Jan Hus"［師ヤン・フス］, *Tělocvičný ruch* 4:6 (1908) pp. 163-166; 4:7, pp. 200-203; 4:8, pp. 228-232; "Boží bojovníci: ku 6. července"［神の戦士たち ── 7月6日によせて］, *Tělocvičný ruch* 8:12 (1912) pp. 183-184.
50) L[udvík] Tošner, *Několik epištol: Dělnická Olympiáda v Praze 1915*［いくつかの書簡 ── 1915年プラハ労働者オリンピアーダ］(Praha, 1914) pp. 18, 25.

かしながら，この時には，社会民主党から共産党が分裂した影響で，労働者同盟からもチェコスロヴァキア労働者体操協会連盟(FDTJ, Federace dělnických tělocvičných jednot československých)が21年5月に分離し，この労働者オリンピアーダと全く同じ日に，スパルタキアーダ(Spartakiada)という独自の祭典を行ったのである[51]。

3.3 カトリック系体操団体

3.3.1 カトリック大衆運動とオレル

社会主義運動が労働者大衆を魅了しつつあった19世紀末，カトリック側からの積極的な反撃が開始された[52]。その中でも象徴的な意味を持っていたのは，1891年5月15日にレオ13世によって出された回勅「レールム・ノヴァールム──労働者たちの状況について」であろう。それによれば，生産手段の私的所有は全くの自然的権利であり，社会の階層分化は「神によって創られたシステム」なのであった。この回勅はマルクス主義的な階級闘争を否定する一方，政治運動への教会の参画に「お墨付き」を与えるものとしても機能した。実際，この時期よりカトリック政党を設立しようとする動きがヨーロッパ各地で活発化し，チェコにおいても，1894年より政党が組織され始めた[53]。また，チェコ社会固有の要因として，老チェコ党が1890年代に入って急速に衰退したという点も挙げておく必要があろう。カトリック勢力の代弁者という機能を有していた同党が力を失ったことも，彼らに独自の政党を結成させるきっかけとなったのである[54]。ただし，一口にカトリック

---

51) Silaba (1928) pp. 16-18; Mucha (1953) pp. 113-130.
52) 西川 (1977) pp. 141 ff.
53) チェコ諸領邦におけるカトリック政党の動向については，Fiala (1995) pp. 188-191; Trapl (1995) pp. 38-43; Marek (1999, 2003); Huber (1979); Kučera (2000) などを参照。戦間期におけるカトリシズムと国民主義の関係については Cynthia J. Paces, "'The Czech Nation must be Catholic!': An Alternative Version of Czech Nationalism during the First Republic," *Nationalities Papers* 27:3 (1999) pp. 408-428 を参照。

といってもその中味は雑多であった。大きく分ければ，その中には，国民主義的な勢力，大土地所有貴族の特権を擁護しようとする保守派，「レールム・ノヴァールム」の精神にのっとって社会問題を解決しようとする勢力，といった3つの派が存在していたのである。

　こうしたカトリック勢力の動きと並行して体操運動も開始され，1896年にプラハのカトリック職人協会で設けられた体操部門を皮切りに，カトリック団体の中で次々と体操部門が設立されていく[55]。ただし，実際には，政党からの直接的な指示によって系統的に組織化が進められたわけではない。1908年にキリスト教社会党系の勢力が正式に体操部門を自らの傘下に置くまでは，ソコルを脱会，もしくは追放されたカトリック系メンバーが，各地で別個に団体を設立していたというのが実状であった。とはいえ，09年に「オレル」という統一名称が付され[56]，それなりに勢力を伸ばすようになると，ソコルも事態を静観しているわけにはいかなくなる。その結果，1910年に行われたソコルの第5回総会において，同盟（SDTJ）のメンバーと同様，「教権主義的」な体操団体のメンバーも組織から追放することが決定されたのである[57]。これに対し，翌年の1911年には，東ボヘミアのフラデツ・クラーロヴェー（Hradec Králové, Königgrätz）でオレルの総会が行われ，ソコルに対する全面対決の姿勢が打ち出されている。

　　オレルは，体操思想の創始者，ティルシュとフュグネルの基本に忠実であり，チェコ国民に課せられた使命を果たすべく活動している。そのためには，血をもってしても自らの生まれた土地と母なる言語を守る所存である。……これに対し，今日のソコルは，フリーメーソンの巣窟と化し，ユダヤ自由主義の手先となっている。つまり，我々国民にとって最

---

54) Trapl (1995) p. 38.
55) Kössl, et al. (1986) vol. 2, pp. 80-81.
56) Waic (1998) p. 74. スラヴ諸語で鷲を意味する「オレル」は，スラヴ系カトリック体操運動の「先進地」であるスロヴェニアの体操団体「オレル」から採られたものである。
57) "V. valný sjezd Č.O.S.," pp. 603-604（本章脚注40参照）.

大の敵なのである。そんなことのために，ティルシュとフュグネルはソコルを創設したわけではないのだ[58]）。

3.3.2 ソコルとの「対決」と「真のキリスト者」としてのフス

1909年9月5日，モラヴィアのヴィシュコフ(Vyškov)において，オレルによる第1回領邦祭典が開催された[59]）。この日の朝，1000名ほどのオレル会員やキリスト教社会党関係者が教会に集まり，司祭の「燃え上がるような説教」を聴いたという[60]）。

> 自由・平等・友愛は唯一カトリック教会の光の中に存在している。一方，ソコルは神を放棄し，宗教を個人的な事柄として否定した。さらには，人民から神への愛を奪おうとし，その代わりに恥じらいのない自己中心主義，拝金主義，無神論を植え付けようとしている。……また，穀物価格の上昇も貧しい民を搾取する大企業の存在もソコルのせいなのである。唯一キリスト教社会党だけがそうした不正に対する戦いを挑んでいるのだ[61]）。

午後には，市場から公開体操の会場である城の公園までパレードが行われ，417名の男性会員(そのうち280名がユニフォーム姿)，10名の女性会員，80名の子供会員，そしてカトリック系団体の会員約1000名が参加した。その中には12の旗，いくつかのファンファーレ集団や聖歌隊も含まれており，パレードの途中には，組織の賛歌《オレルよ，力強い翼によって……》が鳴り響いていた。そして，体操の会場では約2000名の観客がこのパレードを

---

58) *Vznik a stručné dějiny Orla v Čechách* [ボヘミアにおけるオレルの誕生と概史] (Hradec Králové, n. d.) pp. 13, 15.
59) 2回目は1911年，3回目は1913年。いずれもモラヴィアのクロムニェジーシュ (Kroměříž, Kremsier)で開催されている。
60) F. M. Žampach, "Ve Vyškově před dvaceti roky" [20年前のヴィシュコフにて], *Orel* 14:17 (1929) pp. 249–253.
61) "Orlové..." [オレルたち……], *Věstník Sokolský* 13:18 (1909) p. 540.

図 3.3　ソコルによる徒手体操(ヴィシュコフ，1909 年)
出典："Orlové...," *Věstník Sokolský* 13:18 (1909) p. 539.

迎え，代表者の挨拶の後で徒手体操が披露された。

　一方，ソコルはこの祭典を妨害するために，ユニフォーム姿の会員 944 名をヴィシュコフに派遣し，オレルのパレードと同じ時間帯に彼らも行進を行い，広場でオレルのパレードを待ち受け，「罵詈雑言」を浴びせかけた。その後，祝祭用のユニフォーム姿のまま，同じ広場で徒手体操を行ったのである(図 3.3)。この日，駅などの主要な場所では双方の団体が交わらないように警官隊が見張っていたものの，何件かの「流血事件」が発生したという。さらに，「進歩派系」の新聞は，この祭典に対する辛辣な批判を行っている。例えば，ボヘミアで最大の部数を誇っていた青年チェコ系の『国民新聞』は，オレル祭典において「自由というソコルの基本的な思想がチェコ人の若者の精神を新たに奴隷化するべく悪用された」[62]と書いている。

　次に，フスの扱いについて見ることにしよう。「異端者」であり，反教権主義的な国民的シンボルとしてチェコ人の間で定着しつつあったヤン・フスに対し，カトリック勢力は基本的に否定的な態度をとっていた。例えば，

---

62) Quoted in Žampach, *op.cit.*, pp. 252-253(本章脚注 60 参照).

図 3.4　プラハ旧市街広場のマリア柱像
　　　　（1918 年）
出典：Hojda & Pokorný (1997) p. 29.

　1898 年におけるフス記念日の前夜，カトリック勢力はプラハの旧市街広場にあったマリア柱像(図 3.4)への「巡礼」を行い，4000 名の信者を集結させているが，これは，同柱像の隣にフス像を設置しようとする動きへの牽制行動なのであった[63]。だが，対抗宗教改革のシンボルとして機能していたマリア柱像は，19 世紀末の文脈においては，もっぱら 1620 年の「白山の戦い」後に到来したチェコ人の「暗黒時代」を表象するものとして理解されるようになっていた。おそらく，カトリックの側でも，そのようなシンボルに固執し続けることは得策でないという判断が働いたのであろう。もちろん，カトリック勢力のすべてがそうした見地に到達したとは思えないが，少なくとも，

---

63) Hojda & Pokorný (1997) pp. 28-33, 79-91. このマリア柱像は，チェコスロヴァキアの独立宣言直後の 1918 年 11 月 3 日，群衆によって引き倒されている。

体操団体のオレルに限って言えば、フスに対する見方は180度転換され、フス火刑500周年を記念する祭典の準備が開始された。

例えば、機関誌『オレル』においては、1915年の祭典を開催することによってチェコ人のカトリック教徒としての忠実さを示し、国民の根幹と基礎を固めるという点が明記されている[64]。ここで何よりも重要とされたのは、「反ローマ、反カトリック、反オーストリアの運動にフスの名が悪用されている事態」を打開することであった。ここにおいてヤン・フスは、「カトリック的チェコ国民」のシンボルとされたのである。また、この祭典にゲストとして来ることが予想されていたのは、フランスのカトリック体操団体、スロヴェニア・オレル、クロアチア・カトリック・ソコル、「カトリックに忠実な」ポーランド・ソコルなどであった。チェコ・オレルは、この祭典によってカトリック系スラヴ人の団結力を誇示することも狙っていたのである。だが、この祭典は労働者オリンピアーダと同様、世界大戦のために中止された。チェコ全域――正確にはチェコスロヴァキア――を対象とする初めての祭典が実現したのは、1922年のブルノにおいてであった。

管見の限りで言えば、第一次世界大戦前においてオレルがフスを肯定的に評価する姿勢を見せたのは、この時だけである。だがそれは、カトリック系体操運動の指導者が国民の価値に無関心であったということを意味しているわけではない。いやむしろ、「異端者」フスの解釈を転換することが教皇庁への明示的な反抗を意味していた以上[65]、カトリック体操運動指導部においては、その位置づけをめぐって深刻な葛藤が生じていたと考えるべきであろ

---

64) "Náš příští slet"［我々の次の祭典］, *Orel* 2:5/6 (1914) pp. 33-34.
65) 戦間期の事例ではあるが、教皇庁のフスに対する姿勢が伺える好例として1925年の「事件」が挙げられよう。この年、チェコスロヴァキア政府がフスの命日を国家の祝日とし、フス火刑510周年記念式典を執り行ったことに対し、教皇庁は激しく抗議し、カトリック系の人民党に連立政権から離脱するよう勧告している。ロスチャイルド(1994) pp. 104-105. なお、教皇庁が、フスの死とその後に生じた混乱に対して初めて「深い哀惜の念」を表明したのは1999年12月である。フスに対する異端宣告およびコンスタンツ公会議の決定は正式には撤回されていないが、これをもって、フスは事実上「名誉回復」されたと考えられている。薩摩(2003) p. 86.

う。

おわりに

　既述のように，19世紀末のチェコ社会においては国民の「成熟」が自覚されるようになり，チェコ人の存在を自明のものと考える新しい世代が育ちつつあった。だが，国民の存在が自明となることは，一方で，人々の目を国民以外の論点に向けさせ，次いで国民内部の対立を顕在化することにもつながっていく。1890年代にチェコ人票の大部分を獲得し，圧倒的な強さを誇った青年チェコ党は，早くも20世紀初頭には，国民全体を包括する政党から国民の中の一政党へと後退し始め，労働者，農民，教会といった勢力による新しい大衆政党との競合を余儀なくされたのであった。
　ところが，青年チェコ党と密接なつながりを持っていたはずのソコルは，同盟（SDTJ）やオレルの登場にもかかわらず勢力を拡大し続けていく。政治的なレベルでは対立が激しくなっていたものの，「非政治的」な体操に従事するソコルは，全国民的な組織として存続することに成功したのである。これに対し，同盟（SDTJ）やオレルは，ソコルの「政治性」を攻撃し，ソコルを政治的な対立の場に引きずり出すことによって，その「ブルジョア的性格」や「背教的性格」を暴露しようとしていたが，その一方では，自分たちこそが真に国民的な存在であるという点をアピールし，それに見合った国民的シンボルを提示してもいた。いやむしろ，チェコの体操運動を見る限りでは，どの団体が本当に国民的な存在なのか，という後者をめぐる争いに対立の重心があったと言っても過言ではない。その意味において，3者の対立は国民的シンボルをめぐる闘争であったとも言える。本章においてまず第1に確認されるのは，この点である。
　第2に導き出されるのは，世紀転換期におけるシンボルをめぐる争いが，逆説的ではあるが，国民という価値の実体性を強化することに貢献したのではないか，という点である。確かに，この時期においては，国民の存在を証明するというシンボルの機能は既に副次的なものとなっていた。また，3種

類の体操団体が競合し，自分こそが国民的な存在であるという言説をぶつけ合う中においては，国民概念やそれを表象するシンボルも各勢力の主張に見合う形で変容し，多義化していったはずである。だが，どの陣営が真に国民的な存在なのかという争いでは，国民は実在するのだろうかという根本的な疑問は発せられなくなり，不問のまま放置されていく。つまり，国民という概念そのものは多義化しながらも，国民という共同体が実体として存在するという感覚だけは強化されてしまうわけである。言うまでもなく，ここで扱っているのは体操運動における言説のみであり，それをそのまま社会全体に当てはめることはできない。また，発信された言説が会員たちにどのように受容されていたのか，という点も不明なままである。だが，少なくとも体操運動における正当性争いが，チェコ社会における国民の所与性を強化することに一役買ったという点は言えるであろう。

　本章では，ソコル，同盟(SDTJ)，オレルという3つの組織を概観し，その対抗関係を踏まえたうえで，体操運動における国民の言説とその表象のされ方を扱ってきた。既に述べたように，単純な勢力比較においてはソコルが圧倒的な優位を保持することに成功し，同盟(SDTJ)とオレルは周辺的な地位にとどまっていた。だが，ソコルの活動は，何よりもまず，ライヴァル団体の登場によって活発化したのである。その結果，チェコ人の体操運動は複数の勢力に分裂しながらも，そのいずれもが，国民的シンボルを利用する形で自らの正当性を訴え始めたのであった。しかしながら，その活動は，国民内部における対抗関係だけでなく，ドイツ人という「他者」との関わりにおいても考えていく必要があろう。この点については次章において見ていくことにしたい。

第4章 「我が祖国」への想像力

はじめに

1896年11月14日の夜。プラハ郊外の国民会館（Národní dům）では「フュグネルの夕べ」と題するソコルの集会が行われていた。この日のテーマは，タイトルからも分かるとおり，1862年にソコルを創設した立役者の一人，フュグネルの功績を讃えることであったが，目的はそれだけではなかった。この会合においては，ドイツ系多数地域に設置されたソコル協会を支援し，当地に居住するチェコ人を「ゲルマン化の危険」から救い出そう，という主張もなされたのである。いわゆる「脅かされた地域」に対するアピールがソコル運動において大々的に行われたのは，この集会が初めてであった。当時，機関誌『ソコル』の編集長であり，後にソコル会長となったシャイネルは，以下のような演説を行っている。

>　……様々な手段によって，あるいは様々なルートを通じて異質な要素が入り込む民族（národnostní）境界地域では，これ以上，チェコの身体（tělo）に異質なものが入り込まないように断固たる抵抗運動が行われ続けています。異質なものの侵入は，チェコ的なものの解体と破壊にまさに直結しているからです。チェコ的なものの堕落は，チェコ民族（národnost）の非国民化（odnárodňování）であり，抑圧であり，ドイツ化の進行を意味しています。それは，我が人民（lid）から物質的な力が体系

的に搾取され，吸い取られていくことでもあります。つまるところそれは，我が人民の退化と退廃へとつながっているのです[1]。

また，この集会には，北西ボヘミアに位置するドゥフツォフ(Duchcov, Dux)のソコル協会から一人の炭坑夫，F. プロハースカがゲストとして招かれていた。盛大な拍手によって迎えられた彼は，聴衆に向かって訴えかける。

> ……この13年間，ドゥフツォフ・ソコルを訪れた［チェコ系多数地域からの］ゲストはわずか3人でした。皆さんは私たちのことを避け，私たちの地域を孤立させてしまっています。私たちは国民としての自らの信念を守るために戦い，苦しんでいる，というのに。つらく悲しいことです。……どうか皆さん，私たちのところにいらっしゃってください。皆さんの訪問は，いくらかの金銭的な支援よりもずっと私たちにとっての喜びとなるのです。(長く続く拍手，万歳の声，話し手への賛辞) 皆さん！　皆さんのご厚意に感謝いたします。皆さんのお気持ち，確かに受け取りました。万歳！ (嵐のような拍手，万歳！)[2]

プラハのソコル会員たちとチェコ系少数地域のソコル会員が出会い，お互いに国民の「同胞」であることを確認し合う。この記事においては，それは感動的な出来事として描写されている。だが，物理的に離れた地域——たとえ，その地域が「我が祖国」の一部として表象されていたとしても——に居住する人間を「我が同胞」と認識し，具体的な顔を持った存在としてイメージする，という現象は非常に新しいものであったように思われる。既に述べたように，ボヘミア王冠の土地，すなわちボヘミア王国領，モラヴィア辺境伯領，シレジア大公領を含むチェコ諸領邦という領域概念は，チェコの国民主義においては重要であった。少なくとも19世紀後半においては，チェコ

---

1) "Oslavení Fügnerovy památky v Praze"［プラハにおけるフュグネル記念式典］, *Sokol* 22:16 (1896) pp. 319-321.
2) *Ibid*.

図 4.1　ソコル祭典のパレード3)
（チェスケー・ブヂェヨヴィツェ，1903 年 8 月）
出典："Slet Sokolstva v Českých Budějovicích"［チェスケー・ブヂェヨヴィツェにおけるソコル祭典］, *Sokol* 29:9 (1903) pp. 196-197.

諸領邦は国民固有の土地である，という神話が成立していたのも事実である。
　だが，当時においてもボヘミア，モラヴィア，シレジアの間を越える一体感が実際に醸成されていたわけではなく，しかも，ボヘミア内部についても，歴史的領域の隅々に至るまで「我々の同胞」が居住しているという具体的な

---

3) ボヘミア南部の都市チェスケー・ブヂェヨヴィツェにおいて，ソコル・フス地区主催によるこの体操祭典(1903 年 8 月 15 日～16 日)が行われた際には，同じ日程でドイツ(自由派)系の体操協会も地区体操祭典を行い，チェコ側に対抗したのであった。ちなみに，1910 年の国勢調査では，ブヂェヨヴィツェの人口のうち，1 万 6903 名がドイツ語を，2 万 7309 名が「チェコ語」を日常語として使うと答えている。なお，ボヘミアのチェコ系多数都市において第一次世界大戦が勃発するまでドイツ系議員が市議会の多数派を占めていたのはこのブヂェヨヴィツェだけであった。また，この都市で 1909 年 8 月 29 日に行われたドイツ・ベーマーヴァルト同盟(Deutscher Böhmerwaldbund)の創設 25 周年行事では，2000 名以上のドイツ人が街の中心部でパレードを行っていたところに，約 200 名の若いチェコ系労働者が「乱入」するという事件が発生している。後者が《我が故郷は何処に》(現在のチェコ国歌)や《我がスラヴ人》といった国民歌を歌い始めると，前者が《ラインの守り》を歌ってそれに対抗し，辺りは騒然とした雰囲気に包まれたという。Brix (1982b) pp. 226-227; King (2002) p. 125.

イメージは存在していなかった。コミュニケーション手段が発達しつつあったとはいえ，プラハを中心とするチェコ系多数地域のチェコ人にとって，ボヘミア北部から西部にかけての地域，あるいは南部のドイツ系多数地域は，「我が祖国」として表象されながらも，実際にはまだまだ縁遠い存在だったのである。しかしながら，19世紀末より，少数地域を支援する学校財団（Matice školská）や国民協会（Národní Jednota）が設立され，それに伴って，チェコ系少数地域の問題を「我々全体にとっての問題」へと昇格させる言説が増加した[4]。B. アンダーソンの言葉で言えば，それは「想像の共同体」が産み出される過程であった。

　ソコルもまた，こうした流れの中でドイツ系多数地域に対して大きな関心を持つようになり，この地域に住むチェコ人をドイツ人からの攻撃を阻止する「歩哨」と位置づける言説を積極的に発信し始めた。それだけではない。ソコルは室内だけでなく野外でのパフォーマンスも積極的に行い，ドイツ系勢力との対立を助長した。例えば，ドイツ語話者が多数を占める都市で行われる数千名規模のパレードや公開体操は，チェコ人の存在を誇示するものとして大きなインパクトを持っていた。普段はドイツ系住民の眼を気にして地下室のような「劣悪な環境でひっそりと」体操し，ソコル会員であることを隠して生活しているような状況であっても，祭典の日には，プラハを中心とする地域から多数のメンバーが集結し，街の中はガリバルディの赤シャツを模したソコルのユニフォームで一色となったのだという。また，意図的にチェコ系とドイツ系の境界地域や混住地域を選んで行われる遠征も，当局を悩ませるものであった[5]。1000名を越える赤いユニフォーム姿のソコル会員，

---

4) 典型的な例として以下のものが挙げられる。Rudolf Havlíček, "Naše národní situace (Přehled národnostních poměrů našich)"［我が国民の状態（我々の民族的状況の概観）］, *Naše doba* 21 (1914) p. 25.

5) 例えば，以下の内務省文書には当局の困惑がよく表れている。SÚA, PM, 1891-1900, Inventory No. 9101, Sign. 8/5/20/1 (1897), Carton No. 2522: 6142/ M. I., Wien, am 19. Februar 1897; Z. 17763, Starkenbach, am 6. August 1897; Z. 28598, Mies, am 22. September 1897. なお，1910年以降の事例においては，ソコルの遠征がドイツ系多数地域を通過したり，ドイツ系体操団体の遠征と日程が重なる際に「不測の事態」に備え

あるいはソコル所属の騎馬隊がドイツ系多数地域へと行う遠征は，少数派のチェコ系住民に国民の一員として生きる自信を与えることを期待されていた[6]。もちろん，ドイツ系の体操家たちも，街頭でのパレードや体操，そして遠征を行うことによってチェコ系勢力を牽制し，ドイツ系の「同胞」を鼓舞していた。本章において着目するのは，境界地域や混住地域におけるソコルのこうした活動である。

具体的には，まず第1に，ソコルがなぜドイツ系多数地域における組織化を積極的に始めたのか，という点について考察し(4.2節・4.3節)，第2に，ソコルが実際にチェコ系少数派を組織化するにあたってどのような方法を採ったのか，また，どのようにしてチェコ系多数地域との連帯感を生み出そうとしていたのか(4.4節)，について追っていくことにしたい。ただし，本論に先立つ4.1節では，19世紀後半のチェコ社会において，ドイツ系多数地域のチェコ系少数派に対する関心が高まりつつあったことを指摘し，実際，ソコルが本格的な支援を始める前の段階で，そうした地域の少数派を支援する組織が設立されていたという点を指摘しておきたい。

4.1 「救うべき同胞」の発見

4.1.1 言語と国民

チェコ国民評議会(Národní rada česká)は，1906年，自分の子供をドイツ語学校に通わせるチェコ人に対して思い切った手段を取っている[7]。この

　て警官隊が配置されたケースが散見される。SÚA, PM, 1911-1920, Inventory No. 23188, Sign. 8/5/13/28, Carton No. 5329: Exh. Nr. 10897, K. k. Landesgendarmeriekommando Nr. 2, Prag, am 10. IX 1913; PM, 1911-1920, Inventory No. 23522, Sign. 8/5/17/85, Carton No. 5334: K. k. Bezirkshauptmannschaft in Prachatitz, am 30. Mai 1914; K. k. Bezirkshauptmannschaft in Prachatitz, am 2. Juni 1914.
6) Křovák, "O výletech sokolských" [ソコル遠征について], *Sokol* 38:7/8 (1912) p. 192.
7) Zahra (2004) pp. 501-509. チェコ国民評議会は，ドイツ系の「聖霊降臨祭綱領

評議会は，プラハ市内のドイツ語学校に通う児童のリストからチェコ系と思われる名前をリストアップし，その親に対して子供をチェコ語学校に転校させるよう脅迫めいた手紙を送りつけたのであった。それだけではない。同評議会は，チェコ系の各結社に対してそのような国民の「裏切り者」を除名するよう要請し，チェコ系の不動産所有者に対しては，彼ら／彼女らをアパートから追放することを要請した。このキャンペーンに賛同を表明した結社の中には，チェコ・ユダヤ系のグループも含まれていた。ザフラの指摘によれば，チェコ国民評議会に回付された書類の中に以下のような密告の手紙が見られるという。「路面電車の運転手プタークの娘が4年間にわたってドイツ学校協会の学校に通っていることをお知らせいたします。市当局は，彼に対して娘をチェコの学校に通わせるよう命令すべきです」。

また，子供をバイリンガルに育てること自体が批判の対象となった。19世紀末には，国民的観点だけでなく神経に過重な負担をかけるという点でも，2言語習得は避けるべきこととされた。もし，チェコ語を使う家庭に生まれたにもかかわらずドイツ語の学校に通うのであれば，その子供は精神的に問題を抱え，場合によっては犯罪に走るというのである。実際，1910年頃の裁判においては，母語と同じ言語の学校に通っていないという点が，強盗や殺人事件での情状酌量の要件として考慮されたという。

以上のように，当時におけるチェコ人とドイツ人の対立は主として言語の問題として立ち現れるようになっていた。そうした状況の中で，行政的観点から行われていたはずの国勢調査とそれに付随する言語統計もまた，政治的な問題として認識されるようになったのである。

第1章で述べたように，当局は，言語統計が国民対立に利用される危険性を自覚していたし，「日常語 Umgangssprache」[8] を基準とするこの調査に

　Pfingstprogramm」に対抗するべくチェコ系勢力によって1900年6月17日に設立された超党派の組織。他方，1899年5月20日に公表された「聖霊降臨祭綱領」は，ドイツ諸政党によって合同で作成されたものであり，チェコ系勢力への対抗を主要な目的の一つとしていた。Berchtold (1967) pp. 210-225 を参照。

8) 国民対立の場においては，この「日常語」という基準自体が争点となっていた。

よって個人の民族(Nationalität)への帰属が明らかになるわけではないと再三主張していたが，言語統計が民族の統計と同一視され，調査自体が各国民の数量を競う場へと移行していくのを止めることはできなかった。チェコ人とドイツ人の間では，10年ごとに行われる国勢調査において，いかに多くの「ボヘミア語＝モラヴィア語＝スロヴァキア語話者」[9]，あるいはドイツ語話者を獲得するのか，という競争が行われるようになったのである。そして，19世紀末に力を持った社会ダーウィニズムもまた，この争いに拍車をかけることとなった。例えば，プラハ大学のドイツ語部門において統計学を教えていたラウヒベルクは，国勢調査を「国民の力試し Kraftprobe」の場と捉えている[10]。彼によれば，数は「自らの強さと財産」を誇示するための手段であった。ドイツ語話者の増加はドイツ国民の発展を意味し，ドイツ語話者の減少はドイツ国民の衰退を意味すると考えられるようになったのである。

　結果として，10年ごとに行われる「日常語」の調査は，言語と国民を同一視させる効果を生み出しただけでなく，それまでチェコ人やドイツ人といった意識を持っていなかった人々にも国民としての自覚を持たせる役割を果たした。調査が行われる時には，ビラ，看板，新聞，あるいは集会といっ

「チェコ語話者」をはじめとする非ドイツ語話者は，「日常語」が公平な基準ではないと主張していたからである。公的な場においては社会的に優位な地位を持っているドイツ語が用いられることが多く，非ドイツ語話者の数が少なくカウントされてしまう傾向が生じる，というのがその理由であった。こうしたことから，「日常語」をあくまで擁護するドイツ人に対し，チェコ人は，母語，あるいは民族性(Nationalität)による統計調査の導入を要求する，という対立の構図が出来上がったのである。Brix (1982a) esp. pp. 100-101, 251-321, 490-493.

9) 第1章で述べたように，調査項目においては「チェコ語 Tschechisch」ではなく「ボヘミア語＝モラヴィア語＝スロヴァキア語 Böhmisch=Mährisch=Slowakisch」という選択肢が設定されていた。コジャルカの推測によれば，当局が「チェコ語」という選択肢を用意しなかったのは，このカテゴリーがチェコ諸領邦全体にまたがる一体的なチェコ国民の存在をイメージさせ，ボヘミア国権の主張に正当性を与えてしまうことを恐れたためであった。Kořalka (1996) pp. 49-50, 62; Brix (1982a) p. 110.

10) Quoted in Brix (1982a) p. 425.

た手段により,「日常語」申告の重要性が説かれ,普段は「チェコ語」を使っているにもかかわらず,社会的地位や子供の出世のためにドイツ語で申告するような人間は,「国民の裏切り者」として断罪されたのである。

さらに,国勢調査は地理的に離れた国民の構成員を「我が同胞」として「発見」させる機能も果たした。特に,ボヘミア北部の繊維工業地域や同北西部の炭坑地域において,チェコ系の労働者や女中が,ドイツ系の資本家や家長から「日常語」をドイツ語として申告するように圧力をかけられた,という類の「事件」が多数発生し,それが,プラハを中心とするチェコ人の反発を呼び起こしたのであった[11]。チェコ系指導者たちは,ドイツ系多数地域に居住する「チェコ語話者」を「ゲルマン化の波にさらされている我々の同胞」と規定し,彼ら／彼女らを「救う」べく様々なキャンペーン活動を開始したのである。また,当局の国勢調査を信用しないチェコ系指導者たちは,自らの手で私的調査を行い,当局による言語調査においていかに多くのチェコ人たちがドイツ人として不当にカウントされているか,という点を証明しようともしていた[12]。

4.1.2　学校財団と国民協会

ドイツ語と「チェコ語」の境界地域,あるいは混住地域において,自らの「同胞」を支援する活動を1880年代に開始したのは,チェコ系ではなくドイツ系結社の方が先であった。1879年に「鉄の環」と呼ばれるターフェ内閣が成立し,野党の地位に転落したドイツ系自由派は,自分たちドイツ人が不当に扱われ,チェコ人などのスラヴ系国民が優遇されているという気持ちを抱くようになっていた。また,二重君主国がスラヴ的要素の強いボスニア＝ヘルツェゴヴィナを占領したこと(1878年),「チェコ語」を外務公用語として認めるシュトレマイアー言語令の実施(1880年)など,「チェコ語話者」に

---

[11] Kořalka (1996) pp. 147-148. 逆に,プラハ市内においては,国勢調査の前に,両国民による活発なキャンペーンが行われたこともあり,意に反する「日常語」の申告を強制されたという事件は少なかった。Cohen (1981) pp. 90-91.

[12] Havránek (1979) p. 241; Měchýř (1996) pp. 80-81, n. 5.

とって有利な政策がターフェ内閣において次々と実施されたことへの不満も存在したことであろう。その結果，それまでのドイツ系自由派を中心とする指導者たちは，いわゆる「保護協会」を創設し，境界地域や混住地域におけるドイツ語話者の利益を守る方向へと向かっていく。その典型的な例が，シュトレマイアー言語令の直後に創設されたドイツ学校協会(Deutscher Schulverein)であった。その数カ月後には，チェコ系指導層も中央学校財団(Ú.M.Š., Ústřední Matice školská)を設立し，混住地域における学校支援の活動を開始した[13]。

両者が目的としていたのは，ドイツ語話者，あるいは「チェコ語話者」の児童数が40名に満たず，公立学校の設置要件をクリアできない地域において，ドイツ語，又はチェコ語を教育語とする私立学校を設置・支援することであった。さらに，より広範な少数地域支援を行うために，ボヘミア南部を対象としたドイツ・ベーマーヴァルト同盟(Deutscher Böhmerwaldbund)が1884年に設立されたのに対抗して，チェコ系のシュマヴァ国民協会(N.J.P., Národní Jednota pošumavská)が同年に，翌85年には北ボヘミア国民協会(N.J.S., Národní Jednota severočeská)が設立された。チェコ系とドイツ系の指導者たちは競い合うようにして，境界地域や混住地域にこうした組織の支部を設置し，ボヘミア，そしてチェコ諸領邦の隅々まで行き渡る支援のネットワークを構築しようと努力していたのである。

例えば，南ボヘミアを対象としたチェコ系のシュマヴァ国民協会は，中央学校財団と共同で私立学校の支援活動を行う一方，ドイツ系住民の「圧力」に対する保護，図書室や劇場の設立，講演会などの実施，国民会館と呼ばれるチェコ系結社用の建物の建設，クリスマスの贈り物，といった活動を行っていた。1913年の時点においては，当協会は32の初等学校(obecná škola)，9の幼稚園，合計で4041名の児童を支援していたし，1914年までには，延べ1万8000回の講演会を行い，合計で25万冊以上の本を700の図書室に寄

---

13) Kukaň (1900) pp. 23-25. いわゆる「保護協会」については以下の文献を参照。Mĕchýř (1996); Zaffi & Zaoral (1995) pp. 53-66; Judson (1996b) pp. 382-406; Rádl (1928) pp. 138-145.

贈したという[14]）。

　また，同じく南ボヘミアを対象とするドイツ・ベーマーヴァルト同盟も，「スラヴの海で溺れそうになっている」ドイツ系住民を「救済」するために積極的な支援活動を行っていた[15]）。「チェコ語」地域と接するドイツ語地域は「前線」と位置づけられ，そこに住むドイツ系住民は，ボヘミア人やブドヴァイス人（Budweiser）といった意識ではなくドイツ人というアイデンティティーを持つべきとされた。そして，「我々の土地」についての「正確な知識」を得るために地図が作製され，そこにおける「ドイツ的風土」の強調，チェコ化されてしまった地名の「訂正」，国勢調査における「国民財産 Nationalbesitzstand」の保持──ドイツ語話者数の確保──といったキャンペーンが行われていたのである。

　こうした活動から伺えるように，言語境界地域や混合地域の「チェコ語話者」，あるいはドイツ語話者を「同胞」として描き出すレトリックや，その「同胞」を支援する具体的な方法については，チェコ系やドイツ系の「保護協会」によって1880年代の段階で確立されていた。ソコルによる少数派支援の活動は，「保護協会」が創り出したこうした流れに棹さす形で始まったのである。

4.2　ドイツ系多数地域とソコル運動

4.2.1　支援活動のきっかけ

　ソコルによるチェコ系少数派支援の活動において，指導的な役割を果たしていたのはヴァーツラフ・クカニである[16]）。青年チェコ党系の日刊紙『国民新聞』の事務員として働いていた彼が，どのような事情からチェコ系少数派のために「身も心も捧げる」ようになったのかは明らかでない。だが，クカ

---

14) Dodatky, vol. 4, part 1, p. 455.
15) Judson (1996b) pp. 397-401.
16) Dodatky, vol. 3, part 2, p. 958.

ニという一会員の「献身的」な努力がきっかけであったにせよ，ソコルがチェコ系少数派に対する組織的な支援を 1896 年から本格化させたというのは事実であった。ここでは主としてクカニの説明に依拠しながら，そのプロセスを見ていくことにしよう。

ボヘミア領邦のドイツ系多数地域で初めてのソコル協会が設立されたのは，1883 年，北西ボヘミアのドゥフツォフにおいてである[17]。その後，86 年に北ボヘミアのリベレツなど，散発的に協会が設立されていくが，こうしたドイツ系多数地域をゲルマン化の危険にさらされた「閉鎖地帯 uzavřené území」と位置づけ，その地域に住むチェコ系住民を体系的に支援していこうとする視点は —— 少なくともソコル運動に関する限り —— 依然として欠如したままであった。

ところが，1896 年夏に機関誌『ソコル』において，「ドイツ化された地域」の状況を紹介する記事が初めて掲載され，当該地域に存在する 26 協会の一覧が紹介された。この記事を執筆したクカニは，ドイツ系多数地域を以下のように規定している。

> ……いわゆる「閉鎖地帯」—— かつては完全にチェコの土地であった時期にドイツ人によってそのように名づけられた地域であり，白山の戦い以降の 17・18 世紀に強制的にドイツ化された地域 —— においては，今やたくさんのソコル協会が根を張っている。そこでは赤白の旗が高く掲げられることによって，その地域がチェコ人の故郷であり，フュグネルとティルシュの精神が，チェコ人のすべての層だけでなく，こうした「ドイツの」地域にも浸透していることが示されている。……こうした地域におけるソコル会員の役割は極めて重要である。彼らは国民の利益を守る歩哨であり，ゲルマン (Germánstvo) が衰退した場合には，この地をチェコの手に取り戻す役目を担っているのである[18]。

---

17) Václav Kukaň, "Sokolské jednoty v území poněmčeném"［ドイツ化された地域におけるソコル協会］, *Sokol* 22:10 (1896) pp. 195-198.
18) Václav Kukaň, "Sokolské jednoty," p. 195 (本章脚注 17 参照)。

この記事が機関誌『ソコル』に掲載されてから数日後，ドゥフツォフ支部の炭坑夫から一通の手紙がソコル執行部に届いた[19]。この炭坑夫とは，本章の冒頭で紹介したプロハースカである。彼は，ドゥフツォフなどクルシュノホルスカー地区に居住するソコル会員が「貧しく，働きすぎで疲れ切った炭鉱夫，労働者ばかりである」ことを指摘し，そうしたチェコ系少数派の「窮状」にもっと関心を持ってもらえるよう要請したのであった。

プロハースカの指摘を重要視したソコル執行部は，同年10月11日にドゥフツォフにて協議を行い，クルシュノホルスカー地区代表との意見交換を行っている[20]。会場に集まってきたのは当地区に所属する17協会のうち13協会，計150名ほどの会員であった。3時間半にわたる話し合いの中で，以下の諸点，すなわち，1．ドイツ系住民のソコルに対する態度，2．チェコ知識人の態度，3．「インターナショナル internacionála」の状況，4．練習場所の問題，5．体操器具の有無，6．図書室の状況，7．講演会などの開催状況，が議題として取り上げられている。

このヒアリングにおいて，ソコル指導部は，チェコ系少数地域における貧弱な練習環境，器具や蔵書の不足といった物質的な問題点の存在を確認していくわけであるが，むしろここで気になるのは，「インターナショナル」の問題であろう。この場に同席したソコル会員の多くが，「インターナショナル」，すなわち社会民主党によってソコル運動が阻害されていると発言しているのである。次に，その意味について考えていくことにしよう。

4.2.2　社会主義勢力との対立

ドイツ系多数地域において設立されたソコル協会の分布図(図4.2)を見れば分かるように，ボヘミア，あるいはチェコ諸領邦のすべての地域にソコル運動が拡大していたわけではない。農村地域であるボヘミア南部において設立されたソコル協会の数はわずかであったし，「チェコ語話者」が極端に少

---

19) Kukaň (1922) pp. 12f.
20) Václav Kukaň, "Na půdě ohrožené (I)" [脅かされた土地にて(I)], *Sokol* 22:16 (1896) pp. 321-323.

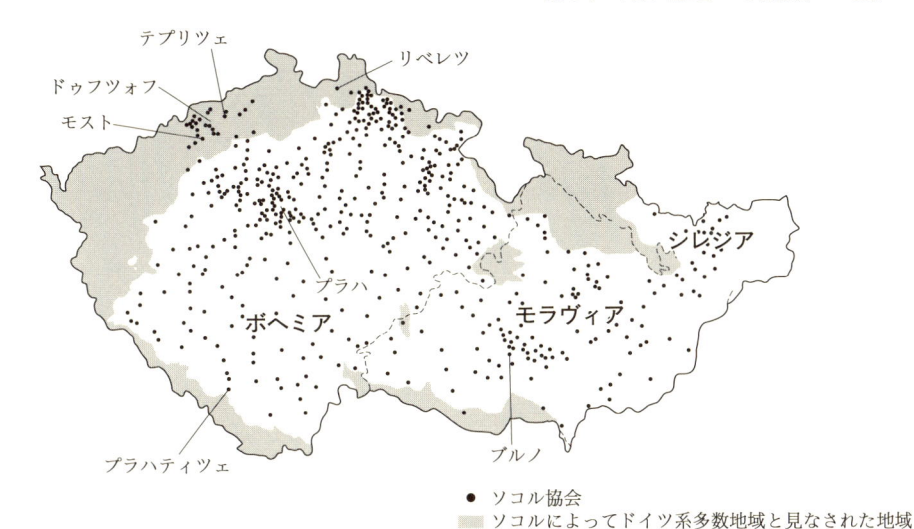

第 4 章 「我が祖国」への想像力　　115

図4.2　チェコ諸領邦におけるソコル協会の分布（1901年）
出典：IV. slet (1901)より作成

ないボヘミア西部においては，チェコスロヴァキアの独立後まで協会が設立されなかった地域がほとんどであった[21]。実際のところ，第一次世界大戦前のドイツ系多数地域において設立されたソコル協会の多くは，急速な産業発展を経験したボヘミア北部の繊維工業地域や北西部の褐炭地域に集中していたのである[22]。

---

21) 戦間期のドイツ系多数地域におけるソコル運動の拡大については，*Sport a tělovýchova v pohraničí: sportovní almanach*［国境地帯におけるスポーツと体育——スポーツ年鑑］(Liberec, 1946)を参照。
22) ボヘミア北部，および北西部における経済発展と人口移動については以下の文献を参照。Kořalka (1996) pp. 228f.; Havránek (1979) pp. 227-253; Mommsen (1963) pp. 17-45; Bakala (1978) pp. 262-285; Kárníková (1965) esp. pp. 216-254; バウアー(2001) pp. 209f.; Marlis Sewering-Wollanek, *Brot oder Nationalität?: Nordwestböhmische Arbeiterbewegung im Brennpunkt der Nationalitätenkonflikte (1889-1911)* (Marburg: Herder-Institut, 1994). なお，Sewering-Wollanek の文献については，渡辺竜太による書評，『西洋史研究』(東北大)新輯 27, pp. 167-177 を参照。

表 4.1　北西ボヘミアの炭坑地域・主要 3 郡の人口統計

	1880		1890		1900		1910		1921[a]	
	ドイツ系	チェコ系	ドイツ系	チェコ系	ドイツ系	チェコ系	ドイツ系	チェコ系	ドイツ系	チェコ系
モスト	86.31	13.68	74.42	25.57	68.73	31.25	72.17 (75,342)[b]	27.81 (25,056)	52.77	46.47
テプリツェ・シャノフ	94.77	5.21	93.95	6.05	89.65	10.35	87.05 (86,679)	12.91 (12,851)	76.70	22.70
ドゥフツォフ・ビーリナ	88.82	11.18	86.75	13.25	82.88	16.99	73.99 (61,572)	25.74 (21,420)	61.17	38.62

a) 1880 年から 1910 年までは「日常語」を基にした統計，1921 年は「民族意識」を基にした統計．
b) 数値はパーセンテージ．ただし，1910 年における括弧内の数値は絶対値．
出典：Garver (1978) p. 327.

　こうした工業地域，とりわけ後者の北西ボヘミアは，1880 年代から 1900 年代にかけて大量のチェコ系労働者が流入した地域であり，ドイツ人とチェコ人の「主戦場」と化した場所でもあった．表 4.1 および表 4.2 や表 4.3 を見れば分かるように，この地域において「チェコ語話者」の割合が急激に増加している点は明らかである．もちろん，絶対数としてはドイツ系労働者の方が多かったが，インパクトを持っていたのはチェコ系労働者――正確には「ボヘミア語＝モラヴィア語＝スロヴァキア語」を話す労働者――の存在であった．彼らは，ドイツ系都市の近郊に固まって居住し，チェコ語だけが話される独自の空間をつくりだしていったのである．ソコルの少数派支援は，主としてこうした地域の労働者をターゲットとしていた．

　また，こうした工業地域における国民対立は，階級対立としての側面も有していた．チェコ系労働者たちは，ドイツ語圏に「同化」されることなく，「チェコ語話者」のままドイツ語話者である資本家と対峙したために，階級対立と国民対立の要素が重なり合う余地が生じたのである．すなわち，ドイツ人（＝資本家）とチェコ人（＝労働者）の対立という構図である．本章の冒頭で掲げたように，「脅かされた地域」のチェコ人がドイツ人によって「搾取されている」というソコル指導者シャイネルの演説は，こうした事情を反映していた．そして，その背景には，チェコ社会内部における「ブルジョア政党」の青年チェコ党と社会民主党との対立が存在していたと言えよう．つまり，チェコ人をドイツ人の「搾取」から守るという言説には，チェコ系労働

第 4 章 「我が祖国」への想像力　117

表 4.2　ドイツ系地域(ドイツ語人口 80％以上)への人口移動

	ドイツ系地域への移住(A)	ドイツ系地域からの移住(B)	(A) − (B)	ドイツ系地域の人口増減に占める割合
ドイツ系多数地域	26,307	31,502	−5,195	−0.3％
チェコ系多数地域	23,860	7,548	+16,312	+0.9％
チェコ系地域	127,510	46,678	+80,832	+4.6％

表 4.3　ドイツ系多数地域(ドイツ語人口 50％～80％)への人口移動

	ドイツ系多数地域への移住(A)	ドイツ系多数地域からの移住(B)	(A) − (B)	ドイツ系多数地域の人口増減に占める割合
ドイツ系地域	31,502	26,307	+5,195	+1.3％
チェコ系多数地域	13,049	5,653	+7,396	+1.8％
チェコ系地域	54,116	13,683	+40,433	+9.9％

※ドイツ系地域とチェコ系地域は，それぞれドイツ語人口と「チェコ語」人口が全人口の80％を超える地域，ドイツ系多数地域とチェコ系多数地域は，それぞれドイツ語人口と「チェコ語」人口が全人口の 50％以上，80％未満の地域を示す。
出典：バウアー(2001) p. 214.

者を「インターナショナル」に奪われまいとする青年チェコ党の思惑が絡んでいたのである。実際，1890 年代より，ボヘミア各地では社会民主党系の労働者体操団体が設立され始めており，青年チェコ党と密接な関係を持つソコルとの対立が生じていた。

　第 3 章で見たように，部分的とはいえ帝国議会に男子普通選挙が導入された点も重要であった。大土地所有者，商工会議所，都市，農村という既存の 4 つのクーリエに加えて，男子普通選挙で選出される第 5 クーリエが新たに導入されたことにより，青年チェコ党は社会民主党と議席をめぐって直接対峙することとなった。それまで，党内に親社民的な勢力を抱えていた青年チェコ党は，社会民主党に対して鷹揚な態度をとってきたが，第 5 クーリエの出現により，同党に対する警戒心を強めていったのである。翌年 3 月に行われた帝国議会選挙では，青年チェコ党は第 5 クーリエに大衆的な人気を持つ候補者を揃えることによって，社民党の躍進を防ぐことにかろうじて成功したが[23]，両者の対立は既に決定的なものとなっていた。そうした文脈の下，ソコルも「インターナショナル」に対抗するために，チェコ系少数地域にお

ける労働者の「囲い込み」に力を入れるようになったのである。

4.3 禁止された2つの祭典

ソコルによる本格的な少数派支援が1896年に開始された要因として，前節では社会主義勢力との対抗関係を挙げたが，それ以外にも，同年春の聖霊降臨祭に予定されていた2つのソコル祭典が禁止措置を受けた，という点を挙げておくべきだろう。一つは，北西ボヘミアのテプリツェ(Teplice, Teplitz)[24]において企画されたソコル祭典であり，もう一つは，南部ボヘミアのフシネツ(Husinec, Husinetz)からプラハティツェ(Prachatice, Prachatitz)に向けて予定されていた遠征であった。これら2つのイヴェントが当局によって禁止された直後に，ソコルの機関誌においてチェコ系少数派の状況を知らせるクカニの記事が掲載され始めたことを考えると，両者の間に何らかの相関関係があると推測することは可能であろう。

4.3.1 テプリツェにおける祭典

まずは北西ボヘミアのテプリツェの事例を見ていくことにしよう。この街は，もともと温泉街として有名な都市であり，19世紀末の時点においても年間6000名程度の湯治客がこの街を訪れていたという[25]。だが，1870年代に始まった急速な産業化により街の風景は一変した。世紀転換期においては，テプリツェは「煙突が立ち並ぶ工場都市」[26]へと変貌していたのである。また，流入する労働者の多くが市の郊外や近郊の自治体に住むようになったが，その中には多数の「チェコ語話者」が含まれていたことから，市の中心部よ

---

23) Garver (1978) pp. 235-236. なお，この選挙については，第5章において反セム主義の観点から再び論じることとなる。
24) テプリツェ市は1895年に近郊のシャノフ(Šanov, Schönau)と統合されて，テプリツェ・シャノフ市(Teplice-Šanov, Teplitz-Schönau)となっている。
25) Ottův slovník, vol. 25, pp. 229f.
26) Václav Kukaň, "Na půdě ohrožené (VII)" [脅かされた土地にて(VII)], *Sokol* 23:6 (1897) pp. 140-142.

りも周辺部において「チェコ語話者」の比率が高くなる，という現象が発生した。実際，1900年当時のテプリツェ市内では，人口2万4420名のうち「チェコ語話者」が1548名(6.3％)であったのに対し，郡(okres, Bezirk)全体では，7万8136名のドイツ語話者に対して9018名(10.3％)の「チェコ語話者」となっている。こうした言語構成の変化は，テプリツェだけでなく，急激な産業化を経験したドイツ系諸都市において共通して見られたものであった。

そのテプリツェにおいてソコル協会（クルシュノホルスカー地区所属）が設立されたのは1894年である。当時，この街には社交団体のチェコ・ベセダや合唱団，中央学校財団の支部，北ボヘミア国民協会の支部といったチェコ系の結社が存在していたが，ドイツ系社会にとって最大の「脅威」とされたのは何と言ってもソコルであった。そのソコルが，1896年の聖霊降臨祭の時期にクルシュノホルスカー地区主催の祭典を企画した時には，ドイツ系ジャーナリズムは「生粋のドイツ都市」テプリツェを脅かすものとして一斉に批判し始めたのである。

なお，テプリツェの郡長官(Bezirkshauptmann)によって許可された祭典の日程は以下のとおりであった[27]。

- 5月23日（土）
    駅にてゲストの出迎え。午後8時よりステーション・ホテルにて歓迎会。
- 5月24日（日）

---

27) *Slet župy Krušnohorské v Teplicích* ［テプリツェにおけるクルシュノホルスカー地区の祭典］(Teplice, n. d.) n. p. なお，祭典の許可をめぐって郡長官，プラハの総督府，ウィーンの内務省の3者間で交わされた行政文書については以下の資料を参照。SÚA, PM, 1891-1900, Inventory No. 9101, Sign. 8/5/20/1 (1896, Teplitz), Carton No. 2522: ad Z. 155 praes., Teplitz, am 13. April 1896; 2410/ M. I., Wien, am 19. April 1896; ad Z. 168 prs., Teplitz, am 21. April 1896; Z. 195 praes., Teplitz, am 2. Mai 1896; 2731/ M. I., Wien, am 6 Mai 1896; 2958/ M. I., Wien, am 11. Mai 1896; Z. 242 praes., Teplitz, am 3. Juni 1896; Z. 246 praes., Teplitz, am 5. Juni 1896.

午前6時より競技会。9時半より集団体操のリハーサル。11時半よりステーション・ホテルにて昼食，ソコル会長J.ポドリプニーによるスピーチ。午後4時よりソコル・クルシュノホルスカー地区のメンバーによる公開体操。午後7時よりステーション・ホテルの庭園にて野外コンサート。演奏はプラハ・ソコル所属の合唱団とコリーン・ソコル所属のブラスバンド。

・5月25日(月)

午前7時より近郊の山への遠征。山頂にて昼食。午後8時よりステーション・ホテルにて夕食会。

当初の計画では，プラハなどからやって来るソコル・メンバーを含め，約2000名の会員が，ソコル・ユニフォームである真っ赤なシャツを着てテプリツェの中心部を行進する予定になっていたが，郡長官の命令により中止されている。だが，これだけではドイツ人側の反発は収まらず，彼らは，ソコル祭典と全く同じ日程で春祭り(Frühjahrsfest)を企画し，郡長官に開催許可を申請したのである。チェコ人とドイツ人の双方が祭典を企画した場合には「両者痛み分け」でどちらも不許可にされる，という読みがそこにはあったのだろう。が，結果として郡長官は，テプリツェ市長や経済界の有力者，あるいはプラハのボヘミア総督と綿密な交渉を行い，最終的に両者の申請を許可したのであった。ところが，思いがけない出来事により，その許可は撤回される。

その出来事とは，カール・ルードヴィヒ大公の死去(5月19日)であった。その翌日，郡長官は「特別な事態」を理由にソコル祭典に対する許可を撤回し，その中止を命じたのである。

この件に関してチェコ人議員がウィーンの帝国議会で政府質問(Interpellation)を行い，異議を申し立てている。当時の首相バデーニは，当局の禁止措置はチェコ人に対する「嫌悪感 Animosität」が原因ではないと弁明している[28]。彼の説明によれば，大公の死去が報じられてすぐにドイツ人側が春祭りの「自粛」を発表したことから，ソコル祭典だけを開催させるのは不

都合だと当局が判断したのであった。ルードヴィヒの死去が聖霊降臨祭の直前であったということもあり，テプリツェ市民の大半はドイツ人側の「自粛」に気づかないかもしれない，と考えたのである。そんな時に，ソコルだけが祭典を行えば，自分たちが「不当に」扱われたと感じたドイツ人たちが問題行動を起こす可能性もある。そう考えた当局は，「やむを得ず」ソコル祭典の許可を撤回したのである。これがバデーニの説明であった。

6月に入ると，ソコルは再び体操祭典を企画，それに対抗してドイツ人側も体操祭典の開催を当局に申請し，テプリツェの郡長官によって共に許可されている。ところが，双方のマスメディアによる宣伝合戦が過熱したことから，祭典の2日前になって双方の開催許可が取り消されたのである[29]。直接の原因とされたのは，青年チェコ系の日刊紙『国民新聞』が，ソコル祭典を「国民意識を表明する輝ける場」と位置づけたことであった。事態を重く見たボヘミア総督は，双方の祭典が純粋な体操運動の枠内を越えて政治化したという理由で，首相のバデーニと電話で相談のうえ，禁止措置をとったのである。

4.3.2 プラハティツェへの遠征

次に，ボヘミア南部の都市，プラハティツェに向けて企画されたソコル遠征を見てみることにしよう[30]。

---

28) *Stenographisches Protokoll: Haus der Abgeordneten*, XI. Session, 500. Sitzung, am 21. Mai 1896, Interpellation des Abgeordneten Schwarz und Genossen an den Ministerpräsidenten als Leiter des Ministeriums des Innern, betreffend das Verbot der Sokolfeier in Teplitz — Beantwortung durch den Ministerpräsidenten und Leiter des Ministeriums des Innern Dr. Grafen Badeni (vol. 20, pp. 25329-25330).

29) *Stenographisches Protokoll: Haus der Abgeordneten*, XI. Session, 509. Sitzung, am 13. Juni 1896, Verhandlung des Dringlichkeitsantrages des Abgeordneten Dr. Herold und Genossen, betreffend das Verbot des Sokolfestes in Teplitz (vol. 20, pp. 25953-25976) p. 25961.

30) SÚA, PM, 1891-1900, Inventory No. 9101, Sign. 8/5/20/1 (1896/2), Carton No. 2522: Nr. 163 pras., Prachatitz, am 25. April 1896; Nr. 176 pras., Prachatitz, am 5. Mai 1896; Nr. 181 pras., Prachatitz, am 13. Mai 1896; Z. 13083, Prachatitz, am 13. Mai

図 4.3　チェコ・ソコルによるオストラヴァへの遠征(1902 年)
出典：http://sechtl-vosecek.ucw.cz/
Copyright: Marie Šechtlová

　シュマヴァ(Šumava, Böhmerwald)と呼ばれる山林地帯の入り口に位置するこの街は，他の南ボヘミアの都市と同様，周りをチェコ系住民に取り囲まれたドイツ系住民の「言語島 Sprachinsel」であった。産業化が進んでいなかったこの地域では，アメリカへの移民など，他地域への人口流出が生じており[31]，北西ボヘミアのような深刻な国民対立は生じていなかった。オーストリア社会民主党右派の指導者であったカール・レンナーは，農村部における状況を以下のように記している。

　　……村の生活においては，今日でもなお隔絶性と自己充足性が継続しているために，違う言語を使う村落が近くにあるということは殆ど意識されない。少なくとも，双方の国民に属する田舎の人々がどちらも経済的・社会的に同じ地位を享受しているボヘミアとモラヴィアではそうで

　　1896 [quoted in "Dva zákazy," *Sokol* 22:7 (1896) p. 158]; Nr. 198 pras., Prachatitz, am 22. Mai 1896; 3615/ M. I., Wien, am 10. Juni 1896; Nr. 244 pras., Prachatitz, am 23. Juli 1896.
31)　Hubka (1899) pp. 147-148.

ある。そのような地域では，言語上の境界は何世紀にも渡って全く変化していない。とりわけ，村内における結婚と共同体の成員によって事実上行使されている先買権(Vorkaufsrecht)が，よそ者が村に入ってくることを妨げているからである。また，稀によそ者が入ってきたとしても，すぐに同化され吸収されてしまう[32]。

しかしながら，こうした農村地域がチェコ人とドイツ人の対立と完全に無縁であったわけではない。また，程度の差こそあれ，この地域にもソコル運動は波及しており，それがドイツ系住民との関係を悪化させる一つの要因として働いていたのである。

ことの起こりは，1896年4月23日，青年チェコ党の議員が帝国議会で行った政府質問であった。それによれば，南ボヘミアに本拠を持つソコル・フス地区(Župa Husova)が，聖霊降臨祭にあたる5月24日にプラハティツェへの遠征を計画しているものの，「信頼できる情報」によれば，その申請が却下される見込みだというのである。当然のことながら，政府質問の主旨は，その却下が不当だというものであった。

この件を知って一番驚いたのは，プラハティツェ郡長官本人であったかもしれない。というのも，この時点においては，ソコルによる遠征の申請は，郡長官のところには提出されていなかったからである。実際に申請書が提出されたのは5月3日であった。

郡長官の推測によれば，ソコルの遠征は，4月23日に許可されたドイツ系合唱団の祭典を妨害するために企画されたものであった。聖霊降臨祭にあたる5月24日と25日には，プラハティツェとボヘミア西部のプルゼニ，およびウィーンの合唱団が共同で男声合唱祭(Liedertafelfest)を行う件が既に認められており，それと重なる形でソコルの遠征が設定されたのである。こ

---

32) Karl Renner, *Das Selbstbestimmungsrecht der Nationen: In besonderer Anwendung auf Österreich* (Leipzig, 1918) p. 65（ホブズボーム(2001) p. 122 からの再引用）。ただし，引用にあたっては独語の原文を参照した。この著作は，1902年に公刊された *Der Kampf der österreichischen Nationen um den Staat* の改訂第2版である。

図 4.4　チェコ・ソコルによるオストラヴァへの遠征(1902 年)
　　　　出典：http://sechtl-vosecek.ucw.cz/
　　　　Copyright: Marie Šechtlová

のように，一方の企画を妨害するためにわざと別の企画をぶつける，という行為がどの程度行われたのかは明らかではない。だが，内務省文書を見る限り，実際に祭典を行う意思があるかどうかにかかわらず，他方の企画を妨害するために申請書を提出する，ということが頻繁に発生したようである。

　いずれにせよ，ソコルの申請により，プラハティツェ郡長官は難しい立場に置かれた。もとよりプラハティツェは路地が入り組んだ小都市であり，中心のリング広場以外に大人数が集まる場所はないところであった。そのような街にドイツ系の合唱団とチェコ系のソコルが集結すれば，問題が発生するのは眼に見えていた。結局，ドイツ人が先に申請したという理由で，郡長官はソコルの遠征申請を却下したが，そのこと自体，決して不当な判断ではない。

　ところがチェコ人側はそれで納得せず，同年 6 月 2 日，再度の政府質問が

青年チェコ党議員によってなされた。それに伴い、ウィーン内務省がプラハのボヘミア総督府に対し、この件に関する再調査を行うように命じたため、プラハティツェ郡長官は、再度、報告書を書く羽目に陥ったのである。

この節で挙げたテプリツェでの祭典とプラハティツェの遠征は、共に禁止されたとはいえ、その理由は全く異なるものであった。特に、後者はチェコ人側の確信犯的な行為によって引き起こされたものであり、当局に落ち度があったというものではない。だが、当局によってチェコ人の申請が却下されたという事実のみがソコルの機関誌において報道され、「チェコ人が不当に扱われている」ことの「証拠」として用いられるようになった。そして、このことがソコルによる本格的な少数地域支援へとつながっていったのである。

4.4 「脅かされた地域」へのソコルの進出

4.4.1 クカニの語り ── 国民的地平

ソコルにおける少数派支援の第一人者であったクカニは、「脅かされている」チェコ系少数地域への旅を100回以上行い、各地におけるチェコ人の状況を機関誌『ソコル』において詳細に報告している。その記事には、大多数の読者にとってあまりなじみのなかった地方の情報が多数含まれていたであろうし、クカニによる大げさな表現や事実の歪曲が含まれていたのかもしれない。だが、ここで重要なのは、そうしたローカルな問題を国民全体に関わる問題として捉え直そうとする眼差しである。チェコ系少数地域への「巡礼」を繰り返すうちに、それらの地方がクカニにとっては見慣れた風景となり、最後にはそこが昔からのチェコ人の土地であるという確信に変わっていく[33]。そして、その確信が、ソコルの機関誌において繰り返し読者に発信されるわけである。既に見たように、こうしたドイツ系多数地域における国民

---

33) 例えば以下の記事を参照。Václav Kukaň, "Na půdě ohrožené (XVIII)"［脅かされた土地にて (XVIII)］, *Sokol* 26:2 (1900) pp. 37-39.

同士の対立は，急速な経済発展に伴って発生した階級対立が形を変えて表れたものであったのかもしれない。また，1890年代後半における青年チェコ党と社会民主党の党派的な対立が，クカニの語りに影響を与えていたとも考えられよう。だが，このような形で国民の問題が定式化され，語られていくことにより，「我が同胞」が「ゲルマン化の危険」にさらされているというイメージがソコル運動の中で固定化していったのである。

　また，興味深いのは，急速に経済発展が進んだボヘミア北西部の炭坑地域であれ，農村地域のボヘミア南部であれ，すべてのチェコ系少数地域が，「我が同胞」が実際に居住している「祖国」の一部として同列に論じられている，という点である。先にも述べたように，階級分化が進んだ社会とそうでない社会との間では，ドイツ系住民とチェコ系住民の対立には大きな差があったし，両国民が混住するに至った歴史的な経緯も異なっていたはずである。だが，モラヴィアやシレジアも含めたクカニの巡礼は，そうした差異を平準化する旅として描かれていくのであった。彼は，どの地域に行った時にでも，その土地をチェコ人の「祖国」の一部と規定し，「ゲルマンの手」から救い出すべき存在と捉えたのである。クカニの語りにおいて，チェコ諸領邦は「チェコ人の土地」という統一的な観点によって捉えられる，いわば均質な空間としてイメージされる世界へと変貌していくのであった。

　一例として，ボヘミア南部のプラハティツェに対するクカニの語りを紹介しておくことにしよう[34]。

　1900年の国勢調査によれば，プラハティツェには941名のチェコ人と3334名のドイツ人が居住しているはずであった。だが，クカニによれば，この調査ではチェコ人の数が「不当に低く」見積もられているのであった。どのドイツ系多数地域においてもそうであるように，ここプラハティツェにおいても，ドイツ系の大家や工場主がチェコ系の借家人や労働者に対して圧力をかけ，日常語としてドイツ語を使うと答えさせているというのである。

---

34) Václav Kukaň, "Na půdě ohrožené (XXV)" [脅かされた土地にて(XXV)], *Sokol* 28:11 (1902) pp. 254-257.

また、チェコ語を教育語とする学校がこれ以上増えないように、ありとあらゆる策略が行われているのであった。しかも、本来ならばこの地には必要ないはずのドイツ系ギムナジウムが、プラハティツェのゲルマン化を進めるというだけの目的で設立され、立派な校舎が建てられたのであった。クカニの言葉によれば、この学校には「分別を失わされた」チェコ系の子供が多数通っているのである。

しかしながら、とクカニは続ける。プラハティツェはもともとスラヴのものであったはずである。現在、ドイツ系と見なされている人の中にも、数多くのチェコ系の名前を見出すことができるからである。また、この地域で使われているドイツ語の中にも、「チェチケン čečken」（レンズ、チェコ語は čočka）、「カプスン kapsn」（ポケット、チェコ語は kapsa）、「シェバス šebas」（〜にもかかわらず、チェコ語は třebas）といったチェコ語起源の単語が多数見出される。これらはいずれも、プラハティツェに住むドイツ系住民の多くが、もともとチェコ系であったことを示す「証拠」なのである。

そして、クカニは、プラハティツェにおけるチェコ人の「覚醒運動」へと話を進めていく。1880年代からこの街にも、チェコ系多数地域からの支援が行われるようになり、チェコ語を教育語とする私立学校が設立され、チェコ・ベセダやソコルといった結社も設けられるようになった。また、1902年には、街の中心部であるリング広場に待望の国民会館が建設され、チェコ系の団体が自由に使える場所ができたのであった。チェコ人はもはや、ドイツ人の眼を気にしながら、ドイツ系の建物の中で密やかに活動する必要はないのだという。

最後に、クカニは以下のような言葉で文章を締めくくった。「古いスラヴの街、プラハティツェが一刻も早くチェコ国民の手に戻ってくることを望んでいる」。1860年代初頭には、老チェコ党のF. L. リーゲルがドイツ的地域と見なしたこの都市[35]を、クカニはチェコ国民の都市として位置づけたのである。

---

35) Hubka (1899) p. 135.

では次に，チェコ国民の空間をドイツ系多数地域を包摂するものとして想像するために，ソコルが具体的に何をしたのか，という点について見ていくことにしよう。

4.4.2 公共空間の構築——体育館と指導者

チェコ系少数地域のソコルにおいて第1の課題とされていたのは，チェコ人がチェコ人として生きることができ，仲間との結束を確認することができる場所，すなわち国民的な公共空間を構築することであった。

とはいえ，最初から独自の体育館を確保できるわけでもないため，初めは旅籠(hostinec, Gasthaus)を借りて活動を開始することになる。が，チェコ系の主人が経営する旅籠の数は少なかったし，ましてやチェコ系の結社に喜んで場所を提供してくれるドイツ系の旅籠は皆無であった。たとえ，チェコ系の主人が経営している旅籠であり，チェコ系結社の活動に理解のある場所であったとしても，「周辺に遠慮して」ドイツ語の看板をつけ，チェコ語では看板をつけないところがほとんどであったらしい[36]。

このような状況の中，各ソコル協会において，独自の体育館を建設しようという動きが発生する。だが，問題は土地と建設費用の確保であった。そもそも，ソコルのように国民主義的な団体と見なされている組織が少数地域で土地を獲得するのは大変なことであった。例えば，「うっかり」チェコ人に土地を売ってしまったドゥフツォフ(北西ボヘミア)のドイツ人は，周辺のドイツ人に「裏切り者」扱いされ，彼の自宅は「裏切り者の家」と呼ばれるようになったという[37]。

---

36) 北西ボヘミアに位置するビーリナ(Bílina, Bilin)のソコルは，「ゲルマーニア Gasthaus Germania」という名前の旅籠で練習を行っていた。Václav Kukaň, "Na půdě ohrožené (IX)" [脅かされた土地にて(IX)], *Sokol* 23:8 (1897) p. 189. あるいはチェコ系の旅籠であっても，「体操家はあまりビールを飲まず，商売にならない」という理由で貸し出しを渋る場合もあったという。Idem, "Na půdě ohrožené (VII)" [脅かされた土地にて(VII)], *Sokol* 23:6 (1897) p. 140.

37) Václav Kukaň, "Na půdě ohrožené (VIII)" [脅かされた土地にて(VIII)], *Sokol* 23: 7 (1897) pp. 164-166.

また，土地を確保できたとしても当局による体育館の建設許可を得るのに苦労するのが常であったが，意外な理由で建設が認められるケースもあった[38]。例えば，北西ボヘミアのモスト(Most, Brüx)では，1897年に体育館用の土地をソコル本部の援助によって購入したものの，市当局からの許可がなかなか得られず，建設を開始できないでいた。ところが，ドイツ国民主義派(Deutschnationale)が台頭したために，それを抑えようとするドイツ系自由派が，体育館の建設許可を条件に，1901年市選挙での選挙協力をチェコ系陣営に要請したのであった。また，北ボヘミアのトゥルトノフ(Trutnov, Trautenau)でも，1897年の帝国議会選挙において，チェコ系陣営がドイツ系自由派に対抗する意味で当時はまだあまり知られていなかったドイツ民族至上主義派のK. H. ヴォルフに投票し，当選させてしまったことから，ドイツ系自由派がチェコ系陣営に譲歩し，国民会館の建設許可を与えたのであった。

　一方，ソコル執行部では，少数地域における体育館の建設費用を援助するために，国民基金(Národní Základ)を設けている。1896年以降，「ソコルの日」といったイヴェントにおいてこの基金への寄付が呼びかけられたものの，それでは不充分であったため，1899年以降，ソコルの会費を20ハレル値上げし，その分を当基金に充てたのであった。これにより，国民基金は恒常的な収入の手段を確保したのである[39]。

　もちろん，ソコル単独で体育館を建設するだけでなく，中央学校財団(Ú. M. Š.)や各国民協会(N.J.)と協力して国民会館を建設し，その中に体育室を設けるという手段も講じられた。例えば，先ほど挙げたトゥルトノフや南ボヘミアのプラハティツェで建設された国民会館はその一例である[40]。

---

38) "Tělocvična 'Sokola' v Mostě"［モストにおけるソコル体育館］, *Sokol* 28:8 (1902) pp. 176-178; "Slavnostní otevření Sokolovny v Mostě"［モストにおけるソコル体育館落成式］, *Sokol* 28:8 (1902) pp. 185-186; Václav Kukaň, "Na půdě ohrožené (VII)"［脅かされた土地にて(VII)］, *Sokol* 23:6 (1897) pp. 138-140; idem, "Na půdě ohrožené (XXI)"［脅かされた土地にて(XXI)］, *Sokol* 27:1 (1901) pp. 16-17.

39) Kukaň (1922) p. 25.

少数地域における第1の問題が場所の確保だとするならば，第2の問題は，少数派のチェコ人を導く指導者の確保であったと言えよう。だが，この点については，ソコルはあまり成功したとは言いがたい。そもそも，チェコ系少数地域においては労働者の比率が高く市民層の絶対数が少ない，という事情もあったが，理由はそれだけではなかったようである。

　第1に，指導者と目される人々の中には，労働者の多いソコル運動を格の低いものと捉える傾向があった，という理由が挙げられよう。彼ら／彼女らは，ソコルを国民にとって不可欠なものとは見なさなかったのである。第2に，チェコ系の小売業者や資本家には，ドイツ系住民からの嫌がらせや不買運動を引き起こす危険を冒してまでソコルに肩入れする気がなかった，という点が挙げられる。実際，自分の名前をドイツ風のものに変え，国民としての義務よりも「自らの保身に汲々とする」チェコ系経営者の存在が，クカニによってしばしば指摘され，批判されたのであった。第3は，指導的人物の中に社会主義的な傾向を持つ者が少なからず存在した，という点である[41]。彼ら／彼女らは国民の価値を完全に否定していたわけではなかったが，絶対視する気にもなれなかったのであった。彼ら／彼女らにとっては，ソコルは過度に国民主義的なものだったのである。第4の理由は道徳上の問題であった。当時における労働者，とりわけ炭鉱労働者の生活環境は劣悪であり，肉体的な面だけでなく，精神的な面での荒廃も問題視されていた。チェコ系少数地域におけるソコルは，往々にして環境の悪い旅籠を活動場所にせざるを得なかったが，それが彼ら／彼女らの嫌悪感を呼び起こしたのである。特に，子供たちが旅籠で体操するのは問題であった。多くのチェコ人教師たちは，飲酒癖がついたり，道徳的に「退廃」したりするのを防ぐために，子供たちがソコルに通うのを禁じたのである[42]。

---

40) Antonín Hubka, "Sokolská organisace a české menšiny"［ソコル組織とチェコ少数派］, *Věstník Sokolský* 11:5 (1907) pp. 118-119.
41) Ed. Štorch, "Sociální postavení dětí v severočeském revíru"［北ボヘミア地区における子供の社会的状態］, *Naše doba* 8 (1901) pp. 500-501.
42) Štorch, "Sociální postavení dětí," pp. 415, 504-505(本章脚注41参照).

4.4.3 チェコ系多数社会とのネットワーク

1897年3月,ソコル執行部は財政的に余裕のある協会に対し,ドイツ系多数地域,あるいは境界地域において「困窮している」協会に対する「支援者 ochranitelka」になることを要請している[43]。それに従って,「ドイツ化の危険」にさらされている各協会は,「支援者」とパートナー(一対一が原則)を組み,各種の援助を受けることとなる。距離的に近い協会同士がペアを組む場合もあったものの,実際には,他団体を援助するだけの力を持った協会が近くにない場合が多く,結果として,経済力のあるプラハ近辺の協会と「脅かされた」地域の協会,という組み合わせが多数設定されたのであった。もちろん,そうした距離的に離れたペアリングの場合,これまで接点がなかったというケースがほとんどであり,このパートナー制度を通して初めて相互の交流が開始されている。例えば,ボヘミア北西部にあるテプリツェ・ソコルはプラハ近郊にあるジシュコフ・ソコルとパートナーを組むことになったが,その組み合わせは偶然によるものであり,ソコル執行部の要請により,初めて両者の関係が生じたのである[44]。

ジシュコフ・ソコルがテプリツェ・ソコルに行った最初の支援は,蔵書の寄贈であった。「脅かされた」地域においては,チェコ語で教育を行う学校が不足しており,また,チェコ語の本に接する機会も限られていたことから,蔵書を寄付することは非常に重要なことと見なされていた。さらには,ジシュコフ・ソコルから送られてくる本の中には新聞や雑誌も含まれており,テプリツェに住むソコル会員は,「ゲルマンの海」にありながらもプラハを中心とするチェコ社会の息吹を感じ取ることが可能とされたのであった。また,「チェコ語が読めない会員」のために,記事を読み上げる朗読会のようなものも行われていたと考えられる[45]。

---

43) Václav Kukaň, "Na podporu sokolské a národní věci v krajinách ohrožených"［脅かされた地域におけるソコル的・国民的問題への支援のために］, *Sokol* 23:1 (1897) pp. 18-20.
44) *Žižkov* (1922) pp. 110-116.

また、ジシュコフ・ソコルでは、1897年に少数派チェコ人を支援するための合唱サークルも設立されている[46]。そのメンバーは、全員ソコル会員であり、その大半が実際に体操を行う体操会員であった。翌98年に行われたボヘミア西部の町ジャテツ (Žatec, Saaz) への遠征をはじめとして、この合唱サークルは頻繁に演奏旅行を行い、チェコ系少数地域で開催されたソコルの行事に花を添えたのである。1922年までの25年間において、このサークルは計224回のコンサートを行ったと記録されている。

1910年には、ジシュコフ・ソコルの発案により「ソコル・クルシュノホルスカー地区に対する支援者の会 Sbor ochranitelek sokolské župy Krušnohorské」が創設されている。これは、ボヘミア北西部のクルシュノホルスカー地区に所属する協会とペアを組んでいる30のソコル協会が共同して支援活動を行うために結成した組織であった。中でも、「支援者の会」が主催して行うボヘミア北西部への遠征は重要とされていた。毎年1回から2回、2日間ほどの日程でクルシュノホルスカー地区の各協会を訪問していくのである。例えば、1911年の聖霊降臨祭に行われた第3回目の遠征では、ドゥフツォフ周辺に位置する13のソコル協会を訪問し、意見交換を行っている。また、夜には懇親会 (přátelská beseda) も行われ、ジシュコフ・ソコルに所属するブラスバンド (1907年設立) や合唱サークルが活躍した[47]。

その他にも、ジシュコフ・ソコルのように「支援者」となった協会は、クリスマスの贈り物や体育館建設の支援を行い、大規模な祭典が行われる際には相互に宿泊場所を提供した。プラハなどのチェコ系多数地域に住むソコル会員は、こうした活動によって「脅かされた」地域に住むチェコ系会員と接

---

45) 例えば、ドゥフツォフから一時間あまり北西に向かったところにあるソコル協会では「交流集会 přátelské dýchánky」と呼ばれる朗読会が定期的に開かれていた。Václav Kukaň, "Na půdě ohrožené (VI)" [脅かされた土地にて (VI)], *Sokol* 23:5 (1897) pp. 115-116.

46) Žižkov (1922) pp. 116-118; "Z činnosti sok. pěv. kroužku 'Žižkov'" [ソコル合唱サークル「ジシュコフ」の活動より], *Věstník Sokolský* 15:14 (1911) pp. 389-391.

47) Fr. Kytler, "Zájezd do zněmčeného území" [ドイツ化された地域への遠征], *Věstník Sokolský* 15:12 (1911) p. 327.

触し，「ゲルマン化の危険」に敏感になることを期待されていた。他方，支援される側のソコル会員も，プラハを中心とするチェコ社会との接触により，チェコ系多数地域との一体感を獲得するものと考えられたのである。

おわりに

　ソコルによって「脅かされた地域」に対する組織的な支援活動が行われるようになったとはいえ，少数地域の「チェコ語話者」すべてが国民としての自覚を持ったわけではないし，チェコ系多数地域において，少数地域に対する広範な層の関心を呼び起こしたわけでもなかった。クカニは繰り返し，少数地域における「チェコ的なるもの」への関心の低さを指摘し，チェコ系多数地域においても，「脅かされた地域」から離れるほど「チェコ系少数地域に対する愛が薄まっていく」と嘆いていた[48]。あるいは，ドイツ系多数地域においてソコル運動を担う指導者が不足していることにクカニが腹を立て，声を張り上げることもあったという[49]。また，既述のように，西ボヘミアなど「チェコ語話者」がほとんど居住していない地域については，第一次世界大戦の直前になってもソコル協会が設立されておらず，「チェコ人の土地」と明確に表現されえない事実上の空白地帯も存在した。1903年以降には，モラヴィアやシレジアにもソコルの少数支援活動が拡大されているが，チェコ諸領邦全体に渡るチェコ人の一体感がどの程度醸成されたかについても疑問が残る。「チェコのčeský」という形容詞は，第一次世界大戦が勃発した時点においても，チェコ諸領邦全体を指す言葉としては完全に定着していなかったからである。

　もちろん，19世紀後半のチェコ社会において，ボヘミア国権に基づく歴史的領土は自明のものとして表象されていたし，その領域的共同体を構成するのはチェコ語に基づく言語集団であるという言説も成立していたと言えよ

---

48) Václav Kukaň, "Světlo a stín v naší menšinové činnosti" [我々の少数派活動の光と影], *Věstník Sokolský* 15:6 (1911) p. 135.

49) Štorch, "Sociální postavení dětí," p. 500 (本章脚注41参照).

う[50]。だが，ボヘミア，あるいはチェコ諸領邦を単位とする属地主義的な共同体とチェコ語という言語に基づく属人主義的な共同体の接合は，ドイツ語に基づく言語集団の位置づけを困難なものにするという点で，重大な問題をはらんでいた。そして，その問題性が最も先鋭な形で現れたのがドイツ系多数地域であった。当時のチェコ国民主義に内包されていた歴史的要素と言語的要素の結合は，論理的には，この地域に居住するドイツ系住民をチェコ社会から排除する可能性を持っていたからである。その意味において，歴史的領土の隅々に至るまで属地主義と属人主義の結合を貫徹させようとする学校財団や国民協会，ソコルの活動は，この地におけるドイツ語集団の存在を否定する危険性を有していた。

その危険が現実のものとなったのは，第二次世界大戦後にチェコスロヴァキアがナチスから解放された時であった。いわゆる「ズデーテン地域」を中心とする約300万のドイツ人がナチスへの「報復措置」としてドイツ「本国」に追放され，結果として国民問題が「解決」されたのである。しかしながら，この時点においてもドイツ人とチェコ人を区別することは容易ではなかった。

戦後間もない1945年5月19日に出された大統領令では，国外に「移送odsun」させるべきドイツ人かどうかを判断する基準として，1929年以降ドイツ系の結社や政党に所属していた者，又は，同年以降の統計調査において自らをドイツ系と申告した者，が挙げられている[51]。ただし，ナチスに対して積極的に抵抗した者は除外されうるとの付帯条項がつけられていた。

とはいえ，実際の場面においては判断に窮する事例が多数存在した。「ボヘミア・モラヴィア保護領」として実質的にナチスの支配下に置かれていた

---

50) cf. Urban (1990) pp. 427-438.
51) Chad Bryant, "Either German or Czech: Fixing Nationality in Bohemia and Moravia, 1939-1946," *Slavic Review* 61:4 (2002) pp. 683-706, esp. p. 698. その他，この時期におけるドイツ人とチェコ人の区別については，Zahra (2004) pp. 527-538; King (2002) pp. 189-211を参照。なお，ドイツ人追放の過程においては1万9000〜3万名が死亡したと考えられるが，正確な数については依然として意見の対立が見られる。

チェコ地方では，実に30万ものチェコ人がドイツ人へと「鞍替え」していたが，とりわけ彼ら／彼女らの扱いが問題となった。つまり，自発的にドイツ人になった「裏切り者」と強制的にドイツ人にさせられた「被害者」をどう区別するのか，という点である。また，ドイツ人とチェコ人の夫婦についてはどうするのか？　その子供は？　明示的にドイツ人に「鞍替え」しなかったもののナチスに「協力」した者については？　だが，戦後の混乱した状況の中で個々のケースについて「冷静な」判断がなされたわけではない。そもそも，ドイツ人とチェコ人を区別する統一的かつ明示的な基準を設定すること自体不可能であり，実際には各地方の官吏に判断を委ねる他なかったのである。中には，強制収容所から「生還」したばかりのドイツ系ユダヤ人が「本国」に移送されるという悲劇的なケースもあったという。本書においてドイツ人追放の問題を詳細に論じる余裕はないが，さしあたりここでは，1945年の時点においても国民の区別は依然として困難であったという点を指摘するにとどめておきたい。

　本章においては，体操団体のソコルに着目し，そこからチェコ系少数地域の表象のされ方について考察してきた。当時のチェコ社会において最大の結社であったとはいえ，ソコル運動だけでは当時の社会における潮流のすべてを捉えることは不可能であろう。だが，当組織の活動を辿っていくことにより，社会の一部であるにせよ，我々(チェコ人)と他者(ドイツ人)の区別が明確化され，物理的に離れた地域が「我が同胞」の居住する具体的な空間として表象されていく過程が明らかにされたと言える。

第5章　創られるユダヤ人の身体

はじめに

　テオドール・ヘルツルと並ぶシオニズムの指導者，マックス・ノルダウによって提唱された「筋骨逞しきユダヤ人 Muskeljudentum」は，19世紀末に開始されたユダヤ体操運動を象徴する概念となった。しばしば引用される1900年のテクストにおいて，彼は以下のように述べている。

　　長く，我々はあまりにも長く自らの肉体を粗末にしてきた。
　　いや，それは正確な表現ではない。我々の肉体を抑圧してきたのは他者なのだから。その結果は，中世ヨーロッパのゲットーや教会，そして道ばたに横たわった何十万というユダヤ人の死体を見れば一目瞭然である。……だが，今やその抑圧は取り払われた。少なくとも身体的には，我々は不自由なく生きる領域を与えられているのである。我々が持っている太古の伝統を復活させようではないか。再び，胸板の厚い，四肢のしっかりした，勇気ある眼差しの男（Männer）になろうではないか[1]。

---

[1] Max Nordau, "Muskeljudentum," JTZ 1:2 (1900) pp. 10-11. ノルダウが初めて「筋骨逞しきユダヤ人」という概念を公の場で口にしたのは，1898年にバーゼルで開催された第2回シオニスト会議の時であった。"Rede des Dr. Nordau," *Die Welt* 2:35 (September 2, 1898) pp. 7-12, esp. p. 11.

医師であったノルダウは，医学概念としての「退廃 Entartung」を一般に広めた中心人物としても知られている。この「退廃」は「社会ダーウィニズム」の時代における負のキーワードであった。彼は，正常と異常，すなわち進歩をもたらす「市民的美徳」と，個人・家族・国民の絶滅を招く悪徳との区別を鮮明にするために，この医学概念を使ったのである。退化の危険を回避し，進歩へと向かうために，彼は，調和のとれた精神と肉体が必要であると考えたのであった。「適者生存」の社会において生き延びるためには，ユダヤ人を「市民的美徳」を持った存在，すなわち「新しいユダヤ人 Neue Jude」[2]に改造しなければならない，というのである。

　本章においては，こうした新しいタイプのユダヤ人論と密接に関連していたユダヤ系体操運動について見ていくことにしたい。まず5.1節では，ユダヤ人独自の体操組織を生み出す直接の契機となった反セム主義の問題に焦点を当てたいと思う。特に，ドイツ体操家連盟(DT)の第15支部(Kreis)，すなわちオーストリアのドイツ系体操運動において反セム主義が表面化し，ユダヤ系会員が追放されていく過程を中心に扱うことにしよう。続く5.2節では，ユダヤ人の身体をめぐる言説を追っていくことにしたい。社会ダーウィニズム的な感覚が強まっていた19世紀末のヨーロッパ社会では，身体に対する不安感が増大し，その不安感の裏返しとしてユダヤ人を劣等と位置づける言説が流布したのである。ここでは，「二級市民」として位置づけられたユダヤ人が自らを「真っ当な市民」と再定義し，「健全なる身体」を生み出すために体操運動へと向かっていくプロセスを描くことにしたい。そして5.3節では，チェコ系・ドイツ系・ユダヤ系の3者が対峙していたチェコ社会において，ユダヤ人がどのように位置づけられ，その位置づけに対してユダヤ人がどのように反応したのかを明らかにしていきたい。

　繰り返しになるが，チェコ人・ドイツ人・ユダヤ人といった国民は所与の存在ではなく，3者が関係し合う中で位置づけられていく相対的な存在であ

---

[2] Berkowitz (1993) p. 216, n. 14；モッセ (1996) p. 48。1892年に出版されたノルダウの『退廃 Entartung』(独語)は，1895年の英訳版によって一躍有名となり，19世紀末の欧米社会を象徴する著作となった。Mosse (1992) pp. 565f.

る。ここでは，「複雑な」立場に置かれていたユダヤ人の状況を明らかにすることによって，当時の体操運動における国民間関係を逆照射していくことにしたい。これが本章における最終的な目的である。

5.1 ドイツ体操運動における反セム主義の台頭

5.1.1 反セム主義の新しさ

「反セム主義 Antisemitismus」という言葉を最初に用いたのはドイツのジャーナリスト，ヴィルヘルム・マルであったとされているが真偽のほどは定かではない。だが少なくとも，彼の1879年の著作『ゲルマンに対するユダヤの勝利』が，この言葉を普及させるうえで多大な影響を与えたことは間違いない。ちょうどその頃から1880年代前半にかけて「ベルリン運動」と呼ばれる反セム主義キャンペーンがドイツで繰り広げられており，人種的色彩の濃いユダヤ人差別が始まっていたが，「反セム主義」という言葉は，こうした新しいタイプの反ユダヤ主義を「適切に」表現しうる用語として誕生したのである[3]。

竹中は，この新しい反ユダヤ主義を「記号化された反ユダヤ主義」とも呼んでいる[4]。マルは「反セム主義」という新しい言葉を創り出したが，ドイツ語においても「セム」は日常的な単語ではない。マルは，「セム」という抽象的かつ擬似科学的な色合いを持つ言葉を意図的に使うことにより，ユダヤ概念を記号化したのである。「ユダヤ」は生身のユダヤ人というよりは，悪徳一般を示す抽象的な概念と化し，一種のシンボルとして機能し始めたのであった。

こうした反セム主義の流れは，ドイツと同様オーストリアにも拡大してい

---

3) 長沼 (1995) pp. 202-203；Pulzer (1988) pp. 83-97；竹中 (2004) pp. 44-59。なお，『ドイツ体操誌 DTZ』において初めて「反セム主義」という言葉が使われたのは1886年であった。Becker (1989) p. 2.

4) 竹中 (2004) pp. 84-89。

たが，少なくとも身体文化(Körperkultur)の分野においては，オーストリアの反セム主義の方が，ドイツのそれよりも強かったと言えよう[5]。ドイツ体操家連盟(DT)のオーストリア部分，すなわち第15支部は，1901年に同支部の規約としていわゆる「アーリア条項 Arierparagraphen」を可決し，「非アーリア人」の入会を禁止，最終的には連盟(DT)そのものから離脱したからである。また，ヴァンダーフォーゲルもドイツより先にオーストリアにおいて反セム主義が浸透し，1911年にユダヤ系会員を追放した[6]。その他，戦間期の1921年には，ドイツ「本国」に先駆けて山岳会(Alpenverein)が「アーリア条項」を採択している。

5.1.2 体操運動における「アーリア化」の波

では，オーストリア・ドイツ体操運動における反セム主義の浸透過程について見ていくことにしよう。

ドイツ体操家連盟(DT)の第15支部において反セム主義が深刻な問題として立ち現れたのは，1886年，ウィーン第一体操協会が古代五種競技を企画した時であった[7]。この時，指導的メンバーの一人であったフランツ・X.キースリングがユダヤ人の参加を拒否し，協会内で大きな論争を巻き起こしたからである。そもそも，槍投げ，徒競走(約190m)，円盤投げ，幅跳び，レスリング，といった一連の競技が目指すのはバランスのとれた身体であり，その理想に近づこうとする者は誰であれ，競技への参加を認められるはずで

---

5) Pulzer (1988) pp. 218-219. オーストリアにおける反セム主義拡大の要因の一つとして，オーストリア社会，特にウィーンにおけるユダヤ人のエリート中に占める比率の高さが挙げられる。例えば，1900年から1910年までの期間，ウィーンにおいては，金融業者の71％，産業資本家の63％，法律家の65％，医者の59％，ジャーナリストの半数以上がユダヤ系であったという。Pauley (1992) p. 45.

6) ユダヤ人独自の徒歩旅行団体「ブラウ・ヴァイス Blau Weiß」が1912年に設立されたこと等を考えると，オーストリアのヴァンダーフォーゲルが1913年にユダヤ人を追放したという Pulzer (1988) pp. 218-219，およびラカー(1985) p. 104 の主張は誤りと思われる。ここでは，ヴァンダーフォーゲルの「アーリア化」を1911年とするモッセの説を採用している。モッセ(1998) p. 236。

7) Becker (1980) pp. 43-45.

あった。だが，キースリングはこうした古代ギリシア人の目標をドイツ国民主義と結合させ，調和のとれた身体を復活できるのは「アーリア人」のみ，と訴えかけたのである。

この時点では，キースリングの反セム主義は「スキャンダル」となり，「世紀の汚点」と見なされてしまう。ところが，翌87年春には大量の反セム主義的学生をウィーン第一体操協会に入会させ，規約改正に必要な支持票を得たかと思うと，すぐさま「アーリア条項」を導入してしまった[8]。その結果，当体操協会からの脱会を余儀なくされたのは1100名中，約480名。非主流派であったはずの反セム主義路線を体操運動の表舞台へと押し上げる「離れ技」であった。

また，同年夏，下オーストリア領邦のクレムスで開かれた第15支部第5回体操祭典は，反セム主義的潮流がはっきりと現れた最初の公的な場となった。そこでは，「ユダヤ人はいらない！　ユダヤの豚野郎！　ユダヤの輩は出ていけ！」といった野次によって「自由主義的」演説家が妨害を受けたのである。それに対し，ウィーン第一体操協会の反セム主義者は喝采を受けたという[9]。

これらの出来事が大きな注目を集めるきっかけとなったのは，ウィーンにおける自由派の牙城であった『新自由新聞（ノイエ・フライエ・プレッセ）』の記事であった。事態を憂慮したドイツ体操家連盟(DT)の会長フェルディナント・ゲッツは，『ドイツ体操誌DTZ』で「ここまでは来るべし，ここを越ゆべからず」と題する非難の記事を書き，しかも反セム主義的立場からの反論を同誌に掲載することを拒絶した。それに対抗してキースリングが様々な場において連盟(DT)執行部を批判したために，翌88年7月15日，ウィーン第一体操協会が所属する下オーストリア体操地区(Turngau)は連盟(DT)より除名されてしまう。これを機に，反セム主義はオーストリア全土のドイツ系体操運動へと急速に波及していく[10]。

---

8) Becker (1980) pp. 49-50.
9) Rychnovsky (1912) pp. 63ff.; Mehl (1958) pp. 87-88; Becker (1989) pp. 4-5.
10) なお，プラハのように古典的自由主義が強いところでは，ユダヤ人が追い出されるの

そして 1901 年 5 月 26 日，ウィーンで行われた第 15 支部の総会において 120 対 15 の賛成多数で「アーリア条項」が採択され，「自由派」の体操家，すなわち，ユダヤ系会員と反セム主義に与さない者，合わせて 7000 名余りのメンバーが第 15 支部から追放された[11]。連盟 (DT) 執行部は，1904 年，ドイツ・オーストリア自由体操協会連合 (Vereinigung der deutschfreiheitlichen Turnvereine Deutschösterreichs) を結成していた「自由派」を「救済」するためにこの組織を第 15 B 支部として連盟 (DT) に組み入れたが，今度は第 15 支部が反発し，連盟 (DT) から脱退してしまう[12]。ただし，この元第 15 支部は，ドイツ・オーストリア体操支部 (Turnkreis Deutschösterreich) という名称を維持し続けた。他方，第 15 B 支部として連盟 (DT) の中にとどまった自由体操協会連合は，オーストリアの中では元第 15 支部に大きく水をあけられており，主流とはなれなかった。

なお，1889 年にドイツ体操家連盟 (DT) から離脱して結成された民族至上主義的な組織，ドイツ体操家同盟 (DTB, Deutscher Turnerbund) と元第 15

ではなく，民族至上主義的な勢力が自ら脱退して新しい団体を創設した。顛末は以下のとおりである。A. キースリヒをはじめとする民族至上主義的なメンバーが協会内において独自の時間に練習をすることを認める要望を出したが，プラハ・ドイツ体操協会の執行部はいかなる妥協もしない態度を保持した。Cohen (1981) p. 200; Rychnovsky (1912) pp. 65ff. 1888 年 6 月 18 日には 64 人のメンバーが同協会を脱退し，プラハ・ドイツ男子体操協会 (Deutscher Männerturnverein in Prag) を同年 9 月 15 日に結成したが，このメンバーについてはリストが存在しない。さしあたり，1887 年にはプラハ・ドイツ体操協会に所属していたはずの非ユダヤ系メンバー 107 名が次の年にはリストから消えていることから考えると，この 107 名の中に民族至上主義的なメンバーが含まれていると考えて良さそうである。コーエンによれば，この 107 名の社会的出自は，元のプラハ・ドイツ体操協会における平均的な出自とほぼ同じ傾向を有している。オーストリア・ドイツ体操運動における「アーリア化」の詳細な過程については，Hirth & Kießlich (1928) を参照。

11) Becker (1980) pp. 111-113.
12) Becker (1980) pp. 127-134; Max Zirker, "Die Judenfrage auf dem Deutschen Turntage," JTZ 5:4 (1904) pp. 65-69. なお，ツィアカーは，ドイツ体操家連盟 (DT) が第 15 支部の反セム主義に対して毅然とした態度を示した点を評価しながらも，第 15 B 支部に所属する「自由派」のユダヤ系会員に対し，ユダヤ体操運動に参加しない点を厳しく批判している。

表5.1 ドイツ体操家連盟(DT)
第15支部の会員数

年	協会数	メンバー数
1862	60	11,000
1870	106	12,560
1880	143	15,257
1885	229	28,305
1890	379	44,297
1895	495	55,266
1901	546	61,322
「アーリア条項」の採択		
1902	498	53,162
1905	544	63,682
1910	713	88,370
1914	914	103,636

出典：Mehl (1958) p. 113.

支部は，反セム主義的な面では共通していたものの，一つの組織に統合されることはなかった。また，同盟(DTB)において重要な役割を果たしていた民族至上主義派のシェーネラーは，1909年，自分の妻がユダヤ人ではないかと言われたことに腹を立てて同盟(DTB)を脱会し，自らに賛同する10団体と共にビスマルク汎ドイツ協会同盟(Verband alldeutscher Verein Bismarcks)を創設している[13]。

さて，この「民族至上主義的 völkisch」という言葉については注意が必要であろう[14]。この言葉は15世紀頃から使われており，1811年にはフィヒ

---

13) ただし，「ビスマルク」という名称は当局に認められず，最終的には「アルント同盟」に改称している。1914年の段階において，この団体は800名ほどの会員を集めたにすぎなかった。Mehl (1958) pp. 106-107. シェーネラーの体操運動における役割については Benda (1991) が詳しい。なお，汎ドイツ主義についての古典的研究である Whiteside (1975) は，少なくとも体操運動に関する限り，事実誤認が多いように思われる。

14) Becker (1980) pp. 21-23. フェルキッシュ (völkisch) という単語は，15世紀にラテン語の populāris の直訳語として登場し，初期新高ドイツ語の "volckisch," "vǒlkesch" [sic] という形で存在していた。1811年にはフィヒテが「ドイツ的ということは，語義通りに考えればフェルキッシュということである」と書いている。ヤーンは，Jahn & Eiselen (1816) p. XVII において "volklich" という言葉を使い，場所によっては "deutschvölklich" という言葉も使っている。

『ドイツ体操誌DTZ』で初めてフェルキッシュという言葉が使われたのは1897年6

テによっても使われているという。だが，体操運動の中で，しかも，反セム主義的な意味でこの言葉を最初に使ったのはキースリングであった。1897年のことである。また，オーストリアの体操家の間で使われ始めた「フェルキッシュ」という言葉が，ドイツ帝国においてはまだ定着しておらず，体操家連盟(DT)の機関誌においてクエスチョンマーク付きで引用された。この点は，オーストリア・ドイツ系体操運動における反セム主義の強さを示唆する事実と見なすことができよう[15]。

月であった。ドイツ体操家連盟(DT)の会長であったゲッツが，ボヘミアのエーガー体操地区(Egerlandturngau)において「第15クライスの『フェルキッシュな(?)』体操協会への呼びかけ」が行われたと書いたのである。この時，オーストリアでは "völkisch" は自明のものとして使われていたが，ドイツでは自明ではなかったため，記事のタイトルにクエスチョンマークが付されたのであろう。また，F. X. キースリングの著作『ドイツ体操家同盟，それともドイツ体操家連盟なのか？ *Deutscher Turnerbund oder Deutsche Turnerschaft?*』では，1895年2月の第1版の際には volklich, deutschvolklich, deutschnational という言葉が使われていたのに，97年の春に出された第2版では，それらが völkisch, deutschvölkisch に代えられたのである。

[15] John (1976) pp. 64ff. は，第15支部の反セム主義に対する連盟(DT)執行部の批判が中途半端であったことを指摘し，それがドイツ体操運動における反セム主義の拡大を招いたと結論づけているが，ベッカーはその点を否定している。当時においては，ドイツ帝国の体操家たちの間でも反セム主義的な傾向が存在したのであり，徹底的に反セム主義を排除しようとすれば，かえって反セム主義の増長を招く危険性があったというのである。確かに，ドイツ体操家連盟(DT)の会長ゲッツをはじめとする連盟の態度は首尾一貫していなかったかもしれないが，彼らの微妙な舵取りが——ベッカーの主張によれば——連盟(DT)におけるさらなる反セム主義の拡大を防いだのであった。Becker (1980) pp. 90, 138-140. ただし，「ドイツ体操家連盟(DT)にオーストリアが含まれていなければ，ドイツ帝国の体操運動はそれほど反セム主義に悩まされることはなかったであろう」というベッカーの主張は少々短絡的なように思われる。Becker (1980) p. 33. 彼の言うとおり，ドイツ帝国内の体操運動においても反セム主義が存在したのであれば，オーストリアにおける反セム主義の強さだけを強調するわけにはいかないであろう。もし，体操運動における反セム主義の元凶がオーストリアにあるという仮説を立てるのであれば，ドイツにおける反セム主義とオーストリアにおける反セム主義の比較検討をしなければならないはずである。だが，Becker(1980)では，オーストリア・ドイツ体操運動における反セム主義の興隆とそれに対する体操家連盟(DT)執行部の態度しか明らかにされていない。この仮説に対する正当な判断を行うためには，ドイツ帝国内体操運動の反セム主義に対するさらなる実証研究が必要であろう。

5.2 「病的なユダヤ人」から「新しいユダヤ人」へ

5.2.1 「劣性の他者」としてのユダヤ人

ユダヤ人と非ユダヤ人との差異が，宗教よりもむしろ，身体的なもの，あるいは人種的なものとして把握されるようになるにつれ，ユダヤ人の「劣等性」を示す言説が流布し始める。この節では，ユダヤ人の身体に関わる言説について見ていくことにしたい。

例えば，ユダヤ人が肉体的に劣っていることを示す典型的な特徴と見なされた「ユダヤ鼻」が挙げられよう[16]。

ユダヤ系ドイツ人医師ジャック・ヨーゼフは「鼻の美容整形手術の父」として知られている。彼がベルリンで整形外科を開業して間もない1898年，典型的な「ユダヤ鼻」に悩んでいた青年の鼻を「切り詰め」，真っ直ぐにしたのがそのきっかけであった。こうしたヨーゼフの手法は，19世紀末のドイツとオーストリアで美容整形の一大ブームを引き起こした。もちろん，その顧客の大半はユダヤ人であった。彼らは，自らに刻印された「ユダヤ性」を消すことに強迫観念を抱いていたのである。

また，そのヨーゼフ自身，自らの顔に刻みつけられた決闘の傷跡を自慢していた[17]。当時の学生たちにとって，決闘を行い，サーベルによる傷を顔に残すことは，男として，そして市民としての証を自らの身体に刻印することであった。劣った肉体故に，兵士として使い物にならないと表象されていたユダヤ人にとっては，なおさら決闘が必要であった。彼らは，徴兵検査に合格しうる身体を獲得し，自らが「真の市民」であることを証明する必要に迫られていたのである。

ところが，その決闘自体，ユダヤ人にはふさわしくないものとして位置づけられてしまう[18]。1896年にヴァイトホフ（Waidhof）で開催されたオー

---

16) ギルマン（1997a）pp. 252-260。
17) ギルマン（1997a）pp. 70-78。
18) 決闘については以下を参照。Pulzer (1988) pp. 246‐247; Whiteside (1975) p. 58;

ストリア学生組合(Burschenschaft)の総会では，ユダヤ人との決闘を禁止する動議が承認された。ユダヤ人は「市民の名誉」である決闘に値しない存在と見なされたのである。ウーテ・フレーフェルトが述べているように，19世紀末においてドイツの学生のほぼ2人に1人が学生団体に組織されていたことを考えるならば，このような「男性的名誉」とその象徴である決闘が，どれほど広範で深部に至る影響力を持っていたかは明らかであろう[19]。そうした決闘の名誉から排除されたことが，「エリート予備軍」としてのユダヤ系学生に大いなる屈辱感を与えたことは想像に難くない。

しかしながら，「退廃の危険」に不安を抱いていたのはユダヤ人だけではなかった。19世紀後半に流行した進化論は，その時代に生きる人々にバラ色の未来を提供する一方で，情け容赦のない生存競争への恐れを抱かせてもいた。「文明人」といえども，何か一つ事故なり遺伝上のミスがあれば劣等人種の地位に落ち，下手をすれば獣の住む深淵へと突き落とされるのではないだろうか。多くの人々はこのように考え，「進化の逆コース＝退化」を恐れたのであった。

また，急激な都市化も，こうした不安を増長させたと言えるだろう。新しいライフスタイルを象徴する存在として，まず第1に鉄道が槍玉に挙げられている。例えば，本章の冒頭でも紹介した医師のマックス・ノルダウは，鉄道を，現代生活に圧迫されて重荷を抱え込んだ神経系を示す記号として取り扱っている[20]。「鉄道旅行では，ほんの少しの気にもとまらない程度の衝撃

　　Schoeps (1982) p. 155; モッセ (1998) p. 249; キューネ (1997) pp. 115-132。

19) ウーテ・フレーフェルト「市民性と名誉――決闘のイギリス・ドイツ比較」コッカ (2000) pp. 134, 154-155；モッセ (2005) pp. 30-38。ちなみに，マックス・ヴェーバーも決闘の支持者であることを公然と表明している。1910年，市民的女性運動の活動家であったマリアンネ・ヴェーバーが，ある新聞の記事で侮辱された時，彼は即座に「妻の名誉」を決闘によって擁護する用意のあることを表明したが，実際の決闘は相手側の拒否によって何とか回避された。

20) ギルマン (1997b) p. 211。鉄道に関わる「病理学」については，ヴォルフガング・シヴェルブシュ (著)，加藤二郎 (訳)『鉄道旅行の歴史――19世紀における空間と時間の工業化』法政大学出版局，1988, pp. 149-196 を参照。

でも，大都会の街頭のひっきりなしの騒音や様々な景色で，……脳は疲れ果て，すり減ってしまう」。「鉄道事故の影響」と同様に，「列車内で絶えず感じる振動」も「現代人の神経質」と「退廃」の要因となる，とノルダウは考えたのである。

都市型生活を象徴する第2の点としては，事務職という職業が挙げられよう。1904年にデンマークで出版され，ヨーロッパでベストセラーとなったミュラー式体操の教本『我が方法——1日15分の健康のための体操』は，こうした近代的生活の「犠牲者」，すなわちデスクワーカーを対象とするものであった。彼は以下のように書いている。

> 大都市の事務職タイプは，しばしば悲惨な状態を示している。事務椅子に掛けているとき，ねじった姿勢でいるため，若いうちからすでに背中が曲がり，肩がひずみ，腰がゆがむ。顔色は悪く，吹き出物が絶えない。髪はポマードでてかてか，細顎が，普通の人の服なら袖口になるような狭いカラーから突き出ている。最新のモードのしゃれた背広姿に，パイプ掃除の針金と見まごうような細い手足だ[21]。

こうした状況の中で，ユダヤ人という「劣性の他者」が設定され，そのことによって「市民(男性)」の優越性が「科学的」に証明されていったと言えよう。例えば，ユダヤ人が精神病になりやすいことを「証明する」統計，ユダヤ人を「劣等な黒人」と位置づけ，ユダヤ人の間で同性愛の発症率が高いことを示す人種科学，等々である[22]。

---

21) M. アンダーソン(1997) pp. 139-147 からの再引用。アンダーソンによれば，カフカは，1908年ないし1909年頃から，デンマークの体操家で教育家でもあるJ. P. ミュラーが『我が方法』で提唱した体操法を始めたという。彼はこの体操を日に2回，開け放した寝室の窓際で裸になって実行し続け，1917年に結核のために喀血するまでこの習慣を続けた。

22) ギルマン(1997a) pp. 240-245；ギルマン(1997b) pp. 166-170, 272。この時代には，ユダヤ人に並んで女性もまた「劣性の他者」として措定されたと言えるだろう。この点については，例えば，シンシア・イーグル・ラセット(著)，上野直子(訳)，富山太佳夫

一方，ユダヤ人の側でも，自らの「脆弱性」を自覚し，自分たちこそ身体の鍛錬が必要であるという言説を発信し始めた[23]。例えば，1907年，プラハのシオニズム系週刊紙『自衛』ではユダヤ体操大会で行われた演説の内容が転載されている[24]。

この記事では，これまで置かれていた劣悪な衛生状況により，健康，出生率（人口増加率），兵士としての能力など，あらゆる面においてユダヤ人の身体能力が劣っていると指摘された。また，ユダヤ人には商業に従事する者や知識人になる者が多く，都市型生活者の割合が高いために，ユダヤ人の身体は一層損なわれているともいう。結局のところ，不利な状況下に立たされているユダヤ人が再生するためには体を鍛えることが不可欠なのであった。

1910年には「カフェ・ユダヤ人」と題する記事が『ユダヤ体操誌 JTZ』に掲載され，カフェハウスに入り浸っているユダヤ人の弱さが指摘されている[25]。この記事によれば，ユダヤ人の間で「カフェハウス特有の病気 Kaffeehauskrankheit」，すなわち神経衰弱症の罹患率が高く，屋外での活動が必要だと説かれている。ユダヤ人は，従来，ドイツ人体操家の宴会（Kneipe）好きを批判してきたが，自分たち自身の「カフェハウスの悪弊 Kaffeehausunwesen」については目をつぶってきたと述べ，身体の鍛錬に向かうべきだと主張されている。

  （解題）『女性を捏造した男たち——ヴィクトリア時代の性差の科学』工作舎，1994，などを参照。
23) ユダヤ系の科学者の中には，ユダヤ人を劣等人種と位置づける言説それ自体を否定し，自らを優秀な人種として再定義する者も多数現れている。その点については Efron (1994) を参照。
24) "Die Verbreitung des Turnens unter den Juden (Referat erstattet von Isidor Wolff am 3. jüdischen Turntag in Wien)," *Selbstwehr* 1:14 (May 31, 1907) pp. 2-4; 1:15 (June 7, 1907) pp. 5-6; 1:16 (June 14, 1907) pp. 4-5. See also Bar Kochba (1977) p. 21.
25) Erich Burin, "Das Kaffeehausjudentum," JTZ 11:5/6 (1910) pp. 74-75. その他，M. Jastrowitz, "Mulskeljuden und Nervenjuden," JTZ 10:3/4 (1909) pp. 33-36; Arnold Kutzinski, "Ueber die jüdische Degeneration," JTZ 14:6 (1913) pp. 179-183 などを参照。

5.2.2　ユダヤ系体操運動の展開

　実際に最初のユダヤ系体操団体が創設されたのは，ノルダウが「筋骨逞しきユダヤ人」を提唱するよりも前であった。コンスタンティノープル・ドイツ体操協会（Deutscher Turnverein Konstantinopel）からユダヤ人が追放されたのを機に 1895 年に当地で創設された団体がそれである。次いで 1897 年にはブルガリアのプロヴジフ（Plovdiv）でマカビ（Makkabi）という名称で体操団体が設立されているが，これは反セム主義が原因ではなく，ソコルを模範としてつくられたものであった[26]。1898 年には，第一次世界大戦前のユダヤ体操運動において最も重要な役割を果たすことになる団体，バル・コフバ（Bar Kochba）がヘルツルの熱心な支持者 47 名によってベルリンで設立されている。バル・コフバが最初の公開体操を行った 1900 年には，各協会を束ねる傘組織，ユダヤ体操協会連合（Verband Jüdischer Turnvereine）が設立され，『ユダヤ体操誌 JTZ』も刊行され始めた[27]。このように，1900 年以降，シオニズムとユダヤ体操運動との結びつきは明確なものとなるが，シオニスト会議の主導によって体操運動が開始されたわけではなかった。また，ノルダウ[28]の「筋骨逞しきユダヤ人」も結果としては体操運動を象徴する概念となるが，彼のイニシアティヴによって運動が始まったわけでもない[29]。

---

[26] ユダヤ系体操運動の拡大過程については，Bunzl (1987); König (1989, 1992); Friedler (1998); Eisen (1983); Pfister (1989) などを参照。

[27] Max Zirker, "Die Frage eines Verbandes Jüdischer Turnvereine," JTZ 3:6 (1902) pp. 94-99.

[28] パリに住んでいたノルダウは，シオニストになる以前，同地のドイツ体操協会メンバーとして活動しており，1883 年には，同協会の講演会において，ゲーテやシラーなどのドイツ文学の素晴らしさを讃える演説を行っている。Becker (1980) p. 32. また，1898 年の夏，寡婦であったプロテスタントのデンマーク人アンナと結婚し，4 人の幼い子供も引き取っている。だが，ノルダウがシオニストになってからも家族はプロテスタントのままであったようである。彼は，友人に宛てた書簡において，アンナとの間に生まれた自分自身の娘アンナについてもプロテスタントとして育てると書いている。Stanislawski (2001) pp. 60-61, 66-67. ノルダウについては，Schulte(1997) を参照。

[29] 当初，シオニストたちは，ノルダウなどごく少数の者を除けば，体操運動に対して基

表5.2　ユダヤ体操家連盟(JT)の会員数(1914年)

	会員数	協会数
ドイツ支部	2,000	18
西オーストリア支部	2,500	24
ガリツィア支部	600	17
トルコ支部	700	3
ブルガリア支部	2,000	12
パレスチナ支部	580	10
計	8,380	84

出典：Friedler (1998) p. 28; H. und M. "Zur Geschichte der jüdischen Turnerschaft," JTZ 21:11 (1920) p. 14.

　1903年にバーゼルで第6回シオニスト会議が行われた際，第1回ユダヤ体操大会が開催され，ユダヤ体操家連盟(JT, Jüdische Turnerschaft)が設立されている[30]。この時点で連盟に加盟していたのは12団体，約2000名の会員であったが，表5.2に見られるように，1914年には84団体，8380名へと増加している[31]。1912年の第5回大会では組織の分権化が行われ，ガリツィアとブコヴィナを除くオーストリア＝ハンガリー二重君主国の各協会は西オーストリア支部(第2支部)を構成することになった(表5.3参照)。

　チェコ諸領邦において最初のユダヤ系体操組織となったのは，1898年にシレジアのビールスコで設立された団体であった。その後，モラヴィアのオストラヴァ(1899年)，オロモウツ(1901年)，オパヴァ(Opava, Troppau, 1902年)，プロスチェヨフ(1903年)，プラハ(1905年)，ブルノ(1907年)，とユダヤ系体操団体が設立されていくが，その中心はボヘミアではなくモラ

　　本的に無関心であった。1907年にハーグで開催された第8回シオニスト会議においても，シオニストの多くがノルダウらの主張を実践することに関心を持っていない，という批判が行われている。Eisen (1983) p. 253.
30)　Max Zirker, "Der erste Jüdische Turntag Basel," JTZ 4:9 (1903) pp. 164-169; Max Zirker, "Vom Baseler Schauturnen," JTZ 4:9 (1903) pp. 169-176.
31)　地理的には，ドイツ，オーストリア＝ハンガリー，トルコ，ブルガリア，ルーマニア，スイス，パレスチナ，オランダ，南アフリカ，イタリア，イギリス，アメリカ，ロシアの範囲に拡大していた。Henry Unna, "Die Jüdische Turnerschaft 1903-1913," *Die Welt* 17:34 (August 22, 1913) p. 1094; Bunzl (1987) p. 35-39.

表5.3 ユダヤ体操家連盟(JT)第2支部(西オーストリア)の会員数(1914年)

	創設年	一般会員	青年	児童	計
ウィーン第一ユダヤ体操協会	1899	100(男), 127(女)	80	80	387
力(Hakoah)	1909	140	80	—	220
デーブリング	1913	30(男), 30(女)	—	—	60
ファヴォリーテン	1910	40(男), 35(女)	30	48	153
フュンフハウス	1900	35(男), 36(女)	—	22	93
レオポルトシュタット	1913	37	24	—	61
砦(Massada)	1912	25(男), 35(女)	20	26	106
下オーストリア計		670	234	176	1,080
ビールスコ(Bílsko, Bielitz)	1898	37	8	—	45
ボスコヴィツェ(Boskovice, Boskowitz)	1908	33	—	—	33
ブルノ(Brno, Brün)	1907	130	100	40	270
イフラヴァ(Jihlava, Iglau)	1910	17	18	—	35
ブシェツラフ(Břeclav, Lundenburg)	1913	18(男), 21(女)	13	—	52
オストラヴァ(Ostrava, Mähr.-Ostrau)	1899	38(男), 28(女)	26	80	172
ミロスラフ(Miroslav, Mislitz)	1913	44	—	—	44
ミクロフ(Mikulov, Nikolsburg)	1910	12(男), 14(女)	24	—	50
オロモウツ(Olomouc, Olmütz)	1913	20	10	—	30
プロスチェヨフ(Prostějov, Proßnitz)	1903	30(男), 30(女)	20	—	80
ウヘルスケー・フラディシュチェ(Uherské Hradiště, Ung.-Hradisch)	1905	30(男), 32(女)	—	—	62
モラヴィア計		534	219	120	873
プラハ	1912	50(男), 32(女)	—	12	94
ボヘミア計		82	—	12	94
グラーツ	1904	28(男), 13(女)	36	53	130
シュタイアーマルク計		41	36	53	130
ブダペシュト	1909	100	—	—	100
ポジョニ(現ブラチスラヴァ)	1911	48	—	—	48
ハンガリー計		148	—	—	148
サライェヴォ	1913	13(男), 14(女)	15	—	42
ボスニア・ヘルツェゴヴィナ計		27	15	—	42
総計(23団体)		1,502	504	361	2,367

出典：Sonnenfeld, "Die Aufgaben der Jüdischen Turnerschaft in Westösterreich," JTZ 15: 3 (1914) pp. 110-117, esp. p. 117.

ヴィアやシレジアであった[32]。第1章で述べたように，ボヘミアではチェコ系勢力が強く，「チェコ化」するユダヤ教徒が多かったのに対し，モラヴィアのユダヤ教徒は19世紀末においてもボヘミアのユダヤ教徒ほど都市化が進んでおらず，また，ウィーン文化やドイツ語文化に強い影響を受けていた[33]。1900年の国勢調査において，ボヘミア・ユダヤ人の54％が「チェコ語」を日常語として使用すると答えたのに対し，モラヴィアではわずかに17％であった。またボヘミアとは異なり，多くのユダヤ・ゲマインデはハプスブルク帝国の崩壊に至るまで独自の政治共同体(politische Gemeinden)として存続した。このことが彼ら／彼女らにユダヤ人独自のアイデンティティーを保持させることに寄与したようである。

実際，1921年の「民族意識」を基にした国勢調査において，モラヴィア・ユダヤ人の47.84％が「ユダヤ人」，34.85％が「ドイツ人」と回答したのに対し，「チェコスロヴァキア人」と登録したのは15.71％にとどまっていた。それに対し，ボヘミア・ユダヤ人の49.49％が「チェコスロヴァキア人」，34.63％が「ドイツ人」と回答したのに対し，「ユダヤ人」と登録したのは14.6％にとどまったのである。その点では，モラヴィアにおけるユダヤ教徒の方が，ユダヤ人としてのアイデンティティーが相対的に強く，シオニズム系結社が成長しやすい状況にあったと言えるだろう。シオニズムよりもチェコ・ユダヤ運動が成長しやすい土壌を持っていたボヘミアとは対照的である。

---

[32] Pick (1971) pp. 186-187; Kohn (1913) pp. 188-190; "Dějiny spolků — Geschichte unserer Vereine," *Hagibor* 4:6 (1929) pp. 21-31. なお，オロモウツの組織のように設立年について表5.3と矛盾するものもある。これは，一度設立されてから廃止され，再度設立されたためと思われる。

[33] Kieval (2000) pp. 33-34; p. 240, n. 46; Josef Rosenzweig-Moir, "Česko-židovské hnutí na Moravě" [モラヴィアにおけるチェコ・ユダヤ運動], *Kalendář česko-židovský* 31 (1911/12) pp. 7-13, esp. pp. 7-8; "Židé na Moravě" [モラヴィアにおけるユダヤ人], *Českožidovské listy* 10:4 (1904) pp. 1-2; "Proč moravští židé nepřilnuli k českému národu: v klubu 'Komenské' dne 22. února 1904 přednesl Jaroslav Tůma" [何故モラヴィアのユダヤ人はチェコ国民に所属しないのか？], *Českožidovské listy* 10:5 (1904) pp. 1-2.

また，各地のユダヤ・ゲマインデにおいて，身体鍛錬の必要性が素直に受け入れられていたわけでもなかった。そもそも，第一次世界大戦前の段階においては，シオニズム自体マージナルな存在であり，ユダヤ体操家連盟(JT)は自らをシオニズムと同一視することを抑制し，「国民的ユダヤ性 Nationaljudentum」の実現という「穏健な」目的を掲げていた[34]。「国民的ユダヤ性」はシオニズムを含む広汎な概念であると説明され，ユダヤ体操運動は様々な勢力に開かれた存在であるとアピールされたのであった。これは「シオニズム」という看板では会員を集められないと判断した組織の戦略であったと考えられよう[35]。しかしながら，ユダヤ体操運動が各地のユダヤ・ゲマインデから拒否されるというケースも頻発した[36]。例えば，シレジアのビールスコで1898年に設立されたユダヤ体操協会は，地元のユダヤ・ゲマインデ執行部(Cultusvorstand)の許可を得たうえで，ユダヤ学校の体育室を借りていたが，突然その承認が破棄され，1901年9月1日以降，体育室を明け渡すように要求されている[37]。ただし，1908年末の段階では，当ユダ

---

34) Elias Auerbach, "Konfessionelle oder nationaljüdische Turnvereine?" JTZ 3:9 (1902) pp. 146-149; Elias Auerbach, "Die Bedeutung des nationaljüdischen Gedankens für unsere Turnbewegung," JTZ 4:9/10 (1903) pp. 153-156; "Nationaljudentum und Patriotismus," JTZ 4:11 (1903) pp. 185-188; L. Weinberg, "Nationales Judentum," JTZ 14:3 (1913) pp. 77-80. なお，シオニスト会議は，当初ミュンヘンで開催される予定であった。というのも，ロシアの代議員がスイスに対して慎重であり，またミュンヘンが，ユダヤ教の食物規定にかなった食品(カシュルート)を出すレストランを有していたからであった。しかしミュンヘンのユダヤ系社会の指導者たちは，会議のホスト役を務めるのを望まなかった。この抵抗は，多くのユダヤ人がシオニズムに対してとった態度の典型であった。彼ら／彼女らは，シオニスト会議の開催によって地元の反セム主義を刺激することを恐れていたのである。結局，シオニスト会議はバーゼルで開催されることが最終的に決定されている。ラカー(1994) pp. 152-153；竹中(2004) p. 50。

35) König (1989) p. 24, n. 41; Becker (1975) p. 76.

36) König (1989) pp. 17-18; Salli Hirsch, "Die jüdische Turnbewegung in Deutschland," JTZ 14:6 (1913) pp. 186-188.

37) "Konflikt zwischen dem israelitischen Cultusvorstand und dem jüdischen Turnverein zu Bielitz (Oester.=Schlesien)," JTZ 2:10 (1901) pp. 121-123; "Aus der jüdischen Turnerwelt: Bielitz. Bericht über die am 11. November abgehaltene ausser-

ヤ体操協会は，ユダヤ・ゲマインデの理解を得るだけでなく，市当局から中等学校の体育館(Mittelschulturnhalle)の使用許可を獲得したり，地元のドイツ体操協会との協調行動をとるなど，ゲマインデ外部からの支持も獲得している[38]。

こうしてシオニズムとの関わりを明示せずに展開されてきたユダヤ体操運動であったが，ベルリンの歯科医であったウンナが1912年にユダヤ体操家連盟(JT)の指導者になると路線が転換される。彼は，パレスチナをユダヤ人にとっての「故郷Heimat」であると公言した最初の指導者であったからである[39]。また，彼の主導の下，1913年と1914年の2回，体操家によるパレスチナへの体操遠征(Turnfahrt)が行われている[40]。だが，世界大戦が勃発した時には，シオニズムへの傾倒はドイツへの愛国心と矛盾するものではないと明言することを彼は忘れていない。

1913年9月2日から9日にかけてウィーンで開催された第11回シオニスト会議は，ユダヤ系体操運動がシオニズムと同一のものとなったことを内外に示す象徴的なイヴェントとなった。この時，ユダヤ系体操運動においては，指揮語としてヘブライ語を用いることと，団体の名称として「マカビ」を使用することが義務づけられた[41]。また，シオニスト会議の期間中であった日曜日の午前，ヘルツルの墓前にてセレモニーが行われ，その日の午後には公開体操が行われている[42]。会場はサッカー・クラブのグラウンドであった。

---

ordentliche Generalversammlung," JTZ 2:12 (1901) pp. 155-156.
38) "Aus der jüdischen Turnerwelt: Bielitz-Biala," JTZ 10:1/2 (1909) pp. 15-16.
39) Friedler (1998) pp. 28-29; Becker (1975) p. 80.
40) ユダヤ体操家連盟のパレスチナ遠征については以下を参照。Siegfried Rosenbaum, "Unsere Palästinaturnfahrt," JTZ 14:4 (1913) pp. 119-121; 14:5, pp. 159-162; 14:7, pp. 205-208.
41) Beda Brüll, "Československý Makabi"［チェコスロヴァキア・マカビ］, *Židovský kalendář* (5698 [1937/38]) pp. 97-107, esp. p. 98. この会議においては，ユダヤ系体操運動の目的がシオニズムに完全に一致したと明言されている。Salli Hirsch, "Der XI. Zionistenkongress," JTZ 14:7 (1913) pp. 199-204; Becker (1975) p. 80.
42) Berkowitz (1993) pp. 105-109; "Zehn Jahre Muskeljudentum: Das Turn- und Sportfest auf der 'Hohen Warte'," *Die Welt* 17, Kongreß-Ausgabe V. (September 9,

観客は2万5000名以上と記録されており，ダビデの星の旗や大燭台（menorah）の旗が振られ，青と白のシオニスト旗が掲げられた。2000名以上の会員が体操を披露し，オーストリアの軍楽隊が《ハティクヴォー》[43]を演奏，最後には観客がピッチに花を投げ込んで祭典を締めくくっている。このイヴェントについて，ロンドンの『ユダヤ・クロニクル』は以下のように記している。

> 我々は一方でユダヤ人の体操を眼にし，他方で［我々自身の］大学を設置するという決定を眼にし，そしてあらゆる方面において前進しているのを——例えば，パレスチナへの入植が順調に進んでいるのを見よ！——眼にしている。国民になるために必要な三つのM——すなわち精神（Mind），筋肉（Muscle），男（Men）——がユダヤ人自身の手によって今や実現されようとしているかのようだ[44]。

5.3 チェコ社会におけるユダヤ人

5.3.1 チェコ・ナショナリズムにおける反セム主義

チェコ・ナショナリズムにおいては，ドイツ系社会，特にドイツ体操運動における「アーリア条項」において見られたような強烈な反セム主義は発生しなかったと言われている[45]。だが，反セム主義が全く存在しなかったわけではない。チェコにおいても，1883年頃より反セム主義的な通俗本（Trivialliteratur）がドイツ語とチェコ語の双方で出され始めており，それ

1913) p. 85; Erich Burin, "Ein jüdisches Olympia: Das nationaljüdische Turn- und Sportfest in Wien," *Die Welt* 17:29 (July 18, 1913) pp. 927-928; "Programm für das Jüdische Turnfest in Wien," JTZ 14:6 (1913) pp. 169-170.
43) 1907年にシオニズム運動の公式歌として採用された曲。1948年よりイスラエル国歌となる。
44) *Jewish Chronicle* (September 12, 1913) p. 19 (quoted in Berkowitz (1993) p. 7).
45) 例えば，Garver (1978) pp. 302-304を参照。

なりの支持を得るようになっていた[46]。そうした中，1897年3月に行われた帝国議会選挙は，チェコ系社会における反セム主義を顕在化させる役割を果たした。このとき初めて導入された第5クーリエでは男子普通選挙が行われることになっており，青年チェコ党と社会民主党の「直接対決」が注目されていたが，1897年2月，青年チェコ側は第5クーリエのプラハ選挙区に大衆的な人気を持つ反セム主義者，ヴァーツラフ・ブシェズノフスキーの投入を決定した[47]。この動きに困惑したのはチェコ・ユダヤ運動の勢力であった。チェコ・ユダヤ政治協会（Politická jednota českožidovská）は，同年2月21日に会合を開き，ブシェズノフスキーの代わりにキリスト教社会党の候補に投票するのか，それとも社会民主党の候補に投票するか，について協議している。この会合に出席していた青年チェコ党のユダヤ系メンバー，ヤクプ・シャルフは，ブシェズノフスキーの反セム主義が表面的なものであることを強調し，彼に投票することを薦めたがそれは受け入れられず，結局，社会民主党の候補に投票することが決定された。だが，結果としては，反セム主義者のブシェズノフスキーが当選し[48]，しかも，この投票行動が原因で，青年チェコ系メディアによるチェコ・ユダヤ運動への激しい非難が行われた。例えば，当時青年チェコ党の党首であったE. グレーグルは以下のように演説している。

　　ユダヤ人については私はもはや何も言うまい。来るべき時が来たと言えば，もはやそれで充分だろう。……我が国民のところではすべて明白になったのだから。私は決して反セム主義者ではなかった。それは，人道的な見地に反していたからだ。だが，最近のこうした出来事によって，

---

46) Stölzl (1975) p. 48.
47) Frankl (2001) pp. 49ff.; Stölzl (1975) pp. 61ff.; Garver (1978) p. 236.
48) 1回目の投票では，青年チェコ党のブシェズノフスキーが1万6128票，社会民主党のカレル・ヂェヂツが1万5130票，キリスト教社会党のヨゼフ・シモンが3142票であった。前二者の争いとなった2回目の決選投票でブシェズノフスキーが当選したことを考えると，1回目の投票でシモンに投票したキリスト教社会党系の票はブシェズノフスキーに流れたのであろう。Frankl (2001) p. 56.

結局，プラハ全体が反セム主義的になってしまったのだ。(素晴らしい！　そのとおりだ！　嵐のような拍手) チェコ国民は，これまでもそうであったように，きっとこの借りを返すことになるだろう[49]。

　さらには，第3章と第4章でも言及したバデーニ言語令(1897年4月公布)が，ドイツ人とチェコ人の対立を顕在化させる一方，ユダヤ人に対する暴動をも引き起こした。特に，バデーニ首相が辞職した97年11月28日以降，プラハは騒然とした雰囲気に包まれている。まずドイツ人学生が《ラインの守り》といった歌を歌いながら「ユダヤ・カジノ」とも揶揄されていたドイツ・カジノへと行進している。一方，チェコ人の群衆はドイツ劇場に向かい，そこで投石した。さらにチェコ人たちは，ナ・プシーコピェやヴァーツラフ広場近辺のドイツ系とユダヤ系の商店，カフェ，一般家庭などを襲撃する。さらに，ヴィノフラディのドイツ学校協会とシナゴーグ，さらにはジシュコフにあったシナゴーグの窓を割ったりした。青年チェコ系の日刊紙『国民新聞』もまた，それを静める努力はせず，ドイツ人とユダヤ人を同一視して攻撃していた。結局，12月2日には戒厳令が敷かれることとなる[50]。
　1899年には，後に「儀式殺人」として有名になるヒルスネル事件も発生している。東ボヘミアのポルナー(Polná)で仕立屋として働いていたキリスト教徒の女性(19歳)が殺害され，その血がユダヤの儀式で使われた，というのである。犯人として捕らえられたユダヤ人のヒルスネルは，クトナー・ホラ(Kutná Hora)の裁判で死刑を言い渡された。ハプスブルク帝国全体では，1867年から1914年までの間に同様の事件が12件発生しているが，有罪判決が下ったのはこの事件だけである。また，青年チェコ党の反セム主義者で後にプラハ市長となるカレル・バクサが，裁判において被害者の母親の代理人となり，センセーションを引き起こす役目を果たしている[51]。

---

49) *Israelistische Gemeindezeitung* (1897) p. 77 (quoted in Stölzl (1975) p. 62).
50) Frankl (2001) pp. 82-83; Krejčová (1998) pp. 73-78; Urban (1994) pp. 681-682.
51) Frankl (2001) pp. 100-118; Kieval (2000) pp. 181-197; Kieval (1988) pp. 66-67；石川 (2000) pp. 282-283。判決に対するマサリクの異議申し立てにより，ピーセク(Písek)で

こうした「儀式殺人」をめぐる言説は，1871年に公刊されチェコ社会で広く読まれたパンフレット『タルムードのユダヤ人』(独語)において既に開始されていた。著者のアウグスト・ローリングは，カトリックの司祭で後にプラハのドイツ語大学神学部教授となった人物である。この小冊子はチェコ語にも翻訳されて版を重ねており，その後の「儀式殺人」をめぐる議論に多大な影響を与えたのであった。だが，ほぼ2年間にわたって大衆の耳目を集めたのはヒルスネル事件が初めてである。1893年にコリーン(Kolín)で似たような事件が発生した際には，青年チェコ系の日刊紙『国民新聞』が「馬鹿げた昔話」と評する程度であったのに対し，そのわずか6年後のヒルスネル事件では，大多数のチェコ系メディアが「儀式殺人」を真実であるかの如く扱ったのである。この変化は，チェコ社会における反セム主義の急激な浸透を示しているのであろう。

5.3.2 ソコルにおける反セム主義の拡大

こうした反セム主義の流れはソコルにおいても見られた。特に，ソコルの若い指導者でありポピュリスト的傾向を持つカレル・ヴァニーチェク(第3章参照)とヴァーツラフ・クカニ(第4章参照)は反セム主義的な言辞をたびたび弄していた。例えば，クカニは『人民の教育』と題する1898年のパンフレットにおいて，ユダヤ人はソコルのユニフォームである赤いシャツと国民衣装のチャマラを着るべきではないと主張し，ソコルからユダヤ系会員を追放することを要求している[52]。また，彼は1897年4月2日に設立された反セム組織，国民防衛(Národní Obrana)の指導的メンバーでもあった。第4章で言及した既存の団体，北ボヘミア国民協会とシュマヴァ国民協会が外側の敵，すなわちドイツ人から国民を守る組織と位置づけられていたのに対し，

再審が行われ，ヒルスネルは終身刑に減刑された。また，1918年には恩赦を受けている。なお，ハプスブルク帝国以外では，ドイツ(1891年)やスイス(1900年)でも同種の事件が発生している。竹中(2004) pp. 81-84。

52) Kukaň (1898) p. 28. ソコルにおける反セム主義については，Nolte (2002) p. 146; p. 224, nn. 50-53を参照。

この国民防衛は，内なる敵，すなわちユダヤ人からチェコ国民を守ることを目的として設立されたのである[53]。

ソコルにおけるこうした反セム主義的傾向を裏づける記事が，チェコ・ユダヤ系の週刊紙『発展』に見出される。例えば，「ソコル運動の没落」と題された1904年の記事では，近年のソコルにおいてティルシュやフュグネル，ポドリプニーといった「自由主義的」な人間がいなくなり，シャイネルのような「反動勢力」が優勢となっているとされ，ユダヤ人，社会民主党系，カトリック系のメンバーが次々に追放されていると書かれている[54]。その他，チェコ・ユダヤ人が「良きチェコ人」としての意識を持ち，「ドイツ化」に対抗する努力を行っているにもかかわらず，ソコルへの入会が拒否されているという事実が挙げられている。それに対し，アメリカ合衆国におけるソコルには多数のユダヤ系会員が含まれており，チェコ人としての役割を「立派に」果たしているという点が指摘されている[55]。

一方，シオニズム系の週刊紙『自衛』では，中央ボヘミアに位置するプシーブラム(Příbram)のソコル協会がユダヤ人の経済力だけを当てにしていると皮肉を込めて書かれている[56]。当ソコル執行部は，8対4の多数決で経済的な観点からユダヤ人を謝肉祭に招待することを決定したのだという。この点をめぐって議論が沸騰したために，ソコルでは総会が行われ，ユダヤ人に与するのではなく彼らの金だけを当てにすることをどのように説明するのかが問題になったとされている。しかし，このような状況であるにもかかわらず，チェコ・ユダヤ人側が盲目的にソコルに追従し，経済的な支援を行っているのだという。

おそらくはこの記事に対する反論なのであろう。『自衛』での非難から2

---

53) Frankl (2001) pp. 63-64. その他，バクサやブシェズノフスキー(共に既出)も国民防衛のメンバーであった。
54) "Úpadek Sokolstva"［ソコル運動の没落］, *Rozvoj* 1:45 (Nov. 3, 1904) n.p. (pp. 3-4).
55) "Židé a Sokolstvo"［ユダヤ人とソコル運動］, *Rozvoj* 2:13 (March 20, 1908) p. 6; "Židé a Sokolstvo"［ユダヤ人とソコル運動］, *Rozvoj* 3:34 (August 27, 1909) p. 5; "Židé a Sokolstvo"［ユダヤ人とソコル運動］, *Rozvoj* 3:39 (October 1, 1909) p. 6.
56) "Vom Příbramer 'Sokol'," *Selbstwehr* 4:3 (January 21, 1910) p. 3.

週間ほど経った後，チェコ・ユダヤ系の『発展』でもプシーブラムの事例が紹介されている[57]。『発展』によれば，プシーブラム・ソコルでは，1890 年頃から 20 年間にわたってユダヤ系会員の加入が拒否されているという。理由は，ユダヤ・ゲマインデがドイツ語を教育語とするユダヤ系学校を維持していたことと，何名かのユダヤ系ソコル会員が仮面舞踏会でドイツ語を話したことであった。プシーブラムのチェコ・ユダヤ人はこの 20 年間，チェコ意識の強化に務め，従来のユダヤ系学校についてもその維持を断念し，同学校がドイツ＝キリスト教系の学校に転化することを了承したのだという。最終的にはソコル側もユダヤ人の参加を呼びかけるようになったが，チェコ・ユダヤ側は，状況が改善されていないという理由でそれを拒否したのであった。

5.3.3　プラハにおけるユダヤ体操運動とソコル祭典

ボヘミアではチェコ・ユダヤ運動が強く，シオニズムがモラヴィアに比して相対的に弱かったため，モラヴィアで見られたようなユダヤ系体操運動の発展は見られなかった[58]。だが，こうした反セム主義的な流れの中，プラハにおいてもユダヤ人独自の体操運動を立ち上げようとする動きが発生した。例えば，1901 年の『ユダヤ体操誌 JTZ』において以下のような記事が掲載されている。

> プラハではドイツ系とチェコ系の体操団体が存在している。ユダヤ人の大半はドイツ体操協会で体操しており，中にはユダヤ人が過半数を占める団体も存在する。プルゼニでは当地のドイツ系体操協会に多数の反セ

---

57) "Sokolstvo a Židé"［ソコル運動とユダヤ人］, *Rozvoj* 4:5 (February 4, 1910) p. 6.
58) チェコ諸領邦におけるユダヤ体操運動の資料は極めて少なく，ここにおける記述も断片的なものにとどまっている。ちなみに，戦間期の元マカビ会員であり，ホロコーストの数少ない「生き残り」であるフェルベルもまた，資料はほとんど残っていないと主張している。Färber (1997) pp. 60-63. フェルベル氏の論考については，K. チャプコヴァー氏 (Kateřina Čapková) がその存在を指摘し，コピーを送って下さった。記して感謝申し上げる。

第 5 章　創られるユダヤ人の身体　　161

図 5.1　プラハ・ユダヤ体操協会（1906 年）
出典：Eisen (1983) p. 258.

ム主義者が入会し，ユダヤ人は少数派となってしまったが，盛んな防衛活動により，今もなお，彼らはドイツ系体操協会で活動を継続している。一方，ソコルにはユダヤ人は全くいない。あるユダヤ人がプラハのソコル協会に入会を申し込んだところ，拒否され，しかも「人民（Volk）を搾取し，貧困状態に追いやるような移民の国民」を受け入れることはできない，という返事を受け取っている。その手紙にはシャイネルとポドリプニーの署名があったが，ポドリプニーはチェコ・ユダヤ系グループからは親ユダヤ派と見られている人物である。ボヘミアにおいて，特にプラハにおいて独自のユダヤ系体操協会を設立する機が熟しているように思われる[59]。

だが，実際にプラハでユダヤ体操協会が設立されたのはその約 4 年後，すなわち 1905 年 5 月 20 日のことであった。この日，ボヘミア総督のクーデンホーヴェ伯爵も参加して行われた設立総会では，以下のような挨拶が行われている。

　……ユダヤ人がチェコ系体操団体のメンバーになることは事実上不可能

---

[59] "Aus der jüdischen Turnerwelt: Prag" (Eig. Ber.), JTZ 2:6 (1901) p. 83.

となり，ドイツ系体操団体のメンバーになることも道徳的に不可能となったという厳然とした，そしてよく知られた事実により，ユダヤ体操協会が設立されるに至ったのです。新しい体操協会の設立により，ユダヤ市民（Bürgern）や学生に，母語や日常語の相違にかかわらず，それぞれの政治的活動を離れて自由に，そして何の妨げもなく体操とスポーツに献身する可能性を与える，それが［ユダヤ体操協会の］創立者たちが意図していることなのです[60]。

翌月の6月11日には，皇帝の肖像画の除幕式を含む体育室（Turnhalle）の落成式が行われている。この団体は，1907年の時点において100名を越える体操会員（女性を含む）と140名の青年・児童会員を擁するようになっていた。『自衛』では以下のように述べられている。

> 我々ユダヤ人は，今日，逞しく，機敏で強力な種族，すなわち，筋骨逞しきユダヤ人をより一層必要としている。だが，プラハやその他のユダヤ体操協会が有している第一の価値と最高の意義というのは，こうした協会においてユダヤ的国民感情（Nationalgefühl）と連帯の意識が再び促進されるという点なのである。それはもちろん，尊大な態度やショーヴィニズムとは無関係であり，卑下したり他に寄生したりといったこととも無関係である[61]。

ところが，このプラハ・ユダヤ体操協会は，活動が停滞したために，この年のうちに事実上の休眠状態に入ってしまう。組織が再び活動を始めるのは，ソコルが1912年夏に第6回祭典を行い，身体運動による団結を誇示してからであった。この祭典を機にユダヤ系の若者が多数ソコルに入会したことから，危機感を抱いたシオニスト側が慌ててプラハ・ユダヤ体操協会の活動を

---

60) "Aus der jüdischen Turnerwelt: Jüdischer Turnverein in Prag," JTZ 6:5/6 (1905) pp. 125-126.
61) "Vom jüdischen Turnverein in Prag," *Selbstwehr* 1:3 (March 15, 1907) p. 4.

再開したのであろう[62]。1912年末，復活したプラハ・ユダヤ体操協会の総会において以下のような演説が行われている。

> 現代の大都市生活は消耗的な知的労働と偏頗な職業活動に偏っている。……我々ユダヤ人は，これまで知的活動を過大に評価しすぎてきた。そのために我々の神経は過敏となり，肉体は虚弱となった。これはゲットー時代の後遺症である。……我々は今や個人としても，国民全体としても，人格の調和的発達を図らねばならない。我々は常日頃，議論にばかり耽っていて，スポーツや体操を行うことがあまりに少ない！　人種衛生学(Rassenhygiene)と優生学(Eugenik)が重視される現代にあっては，精神のために肉体を犠牲にするようなことがあってはならない。身体と精神双方の調和ある発達が我々の理想なのだ。……
> 我々は夏にソコル祭典を目撃した際に，体操のこのうえない成果を目の当たりにした。爆発せんばかりの凝集性の中にチェコ人民(Volk)のすべての階層を放り込んでしまうというかつてない国民的熱狂に対し，ユダヤ国民(nationale Juden)としての我々は敬意を表したのであった。我々は，この壮麗な催しを見，学ぶことによって，国民的な体操において何が重要であるかを知った。それはすなわち，すべての国民同胞による協調行動なのである。それは，最も小さい成果を獲得しようとする際においても必要なのだ[63]。

このように，ユダヤ体操協会やシオニズム勢力は，ソコル祭典に刺激されて自らの身体鍛錬の重要性を意識したが，それとは対照的に，チェコ・ユダヤ陣営は，ソコル運動が重要であるからこそ，我々もチェコ人の一員としてソコル運動に参加せねばならない，という結論を導いている。例えば，『発

---

62) "Aus der jüdischen Turnerwelt: Prag," *JTZ* 14:1 (1913) pp. 23-24.
63) "Über der Wert jüdischer Turnerei," *Selbstwehr* 6:51 (December 20, 1912) p. 6. このテクストは以下の文献においても引用されている。Stölzl (1975) p. 134; Gilman (1995) p. 106; パーヴェル(1998) p. 211。

展』では以下のように述べられている。

> ソコル祭典は，チェコ人としての我々を誇りと喜びで一杯にした。……［しかも］かなりの数のチェコ・ユダヤ人がソコルのメンバーとなり，演技に参加していることが祭典の時に明らかとなった。だが，実のところ，もっとたくさんのチェコ・ユダヤ人がソコルの会員，特に体操会員になるべきであろう。……ユダヤ・ルネサンスの問題は，大部分，チェコ・ユダヤへのソコル思想の浸透にかかっているのだから[64]。

おわりに

プラハ中心部に残る昔日のユダヤ人街（ヨゼホフ地区）は，今もなお幻想的な雰囲気に満ちている。19世紀末から20世紀初頭にかけての「衛生化措置」により，大部分が「近代的な」街並みに変わったとはいえ，普通とは逆向きに回るユダヤ式時計や墓石が幾重にも折り重なったユダヤ人墓地は今日でも健在である。夜の遅い時間にこの辺りを歩いていると，伝説の人造人間ゴーレムが向こうの角から出てくるのでは，という不安にとらわれてしまうほどだ[65]。

この人造人間ゴーレムに関わる伝説には様々なヴァリエーションが存在するのだが，多くの場合，16世紀から17世紀にかけて活躍した高名なラビ（律法師），レーフがこのゴーレムを造ったとされている。20世紀初頭に流布していたゴーレム伝説によれば，この人造人間に課せられていた役割は，反セム主義，特に，宗教的儀式のためにキリスト教徒の血を必要とするという偏見からユダヤ人を守ることであった。ゴーレムは，「儀式殺人」の嫌疑をかけられないように，ユダヤ人街に入ってくる荷馬車の中にキリスト教徒の死体が含まれていないかどうかをチェックしていたのである。

---

64) "Židé v Sokolstvu" ［ソコル運動におけるユダヤ人］, *Rozvoj* 6:27 (July 5, 1912) p. 1.
65) 石川 (2000) pp. 291f.

ところが，ユダヤ人を守るというこのモティーフは，もともとのゴーレム伝説には含まれていなかった。1890年代に反セム主義が深刻化する中で，無実のユダヤ人が「儀式殺人」の罪で訴えられるという事件が発生したために，それに対応する形で従来のゴーレム伝説にユダヤ人の保護者という役割が付加されたのである。それだけではない。少なくとも書かれたものから判断する限り，1840年代に至るまで，プラハにゴーレムがいたという伝説それ自体が存在していなかった[66]。

　また，ここで注意すべきことは，ゴーレム伝説の「新しさ」だけでなく，その伝説の形成に大きな影響を与えたとされる反ユダヤ主義自体，新しいものであったという点であろう。もちろん，宗教的な意味での反ユダヤ主義は近代以前から存在しており，チェコにおいても，10世紀頃にユダヤ人が入植して以来，たびたびユダヤ人に対する迫害が行われてきた。

　だが，19世紀後半に拡大した反ユダヤ主義はそれまでの反ユダヤ主義とは性格を異にするものであった。すなわち，それは，宗教的な意味だけでの反ユダヤ主義ではなく，民族的，あるいは人種的な意味での反ユダヤ主義が付け加わったものだったのである。既に述べたように，1880年代から使われるようになった「反セム主義 Antisemitismus」という言葉は，まさに，この新しい形の反ユダヤ主義を表現する単語であった。

　19世紀半ばまでのチェコにおいては，ドイツ語を母語にする者であれ，チェコ語を母語にする者であれ，社会的上昇を望むのであれば，ドイツ語を習得するのが普通であったと言えるだろう。その点においては，ユダヤ人も同じであった。ただし，それはドイツ人になるためにドイツ語をマスターするのではなかった。ハプスブルク帝国の統治下であった当時においては，ドイツ語が最も重要な地位を占めており，ドイツ語能力無くしてはエリートへの階段を昇れなかったからである。1781年の寛容令以来，職業選択や居住地などの面において種々の制限が撤廃され始めていたユダヤ人もまた，その多くがドイツ語文化圏へと流れていった。

---

66) Kieval (2000) pp. 95-113, esp. p. 101.

ところが，19世紀半ば頃からチェコ人の国民運動が盛んになり，ドイツ人とチェコ人の対立が深刻化してくると，意図的にチェコ語文化圏に属し，チェコ人として生きようとするユダヤ人が増加していく。そして，「ドイツ人」として生きるユダヤ人と「チェコ人」として生きるユダヤ人が対立し合う状況が生まれたのである。ただし，チェコ人とドイツ人のどちらを選択するにせよ，自らの「ユダヤ性」を完全に放棄してしまうユダヤ人は少なかったと言えるだろう。特に，チェコ・ユダヤ運動と呼ばれるグループにおいては，チェコ人としてのアイデンティティーとユダヤ人としてのアイデンティティーを両立させる道が模索されていた。

しかしながら，国民が血統に基づくもの，すなわち人種に基づくものとして捉えられるようになると，ユダヤ人がドイツ人やチェコ人になることはそもそも不可能なのではないか，という疑問が生じていく。また，ユダヤ人自身の中にも，自分たちを単なる宗教的な存在ではなく，一個の独立した国民であり人種であると捉える潮流が発生する。これがシオニズムであった。チェコにおいては，このシオニズムは，ドイツ人やチェコ人への「同化」ではない「第3の道」をユダヤ人に提供する役割を果たしたのである。

シオニズムが本格的に展開されたのは，本書が対象とするハプスブルク帝国時代ではなく，この国が崩壊し，チェコスロヴァキア第一共和国が1918年に成立してからであった。この新国家においては，ユダヤ人が世界で初めて一個の独立した民族(národnost)として認められ，それまでチェコ人およびドイツ人として生きてきたユダヤ人の中にもシオニストとなる者が多数見られた。ユダヤ系体操団体であるマカビが全盛期を迎えたのもこの時代である。その背景には，パレスチナに新しい国家を建設するというプランが現実味を帯び始めたという事情もあったことだろう。また，表5.4から明らかなように，ヒトラーが政権を握った1933年以降に会員が急増している点にも留意すべきであろう。

だが，民族としての存在が認められたからといって，ユダヤ人のすべてが一様にシオニズムに向かったわけでもないし，ユダヤ人としての一体性が生まれたわけでもない。既に述べたように，チェコ地域のユダヤ人は，もとも

表5.4 チェコスロヴァキア・マカビ連盟の会員数

年	協会数	会員数
1919	14	—
1920	33	—
1921	31	2,000
1926	32	2,500
1928	35	4,000
1929	44	4,800
1930	43	—
1931	45	4,870
1933	73	9,000
1934	77	9,200
1935	77	9,350
1936	82	10,300

出典：Brüll (1937/38) p. 101
（本章脚注 41 参照）．

とボヘミアとモラヴィア，シレジアで異なった特徴を示していたし，スロヴァキアや東部のポトカルパツカー・ルスのユダヤ人社会など，さらなる多様性を持った集団も同じ新生国家の中に含められた。その点では，チェコスロヴァキア第一共和国におけるユダヤ人を「ユダヤ人」として一括りにすることすら不可能である[67]。

また，ナチスの圧力によって1939年に解体されたチェコスロヴァキアにおいては，ドイツなどと同様，第二次世界大戦中におびただしい数のユダヤ人が犠牲となっているが，彼ら／彼女らに対する迫害の歴史は，20世紀のホロコーストへとつながる一直線の流れであったわけではない。既に見てきたように，19世紀に生じた反セム主義は，それまでの反ユダヤ主義とは性格の異なるものであったし，ユダヤ人自身のアイデンティティーもまた，社会の状況によって変化し続けてきた。特にチェコ人とドイツ人の「狭間」に置かれたチェコ地域においては，ユダヤ人のアイデンティティーは複雑なものとなった。ある意味では，彼らは，ドイツ人とチェコ人の対立を映し出す鏡の役目を担わされていたのである。

---

[67] 戦間期におけるユダヤ人については，鈴木(2002)；Čapková(2005)を参照。

この章で見てきたように，チェコ社会におけるユダヤ系体操団体は，チェコ・ユダヤ運動の影響もあり，それほど大きな勢力となったわけではない。だが，マージナルな組織であったとはいえ，その存在は，当時のチェコ社会における国民間関係を反映するものであった。ソコルに入会することによってチェコ人としての自らの存在をアピールするチェコ・ユダヤ運動の担い手たち，古典的自由派としてドイツ系体操協会にとどまるユダヤ人体操家たち，そして，一つの独立した国民として自らを創出するためにシオニスト系体操運動に傾倒した者たち。こうした3タイプのヴァリエーションは，当時のチェコ社会における国民の可変性，相対性を浮き彫りにしていると言える。これが，本章においてまず第1に確認すべき点である。

　第2に指摘すべき点は，ユダヤ人が当時の社会における身体観を象徴する存在となっていた，という事実である。進歩に対する楽観論と急激なライフスタイルの変化は，他方では，人々を退化への不安へと陥れていた。こうした状況の中，ユダヤ人は「劣性の他者」として位置づけられたのである。「普通の」人々は，自分たちより「劣った」ユダヤ人を見ることによって，自らの優秀性を確認したのであった。言い換えれば，当時のユダヤ人像は人々の劣等感の裏返しであった。ユダヤ人の体操運動は，そうした言説に対する一つの回答であったと言えよう。「普通の」人々以上に身体への強迫観念を持っていた（持たされていた）彼ら／彼女らは，弱肉強食の世界で生き残るために「筋骨逞しきユダヤ人」へと向かったのである。そこには，当時の社会において体操運動が力を持ちえた理由を解く鍵が含まれているように思われる。

第6章　オリンピックとチェコ国民

はじめに

　1891年夏，2人の男がパリで顔を合わせた。1人は，イジー・グート[1]というチェコ人の学校教師であり，ちょうどこの時，オーストリアの文化教育省から奨学金を獲得して2カ月間の予定でパリに滞在し，フランスにおける体操教育の研修を行っていた。もう1人は，クーベルタン男爵。言うまでもなく後に近代オリンピックの創設者として名を残す人物である。しかしながら，両者は以前からお互いを知っていたわけではない。体育についての資料を漁っていたグートが，知り合いから当時はまだ無名であったクーベルタンの名を耳にし，しかもパリに住んでいるという情報を得たことから，彼を捜し出して対面しただけのことであった[2]。グートはクーベルタンに対し，チェコの体育と体操団体のソコルについて語り，クーベルタンはグートに対し，会うべき人物の名前と文献のいくつかを伝え，それで別れたのであった。当時，クーベルタンはオリンピック復活のアイデアを温めつつあったと思われるが[3]，この時の会話ではオリンピックは話題に上っていない。しかしな

---

1) 1920年より Jiří Stanislav Guth-Jarkovský と改名している。
2) Pacina (1986) p. 136.
3) オリンピック復興のアイデアが実際にクーベルタンの頭に浮かんだのは，ヨーロッパの古代オリンピア熱が最高潮に達していた1888年から1892年にかけてのことであったとマカルーンは推測している。マカルーン (1988a) p. 292.

がら，この全く偶然とも言える出会いが，ほぼ半世紀にわたる2人の親交を生み出し，オリンピックとチェコ人を結びつけるきっかけとなったのである。

　グートは，ハンガリーのF.ケメーニと並んで1894年に設立された国際オリンピック委員会(IOC)のメンバーに任命され，近代オリンピックの活動に最初から関わっていくことになる。ところが，興味深いことに，当時のチェコとハンガリーはオーストリア＝ハンガリー二重君主国の一部であり，独立国家ではなかった。それにもかかわらず，両者がそれぞれ単独の国民としてオリンピックに参加し，オーストリアがIOCに代表を持たないという「異常事態」が発生したのである。だが，当初はオリンピックにあまり関心を持っていなかったオーストリア政府も，次第にその政治的意味を悟り，ハンガリーとチェコ，特にチェコに対して圧力をかけるようになった。政府によれば，「オーストリアは一つであり，チェコ人もまたオーストリア人としてオリンピックに参加しなければならない」のであった。最終的には，1914年の第6回パリ・コングレスにおいて，オリンピックに参加できるのは「政治的国民 Politische Nation」だけである，という決定がなされ，オーストリアの一部であったチェコとロシアの一部であったフィンランドは単独の国民としてオリンピックに参加する権利を剥奪されたのである。

　クーベルタンの考えによれば，オリンピックは世界各地からやって来た国民がスポーツを通して交流を深める場所であって，偏狭な国民主義を助長したり国家間対立に悪用されるものでは決してなかった。しかしながら，国民問題が深刻になりつつあった当時において，人々の注目を集めうるこうした国際的な祭典が国民主義の影響を受けないはずはない。オリンピックは，国民間の平和的交流といういささか牧歌的なイメージではなく，実際には国民や国家の自己アピールの場所となり，政治的な意味を獲得していくのである。その過程においては，オリンピックに参加できる国民とは何か，という議論が生じ，最終的にはチェコ人のように国家を持たない国民は国民でないと判断されてしまった。本章では，こうした過程に着目し，オリンピックにおける国民概念がどのように変化していったのかを追っていきたいと思う。しかしながら，まず最初に問わねばならないのは，その変容が，当時の社会全体

に流通していた「国民」の変化をどの程度反映していたのか，という問題である。6.1 節では，まずその点を明らかにするために，社会におけるオリンピックの位置を確認しておきたい。そのうえで，6.2 節以下において近代オリンピックにおける国民問題を具体的に考察し，国民主義研究におけるオリンピックの重要性を浮き彫りにしたいと思う。

なお，冷戦の終了と相前後して，中・東欧地域における共同のオリンピック史研究が開始され，チェコスロヴァキア（当時），ハンガリー，オーストリアの 3 カ国によるオリンピック史の刊行が企画された。実際には，オーストリア，ハンガリーの 2 カ国分（Niedermann & Kutassi 1990）しか刊行されなかったものの，チェコにおける研究成果は，同書およびオーストリア単独のオリンピック史（Niedermann 1995）に反映されている。また，ドイツとチェコによる共同研究も行われ，その成果がチェコ・オリンピック委員会の内部資料（Kössl 1995）としてまとめられている。しかしながら，ドイツ語圏の体育・スポーツ史研究者にとってはスラヴ系であるチェコ語の壁は厚く，また，共同研究が始まって日が浅いこともあり，基本的な事実関係をめぐってもチェコ語圏とドイツ語圏の研究には食い違いが見られる。

ちなみに，日本では，長年にわたって実際のオリンピック活動に携わってきた鈴木良徳が，チェコ人やフィンランド人の代表権をめぐる問題についての言及を早くから行っている。だが，それは政治の介入からオリンピックを守った「先駆的な事例」としての紹介にとどまっているにすぎない[4]。彼によれば，当時は政治的単位ではなかったチェコやフィンランドをオリンピックに参加させたのは，政治とは関係のないスポーツ独自の領域を守ろうとするクーベルタンら IOC の卓見なのであった。しかしながら，近代オリンピックが「復興」された当時は，主権国家を有するかどうかという点はそもそも問題になっていなかったし，スポーツの非政治性を確保するという確固とした理念の下にチェコの参加が要請されたわけでもない。それにもかかわらず，平和の祭典としてのオリンピック・イメージが後に一般化されてくる

---

4) 例えば，鈴木&川本（1952）p. 119 を参照。

と，こうしたチェコやフィンランドの事例もまた，スポーツは政治的ではありえないという素朴な観念を補強するものとして解釈されてしまうのである。本章における考察は，限定的ながらもこのようなオリンピック聖域論を掘り崩す一つの布石になるものと考えている[5]。

6.1 社会におけるオリンピックの位置

6.1.1 初期オリンピックのイメージ

現在のオリンピック競技は，サッカーのワールドカップと並んで，世界で最も注目されるパフォーマンスの一つと言えよう。世界各地からスポーツ選手と観客が集まって祭典に参加するというだけではない。テレビによる視聴者を含めれば，数十億の人間が同じ瞬間にオリンピックというメガ・イヴェントを目撃していることになる。そのように考えると，オリンピックの持つ影響力は巨大であり，実際，冷戦下のモスクワ大会(1980年)やロサンゼルス大会(1984年)のように，東西陣営による双方のボイコットによってオリンピックそのものが政治的対立の前面に押し出された例も見られる。その点では，この祭典は，国民にとって，また国家にとって，自らの存在を外にアピールする絶好の機会であり，単なるスポーツ競技としては片づけられない政治的要素を含んでいると言えよう。

しかしながら，現在のオリンピック・イメージを基にして初期のオリンピックを捉えることはできまい。19世紀の後半より本格化した古代オリンピアの発掘にヨーロッパの関心が集まっていたとはいえ，実際にオリンピック競技を復活させようとする試みは散発的になされていただけであり，今日のようなオリンピックの登場を予想できた人間は存在しなかったはずである。クーベルタンが提示したオリンピック復活案にしても，どちらかと言えば，一人の無名貴族によって提案されたいささか突拍子もないアイデアでしかな

---

[5] この点については，清水(2004) pp. 6-8 などを参照。

かった。1892年11月25日，フランス競技スポーツ協会連合（USFSA, Union des sociétés françaises de sports athlétiques）の創立5周年記念行事——本当は5周年ではなかったのだが——において，彼はオリンピック復興のアイデアをぶち上げるが，それは完全なる失敗に終わっている。

> センセーショナルな決議の宣告によって，私は自分の演説を締めくくろうと考えていた。それは，オリンピック競技を早急に復活させるというアピールであった。しかし何も起こらなかったのである！
> もちろん，予想される反応については何でも受け止める覚悟ができていた。だが，こんな反応が返ってくるとは。反論？　抗議？　皮肉？　それとも無視？……そんなものでは全然なかった。皆は拍手を送り，同意の意志を示し，私に対して成功を祈る言葉までくれたのである。しかしながら，誰も私のアイデアを理解していなかった。完全で絶対的な無理解がそこで生じたのである。それは長い期間続いたのであった[6]。

実際，1896年の復活第1回アテネ・オリンピック[7]を除けば，万国博覧会と抱き合わせで開催された1900年の第2回パリ大会や1904年の第3回セントルイス大会は惨憺たる結果であった。ここでは，主役はあくまで博覧会であり，オリンピックは脇役的な存在でしかなかった[8]。クーベルタンの言葉によれば，オリンピックの「哲学的価値」や「教育的意義」は博覧会の中に「消え去り」，「無意味なもの」になってしまったのである[9]。パリ大会の円盤投げで2位をおさめ，チェコ人として初めて表彰されたヤンダ＝スークが受け取った褒賞も貧弱なものであった。グートは以下のように回想してい

---

6) Coubertin (1996) p. 9. クーベルタンは同書において，USFSAの5周年記念というのは虚偽であったことを告白している。オリンピック復活のアイデアを打ち上げるのにふさわしい場とするために，5周年記念という名目をこの祝賀会に付け足したのであった。*Ibid.*, p. 8.
7) アテネ大会の模様については，マカルーン (1988a) pp. 385f. を参照。
8) 吉見 (1992) pp. 273-275。
9) Coubertin (1996) p. 59.

る。

　　パリ大会の最後に行われた表彰式の会場は，ブローニュの森にあるフランス・レーシングクラブであったが，これほど惨めな表彰式はなかった。青空の下での宴会のような感じで，ほとんど居酒屋の雰囲気であった。そして，どこか片田舎の競技でもらえるような傷物の装身具が渡されたのである[10]。

　しかしながら，予算上の関係で，こうしたオリンピックと博覧会の「夫婦関係」は，1908年に仏英博覧会と並行して開催されたロンドン大会まで継続した。その後，1912年の第5回ストックホルム大会からは，規模も徐々に拡大されていくが，それでも博覧会を凌駕するようなものではなかった。吉見の指摘するとおり，オリンピックと万国博の関係が完全に逆転したのは，1936年のベルリン・オリンピックの時であった。この大会の開催が決定されたのはナチスが政権を獲得する前であり，ヒトラーは当初オリンピックに関しては全く関心を持たなかったという。だが，すぐにその価値に気づいた彼は，壮大なスタジアムを建設し，見事に演出された大会を内外に見せることによって，第三帝国の正当化を図ったのである[11]。この点については，レニ・リーフェンシュタールによって撮られたベルリン大会の映画『オリンピア』から図らずも読み取ることができよう。

6.1.2　スポーツと体操をめぐる論争

　1894年，オリンピックの復活をテーマとしたスポーツ協会連合(USFSA)の会合 —— 後に第1回オリンピック・コングレスと呼ばれるようになる —— が開かれた時，ベルギー体操協会連合(Union des Sociétés Belges de Gymnastique)の会長であるキュペルスは，その招待状に対して以下のよう

---

10) Guth (1929) p. 57.
11) ナチスとベルリン・オリンピックに関してはダフ・ハート・デイヴィス(著)，岸本完司(訳)『ヒトラーへの聖火 —— ベルリン・オリンピック』東京書籍，1988が優れている。

な断りの返事を出している。

> 我々の団体は，体操とスポーツは互いに相容れないものであるとこれまで常に信じてきましたし，今もそう信じております。そして我々体操家は，スポーツというものに対し，体操の原則に反するものとして常に反対の意を表明してきたのであります[12]。

1896年の第1回アテネ大会が終了した直後には，ソコルの機関誌において，ヨーロッパ各地における「多くの体操団体がオリンピック競技に反対している」事実が紹介され，スポーツに反対するキュペルスの意見が説得力を持つものとして評価されている。

> 体操は，人間身体の調和的，かつ最良の発展を適合的な訓練によってもたらすことを目的としている。それに対し，スポーツは身体上の一面的な力を完成させ，卓越させることを公言してはばからない。体操は健康を促進させ，強さ，柔軟性，そして特に身体的美を正しく発展させる。スポーツは，身体の一部分だけを鍛錬するものであり，他の部分を害し，部分と部分のバランスを崩し，馬鹿げた考え方によって健康と美を損ねてしまう。スポーツは，賞を獲得するという名目の下でプロフェッショナリズムを助長し，ごまかしをも辞さない。体操は，こうした破廉恥なものからは縁遠いものである。……［ただし］，走ることには我々体操家も熱中しているし，フェンシングもほとんどの［体操］協会においてトレーニング・プログラムの中に採り入れられている。水泳は，しばしば公開体操の一つとして採り入れられている。スケートも我々体操家のお気に入りであると同時に，効果的な訓練の一つとして見なされている。乗馬やサイクリングも生活上に必要なものであり，訓練の一つとして見なされている。……[13]

---

12) Coubertin (1996) p. 17.

このように，当時の体操家たちは，フェンシングやスケートといったスポーツそれ自体を否定していたわけではない。彼らが嫌悪感を示したのは，他人と競走することによって自己の優越性を求めるというその性格に対してであった。スポーツの発祥地であるイギリスとは対照的に，ヨーロッパ大陸では一般的に体操運動が発達し，健康で強力な国民を形成するための集団体操に価値が置かれていたのである。

体操家たちの感覚からすれば，スポーツは以下の5つの点において体操よりも劣るものであった[14]。すなわち，第1にスポーツは個人的なものであり，他人に勝ろうとするエゴイズムを助長するものでしかなかった。第2に，身体の一部だけを鍛錬するという点において，スポーツは身体の調和を崩し，下手をすれば健康を損ねかねないものであった。第3に，スポーツは道徳的な価値を持っておらず，体操のように，心身のバランスのとれた発展を促すものではなかった。第4に，スポーツは身体能力に優れた一部のエリートを優遇するものであり，体操のような「民主的で国民的なもの」とは違って「非民主的な」娯楽にすぎなかった。ソコルのように「国民に奉仕し，全体の利益のために個々人に犠牲を課す」ものではなく，スポーツは国民のことを顧みない「インターナショナルな」ものにすぎなかったのである[15]。また第5に，スポーツは費用のかかる娯楽であり富裕な階層しか参加できないも

---

13) "Ke hrám olympickým"［オリンピック競技によせて］, *Sokol* 22:7 (1896) p. 146.
14) ドイツにおける体操とスポーツの対立については，小原 (2004)；唐木 (1977)；山本徳郎「ドイツの体育・スポーツとナショナリズム」中村敏雄ほか(編)『スポーツナショナリズム』(シリーズ・スポーツを考える 5) 大修館書店, 1978, pp. 88-115, esp. pp. 100-106 を参照.
15) A. Hradil, "Sport a tělocvik sokolský (Časová úvaha)"［スポーツとソコル体操(今日的考察)］, *Věstník Sokolský* 4:18 (1900) pp. 321-323; 4:19, pp. 337-339; 4:21, pp. 377-379; 4:23, pp. 425-427; 4:24, pp. 445-447, esp. pp. 377-378. なお，ここで使われている「インターナショナル」という言葉には，労働者運動に対するのと同じように，根無し草的態度に対する非難の意味が込められている。これに対し，クーベルタンは1898年，コスモポリタニズムとインターナショナリズムを区別し，世界における人間の多様性を克服し放棄しようとするコスモポリタニズムではなく，そのような多様性を逆に尊重しようとするインターナショナリズムを支持する立場を表明している。彼によれば，人類

のであった。ケスルの指摘によれば，当時の労働者や小市民層の体操家たちの間にはスポーツは時間と金を浪費するものでしかない，という認識が存在していた[16]。

クーベルタンがオリンピックの復活を提唱した時に直面したのは，こうした体操家たちの不信の目であった[17]。中でも，チェコ・ソコルは最も否定的にオリンピック競技を捉えていた体操団体の一つであり，グートもまた，ソコルの無関心に手を焼くことになる。だが，彼にとっては，国際的に見ても引けを取らないソコルを抜きにしてはオリンピックに出場する意味もなくなってしまうのであった。1896年10月5日付の手紙において，彼はクーベルタンに対して以下のように述べている。

> 我々の体操家，つまりソコルの参加がなければ，その他のチェコ人が［オリンピック］競技に出場したとしても，全く不完全なものとなってしまうでしょう。サイクリングクラブを除けば，我々の運動団体というのはまだまだ未発展なのです。……ですから，私はまず最初にソコルの賛同を得なければなりません。ソコルは非常に強力な団体ですから，彼

の中に存在する差異をお互いに尊重し合うインターナショナリズムは，少なくとも，「正しく理解された」パトリオティズムと相容れないものではなかった。マカルーン (1988b) pp. 405-406。

16) Jiří Kössl, "Sokol a olympismus"［ソコルとオリンピズム］, In: Waic (1996/97) pp. 160-174, esp. p. 162.

17) ただし，注意しなければならないのは，当時の体操家たちも古代オリンピアに対する強い憧れを持っていたことである。第2章でも述べたように，ティルシュは国民の祭典としてのオリンピックを賛美している。ソコルの会長を務めたシャイネルもまた，数年に一度開かれるチェコ人のソコル祭典こそが「真のオリンピアーダ」であると表現している。Josef E. Scheiner, "K našim Olympiadám"［我々のオリンピアーダによせて］, Sokol 27:1 (1901) pp. 2-3; idem, "Na prahu naší Olympiady"［我々のオリンピアーダの開催に当たって］, Sokol 33:2 (1907) pp. 25-26; 33:3, pp. 49-50; 33:4, pp. 71-72; 33:5, pp. 95-96.

このように，体操家たちの関心はあくまで国民的行事としてのオリンピックであり，インターナショナリズムを建前とするクーベルタンのオリンピックとは相容れないものであった。

らの参加さえ得られれば，我々国民の本当の姿をお見せすることができるでしょう[18]。

だが，ソコルの態度は一貫して否定的なものであった。ソコルの会長であり，機関誌『ソコル』の編集長でもあったシャイネルは，1906年に開催されたアテネ中間オリンピック[19]について，国民にとっては何の意味もなさないものであると断じている。

……フランス，デンマーク，スウェーデン，ドイツの体操家がアテネに選手を派遣したのに，チェコ・ソコルの指導部はそうしなかったため，ソコルとしての課題を怠っているのではないか，という批判が寄せられている。……［しかしながら］，今日行われているようなオリンピック競技は，その大部分が，特別なトレーニングで鍛えられた少数のスペシャリストが何らかの体操部門で競い合うものでしかなく，国民の体操能力を示す規準とは絶対になりえない。その意味では，国民にとってはオリンピックは何の意味もなさないのであり，ただ単に，世界から集まってきた観衆の前で，国民の構成員が何らかの賞を獲得したという出来事にすぎないのである[20]。

---

18) 1896年10月5日付のグートからクーベルタンへの書簡。Kössl (1998) vol. 1, p. 24.
19) この中間大会は，オリンピックを常にアテネで行おうとするギリシア政府と毎回異なる場所でオリンピックを開催しようとするIOCとの間の妥協として生じた。1830年に独立したギリシアにとって，特に，まだ国民の間で定着しきれていなかった王族にとって，オリンピックは，自らの権威を中心にして国民を統合する格好の道具となった。1896年のアテネ大会が成功してからは，それまでの反対派も含めて，その後のオリンピックを恒常的にアテネで開くことを要求するようになったのである。しかしながら，クーベルタンをはじめとするIOCがそれに強硬に反対したこともあって，1904年，1908年と4年ごとに開催される正規オリンピックの中間，すなわち1906年，1910年というふうにギリシアでオリンピックを開催することが決定された。ただし，ギリシア内部における政治的混乱のため，実際に行われたのは1906年だけである。なお，現在では，この中間大会は正式のオリンピックと見なされていない。
20) Josef E. Scheiner, "Hry olympijské v Athénách a Sokolstvo"［アテネにおけるオリ

第 6 章　オリンピックとチェコ国民　179

ただし，シャイネルはオリンピックを完全に否定していたわけではなかった。彼は，グートが『ソコル』でオリンピックに関する宣伝記事を書くことを許可しているし，ソコルとしては正式にオリンピックへの参加を認めなかったものの，メンバーが個人の判断でオリンピックに参加することは容認していた。また，1906 年のアテネ中間大会の時とオーストリアからの圧力が強まった 1914 年には，インジフ・ヴァニーチェクをソコルの代表としてチェコ・オリンピック委員会に派遣し，オリンピックの活動に協力する姿勢を見せてはいる。だが，ヴァニーチェク自身，「オリンピックに対する反感を隠したことのない」[21] 人物であったし，1914 年のパリ・コングレスにシャイネル自身が参加した時にも，オリンピックからチェコが追放されようとする瞬間ですら，ほとんど何も発言していないのである[22]。なお，ソコルがオリンピックに対して肯定的な態度を取り始めるのは第一次世界大戦後のことであり，団体として正式に選手を派遣し始めたのも 1920 年のアントワープ大会からであった[23]。ただし，スポーツは体操よりも格が低いもの，という認識は 1930 年代まで継続した。例えば，1931 年にはソコルの講義録シリーズの 1 冊として『ソコルとスポーツ』が出版されているが，そこでは，スポーツはあくまで二次的な意味しか持たず，「体操がスポーツよりももっと深い意義を持っている」という点が強調されたのである[24]。

　以上，本節で見てきたように，初期のオリンピックは人々の注目をそれほど集めていたわけではなかったし，スポーツに対する体操家の不信感も根強いものであった。さらに，スポーツ界の内部においても様々な対立が存在し

　　ンピック競技とソコル運動］, *Národní listy* 46:131 (May 13, 1906) p. 13 (Reprint in Kössl (1998) vol. 1, pp. 63–65, esp. pp. 63–64).
21) Guth (1929) p. 181.
22) Guth (1929) p. 194. グートは以下のように書いている。「オリンピックにあまり大きな関心を持っていなかったシャイネル博士は，どちらかというと単なる受動的な観客としてこの闘い［パリ・コングレスのこと］に参加していたのであった。ただし，思いやりのある観客であったと言うこともできるのだが……」
23) Kössl, "Sokol a olympismus," p. 169（本章脚注 16 参照）.
24) Jan Pelikán, *Sokolstvo a sport*［ソコル運動とスポーツ］(Praha, 1931) pp. 28–32.

ていたことを考えると[25]，当時の社会において一つのスポーツ・イヴェントを創り上げる作業はそれほど容易ではなかったと考えられる[26]。その点についてはチェコも全く同じであり，グートは，オリンピックにおける国民としての地位を守るために，非常に孤独な闘いを強いられたのであった。彼を熱心に支持した人物はわずかに数名であり，ソコルや政界における関心はわずかなものであった。当時における身体運動の中心は何といってもソコルであり，グートの活動は周辺的なものでしかなかったのである。その意味では，オリンピックにおける国民をめぐる議論は，当時の社会における国民概念の変容をそのまま反映するものであったとは考えにくい。したがって，我々がこれから見ることになるチェコ・オリンピックの活動は，社会全体から見ればあくまで周辺的なものにすぎなかったという点を押さえておく必要があろう。

---

25) 例えば，クーベルタンは当時のスポーツ界に存在していた対立を以下のように表現している。「19世紀のスポーツ選手たちは，ある種のスポーツの技術が，別の種類のスポーツで必要とされる技術とは異なるものであり，実際問題として両立しないものだという確固とした信念を抱いていた。フェンシングの選手がボクシングをすれば身体が損なわれるのであった。漕艇の選手であれば，鉄棒に対して警戒を払わねばならなかった。当時の馬術の選手であれば，徒競走やサッカーをすると考えただけで吐き気を催すのであった。唯一例外的に不信感を呼び起こさなかったのは，水泳とその当時まだ生まれたばかりであったテニスである。とはいえ，テニスはエレガントな気晴らしにすぎなかったし，水泳は健康に良いという理由で推奨されたり，事故に遭った場合や溺れている人間を救助する場合に役立つ実用的な慣習と見なされていただけであった。」Coubertin (1996) p. 10. 他に Coubertin (1966) p. 12 も参照。
26) オリンピックの成功を妨げるもう一つの要因として，当時の独仏対立を挙げておくべきであろう。例えば，1894年のパリ・コングレスにおいて，ドイツ人を参加させるべきかどうかが大きな争点となっていたのである。この時，対独報復を唱えていたフランス体操協会連合(Union des Sociétés de gymnastique de France)の会長，J. サンブッフが，もしドイツ人がコングレスに参加するのなら同連合を会議から撤退させる，とクーベルタンを脅したのであった。結果として，当コングレスに参加したドイツ人はライフェンシュタイン男爵唯一人であったが，彼は「公式」メンバーではなかったので，サンブッフも妥協し，同連合を撤退させなかったという。Coubertin (1996) p. 17；マカルーン(1988a) p. 338。

6.2 対立の予兆

6.2.1 1896年の第1回アテネ大会

1894年，オリンピックの復活をテーマとするコングレスの招待状がグートに届いた。しかし，当時の彼はオリンピックに対する関心を持っておらず，コングレスに祝電を打っただけであった。

> パリに行こうなどとは全く考えなかった。お金がなかったし，もし休暇が取れるのだったら，もっと未知の世界，言ってみればエキゾチックな世界に行ってみたいと思っていた。ちょうどこの時，［次の］休みにギリシアと小アジアに行く予定があり，それ以外のことを考える余地はなかったのである[27]。

それにもかかわらず，グートは，同じくコングレスを欠席していたハンガリーのケメーニと共に，新しく創設されたIOCのメンバーに選ばれている。グートは，IOCに選出された理由をチェコ人に対するクーベルタンの「共感」に帰しているが，国際的にある程度知られていたソコルの存在に負う部分もあると思われる[28]。いずれにせよ，この時には，IOCに選出されたこと

---

27) Guth (1929) p. 34.
28) この時点において，クーベルタンがソコルをどの程度知っており，どの程度積極的にソコルをオリンピックに参加させようと考えていたかは不明である。少なくともここで確認できるのは，1891年にグートと対面した時にソコルが話題に上ったことである。また，1889年にパリで開催されたフランス体操協会連合の第15回大会において，ソコルが外国人競技で1位から3位までを独占したことをクーベルタンが知っていた可能性も高い。そもそも，1894年のコングレスには，グートの他にもチェコのソコルとスポーツ・クラブのスパルタ（AC Sparta）に招待状が出されていることを考えると，クーベルタンはソコルの存在をよく知っていたと考えられるが，彼本人がソコルについて何も書いてない以上，ソコルに大きな関心を持ちオリンピックにソコルを参加させるべく積極的に努力していた，というコラーシュの主張は信用しがたい。Kolář (1981) p. 712, n. 16. なお，ソコルのフランス遠征については，Josef E. Scheiner, *Výprava sokolstva*

がいかなる意味を持つかについて，グートは全く知らなかったし，また考えようともしなかったのである。

1896年3月末，グートはIOCのメンバーとしてアテネに出かけたものの，復活された近代オリンピックに取り立てて大きな関心を持っていたわけではない[29]。しかしながら，実際に大会を目にしてみて彼の考え方は変わった。特に，勝利の儀式[30]は，チェコ人のような「抑圧された」国民にとって自らの存在をアピールする格好の機会と映った。復活された近代オリンピックの存在をチェコ人，特にソコル会員にアピールするために書かれた記事の中で，彼は以下のように述べている。

　……もし，スタジアムの中の大観衆が我々チェコ人についても多くの情報を与えられ —— 自分自身の経験に基づいて私はよく知っているけれども，外国では今のところ我々のことについてはあまり知られていない

---

do Francie ku XV. sjezdu Unie gymnastů francouzských v Paříži dne 9. a 10. června 1889［1889年6月9-10日にパリで行われた第15回フランス体操家連合祭典に向けてのソコルのフランス遠征］(Praha, 1889); idem, *Výprava sokolstva do Francie ku sjezdu Unie gymnastů francouzských v Paříži*［パリにおけるフランス体操家連合祭典に向けてのソコルのフランス遠征］(Praha, 1899); Jindřich Vaníček & Karel Regal, *Nancy a Lvov: zpráva o výpravách sokolských do Francie a Polska v červnu roku 1892*［ナンシーとリヴィウ —— 1892年6月に行われたフランスとポーランドへのソコル遠征についてのレポート］(Praha, 1892)などを参照。

29) Guth (1929) p. 41.
30) 初期のオリンピック大会では，勝利を祝う式と表彰式とは別個に行われ，各競技の後には前者が，最終日には後者がまとめて行われた。マカルーン(1988a) pp. 427-428。両者が一緒になった形式が取り入れられたのは，1932年のロサンゼルス大会からである。同上 p. 622, n. 168。アテネ大会では当初，勝利の式典においては国旗掲揚はあっても国歌吹奏はなかったようである。だがマラソンでギリシア人ルイスが優勝し，国歌吹奏を求める声が観衆の中から沸き上がり，以後習慣として定着した。なお，1896年のアテネ大会で表彰されたのは1位と2位だけであり，3位は表彰されていない。また，1906年のアテネ中間大会においても1位と2位のみが表彰されたことを考えると，3位までが表彰の対象となったのは金・銀・銅のメダルの授与が規約の中で明記された1908年のロンドン大会からではないかと思われる。この点に関しては，ロンドン大会一般規定15条を参照。Olympiad (1908) p. 30.

――一度に 10 万人の人間がスラヴの中でも最も小さい枝［チェコ人のこと］の存在に気づく，といったような光景を想像すると，［チェコ人がこのオリンピックに参加しなかったことが］ますます残念に思えてくるのだ。［もちろん］，こうしたアテネでの勝利が我々の苦しみを取り除いてくれるからといって，学問や芸術，その他の分野における努力を止めてしまうべきだなどと私は思わない。しかしながら，この機会をそのまま棄ててしまうのはもったいないではないか[31]。

アテネ大会の感動冷めやらぬままにチェコに帰ってきたグートは，早速，クーベルタンに書簡をしたため，「この夏の間にチェコ・オリンピック委員会を設立するつもりです」と知らせた[32]。オリンピックを国民間の交流の場と考え，世界平和の一手段として捉えようとしたクーベルタンとは異なり，グートが重要だと考えたのは，「参加者の数」ではなく「その能力」を示すことなのであった[33]。が，ソコルからの積極的な反応はなく，オリンピック委員会の設立にも失敗してしまう。彼は，さしあたりの仕事として，チェコ・サイドにおけるオリンピック活動の受け皿づくりを目指すこととなる。つまり，総合的なチェコ・スポーツの団体，チェコ・アマチュア運動競技連合（ČAAU, Česká atletická amatérská unie）の設立であった。グートは，1900 年の第 2 回パリ大会に備えるために，1897 年 5 月に誕生したこの団体を中核として 1899 年春よりオリンピック委員会の創設準備を始めたのである。1900 年 3 月 28 日には，当委員会を常設団体とすることが決定されたことを考えると，1899 年から 1900 年にかけての期間にチェコ・オリンピック委員会が成立したと見なすことができよう[34]。

---

31) Jiří Guth, *Hry olympické za starověku a za dob nejnovějších*［古代におけるオリンピック競技と現代におけるオリンピック競技］(Praha, 1896) pp. 184-185; idem, "O hrách olympických r. 1896"［1896 年のオリンピック競技について］, *Sokol* 22:6 (1896) pp. 124-125; 22:7, pp. 144-145, esp. p. 145.
32) 1896 年 5 月 14 付のグートからクーベルタンへの書簡。Kössl (1998) vol. 1, p. 19.
33) Guth, *Hry olympické*, p. 189; idem, "O hrách olympických," p. 145（本章脚注 31 参照）。

6.2.2 国家と国民の問題

なお，このアテネ大会の期間中に行われたIOCの会合では，オリンピック参加の基本単位となる各国民オリンピック委員会（NOC）の組織のあり方が議題となっている[34]。ドイツのゲプハルトは，国民オリンピック委員会は国家からの支援を基本にして構成されるべきだと主張したのに対し，スウェーデンのバルックは，あくまで私的団体として構成されるべきだと主張した。前者の考え方では，チェコ人としてのオリンピック参加が危うくなると判断したグートは，当然のことながら後者の立場を支持した。クーベルタンも後者の立場を支持したものの，この会合では決着がつかず，各IOCメンバーの裁量に任されることとなった。結果として，チェコやフィンランドのように自らの国家を持たない国民であっても，オリンピックに参加できる可能性が事実上生み出されたのである。

だが，グート本人は，アテネ大会においては国民よりもギリシア国家の存在が前面に押し出され，大会そのものが国家単位の競争という性格を帯びた事実を認識していた。彼は，チェコ人がオリンピックに参加し続けるためには，オリンピックそのものの性格を国民中心に改造しなければならないことを意識していたのである。例えば，1900年のパリ大会に向けた準備の中で，グートは次のように発言した。

---

34) ただし，当局によって強制的に解散させられることを恐れたグートは，オーストリア＝ハンガリー時代においては正式な認可申請をせず，規約を持たない団体のまま組織を維持した。Guth (1929) pp. 78, 43-44, 120; Vítězslav Pavlousek, "Oslava třicetiletí československého výboru olympijského" [チェコスロヴァキア・オリンピック委員会30周年記念], *Olympijský věstník* 5:41 (1927) pp. 5-7; 5:42, pp. 17-19, esp. p. 6. また，グートたちはオリンピック委員会の成立を1896年と主張していた。この点についてケスルは，オーストリア・オリンピック委員会への対抗上，自らの古さを強調するために彼らが成立年を偽ったのではないかと推測している。Kössl (1977) pp. 19-20.

35) Kolář (1979) pp. 309-311. なお，National Olympic Committee は，日本語では「国内オリンピック委員会」と訳されているが，本書では「国民オリンピック委員会」と表記する。

1回目のオリンピックの際には選手たちは国家を代表して競技したのであり，国民単位ではなかった。だから，我々の参加の際には国民を代表しての競技を要求しなければならない[36]。

しかしながら，実際のオリンピックにおける参加資格の規定はまだ曖昧なものであり，国民や国家といった枠組みはそれほど厳密には認識されていなかった。例えば，1900年のパリ大会には，チェコ代表として初めて5名の選手が派遣されたが，それ以外にも個人の資格で参加したローゼンバウモヴァーというチェコの選手がいたのである。「プラハ」代表と称していた彼女は，テニスのシングルで3位を獲得し，次いで混合ダブルスでもイギリス人のヴァルデン[37]と組んで3位を獲得している。あるいは，オーストリア代表としてパリ大会に参加していたヴァーレの父親は，保険会社の官吏でプラハ出身のユダヤ人であった[38]。その後，ヴァーレ本人はニューヨークに移っており，1904年のセントルイス大会の時には，オーストリア人でもアメリカ人でもなく個人の資格で参加し，水泳で3位を獲得している。一方，同じくオーストリア代表としてパリ大会に参加し，フェンシングのサーブルで3位を獲得したフレッシュは，ブルノで最初のフェンシングクラブを設立した人物として知られているし，大会の公式記録では誤ってハンガリー選手と記録される，というややこしさである。

他にも興味深い事件としては，チェコ人選手がパリ大会でミスによってハンガリー人と記されたり，アメリカ人にされたり，「ウィーンの」オーストリア人と書かれたりした，という事例が挙げられよう[39]。チェコ側がこの件に抗議したところ，『スポーツ・ジャーナル Journal des Sports』紙上で「チェコ人はオーストリア人ではない」という配慮に欠けた訂正記事が出さ

---

[36] "Olympické hry r. 1900 v Paříži"［1900年パリにおけるオリンピック競技］, *Sport* 1 (May 10, 1899) p. 2 (quoted in Kössl & Kolář (1998) p. 5).
[37] 文献によっては，彼はアメリカ人と扱われている場合もある。
[38] Niedermann (1995) pp. 42-43.
[39] Guth (1929) pp. 59-64.

れたため，ウィーン当局からチェコ側が批判を受ける羽目となった。しかも，チェコ側は「チェコ人はオーストリア人でもある」という訂正記事の掲載を求めたが，それに対する反応はなかったのである。

6.2.3　オーストリアにおけるオリンピックへの関心

1894年のパリ・コングレスを開催するにあたっては，オーストリア政府にも招待状が出されているものの，文化教育省が感謝状を出しただけで出席はしていない[40]。しかし，オーストリアではアテネ大会のために準備委員会が設立され，3名の選手が実際に派遣された。1896年には，1900年の第2回大会がウィーンで開催されることを期待する記事がウィーンで出されているし[41]，1900年になってからは，フランツ・ヨーゼフの侍従が「パリ大会に間に合うように」オーストリアにもIOCへの代表を出させるべきだと主張している[42]。が，実際には，1905年にゾルムス゠ブラウンフェルス公が任命されるまではオーストリアはIOCに代表を有しなかったし，オリンピック・コングレスにしても，初めて正式に参加したのは1913年にローザンヌで行われた第5回コングレスの時であった。基本的には，オーストリアにおいてもオリンピックへの関心はあまり高くなかったのである。

オーストリア側のマスコミで初めてチェコのオリンピック参加が問題視されたのは，おそらく1904年であったと考えられる。俗にオーストリア・スポーツの父と呼ばれるジルベラーが，自ら創刊した雑誌『総合スポーツ新聞』紙上において，同年にロンドンで開かれたIOCの会合にオーストリアが参加しなかったことを批判する文章を書いたのである。

　　　［ロンドンの会合では］オーストリア，つまり，古い帝国であり「大国」
　　　であるはずのオーストリアの姿は見出せなかった！　オーストリアは代

---

40) Niedermann (1995) p. 38.
41) *Illustrierte Wiener Extrablatt* (February 12, 1896) (quoted in Niedermann (1995) p. 40).
42) Coubertin (1996) p. 57.

表を出していないのにハンガリーが単独で出席していることに人は気づくであろう。そして何と素晴らしいことか！「ボエーム［ボヘミアの仏語］」[43]，つまりベーメン［ボヘミアの独語］が，あたかも自立した国であるかのような顔をして，大国であり世界的国民であるフランスやイギリス，ドイツ，ロシアと一緒にいるのだ。国際オリンピック委員会のメンバーであるこの「ボヘミア代表」はイジー・グートという名前である。オーストリアのお偉方はこれについて一体どうお考えか？[44]

6.3 政治化するオリンピック

6.3.1　1906年アテネ中間大会における最初の対立

　オリンピックをめぐってオーストリアとチェコとの間に初めて対立が生じたのは，1906年のアテネ中間大会の時であった[45]。オリンピック開催に非常に大きな力を入れていたギリシア政府は，各国民オリンピック委員会に助成金を交付したが，オーストリアの委員会とハンガリーの委員会にそれぞれ交付しただけで，チェコ・オリンピック委員会には交付しなかったのである。ギリシア政府の解釈では，チェコの委員会はオーストリアの委員会に属する組織であるため，オーストリア側に渡された3000フランからその3分の1を配分してもらうべきであった。しかしながら，グートがウィーンに出向いて助成金の配分を要求したところ，オーストリアのヴィルチェク伯爵は，チェコの委員会はオーストリアから独立した団体であるため，助成金を配分

---

43) ボヘミアという言葉については注意が必要である。既述のように，現在のチェコ共和国に相当するチェコ諸領邦は，当時のボヘミア，モラヴィア，シレジアの3つの地域から成り立っていたが，英語圏やフランス語圏においては，チェコ諸領邦全体を指す場合にも，ボヘミアだけを指す場合にも，厳密に区別されることなく「ボヘミア Bohemia」や「ボエーム Bohème」という名称が使われていたと思われる。

44) *Allgemeine Sport Zeitung* (September 25, 1904) (quoted in Niedermann (1995) p. 32).

45) Guth (1929) p. 68f.

することはできないと答えている。結局，チェコ・オリンピック委員会は，ギリシア政府から直接 1000 フランの交付を受けることとなる。この一件は，チェコの委員会が独立した存在として直接助成金を獲得することに，オーストリア委員会が特に抵抗を感じていなかったことを示している。

一方，旗の掲揚をめぐる問題が，ドイツ体操家連盟(DT)の機関誌『ドイツ体操誌 DTZ』で紹介されている[46]。それによると，勝利の際には，オーストリアの旗ではなくチェコの旗をスタジアムで掲揚するようにチェコ人が要請したものの，「チェコという国家は存在しない」という理由で拒否されている。同じように，ハンガリーや英連邦のキプロスも拒否されたのであった。そして，グートの数少ない協力者の一人であったレスレルによれば，開会式に参加するにあたり，チェコ選手たちは「オーストリアとの対立を避けるために」支柱付きの赤・白のチェコの旗を掲げては歩かなかった。ただし，スタジアムの貴賓席に座っているギリシア王室とイギリス王室，および世界各地からの代表に見えるように，2 人のチェコ選手が「肩の上に赤・白の旗を乗せて」歩いたのであった[47]。

6.3.2　1908 年ロンドン大会における「ボヘミア王国」

しかしながら，オリンピックが本格的に政治的な問題として意識されるようになったのは，1908 年のロンドン大会以降と考えて良いであろう。中でも，この大会から開始された開会式の入場行進は象徴的な意味を持っていた。いわゆる ABC 問題の登場である。入場行進では各選手団がアルファベット

---

46) "Die Olympischen Spiele in Athen," *Deutsche Turnzeitung* 51:18 (1906) p. 330 (quoted in Karl Lennartz, "Český a československý olympijský výbor na pozadí politického napětí z pohledu německých pramenů" [政治的緊張の影響を受けるチェコおよびチェコスロヴァキア・オリンピック委員会——ドイツ側の資料を基にして], In: Kössl (1995) pp. 2-11, esp. p. 3).

47) Josef Rössler-Ořovský, "Z odboje českého výboru olympijského proti Rakousko-Uhersku: Ze vzpomínek generálního sekretáře" [チェコ・オリンピック委員会のオーストリア・ハンガリーに対する抵抗より——事務局長の手記をもとに], *Olympijský věstník* 1:8 (1924) pp. 113-117; 1:10, pp. 150-153, esp. p. 115.

順に歩くことになっていたために，名前がAから始まるオーストリア(Austria)が先頭で次にベルギー(Belgium)，3番目にチェコ(Bohemia)というふうに行進することとなった。つまり，チェコ人は，オーストリア選手団とは別個に，赤・白の旗と「ボヘミア Bohemia」と書かれたプラカードを持って歩いたのであった。イギリスのマスコミは，この時のチェコ人の参加を古い「ボヘミア王国」の参加として扱ったため，ウィーンの自由派メディアである『新自由新聞』は，チェコ人が「独立国家」と称していると非難し，在ロンドンのオーストリア公使館はこの一件に関してウィーンから「大目玉をくらった」という[48]。また，ロシアがフィンランド選手団に対してロシア国旗を持つように要求したところ，憤慨したフィンランド側が旗なしで行進したという事件も発生した[49]。

　こうしたABC問題と共に重要性を持っているのが，ロンドン大会の一般規程として1907年のIOC会議で採択された21カ条の規約[50]であろう。同規程8条では，参加資格が明確に規定され，これまで個人やクラブの単位でもオリンピックに出場することが可能であったのが，すべてその国(country)のNOCを通して参加申し込みがなされることとなった。また，同規程6条では参加単位となる国(country)の定義が行われている。すなわち，IOCに単独の代表を有する領域(territory)か，そうした代表を有しない場合には単一または同一の主権の下にある領域が国と見なされるのであった。IOCに代表を有しているチェコについては，この時点では特に問題もなくオリンピックに出場できたのだが，むしろここで深刻であったのは，イギリス自治領の扱いをめぐって発生したアメリカとイギリスの対立であった。カナダや南アフリカ，オーストラレーシア(Australasia)といった各自治領が別々にオリンピックに参加していることにアメリカが反発し，イギリスの「特権」を排除して統一された英連邦選手団を形成するようにイギリスに迫ったのである[51]。結局のところ，各自治領は第一次世界大戦までイギリス

---

48) Rössler, "Z odboje českého výboru olympijského...," pp. 115-116(本章脚注47参照).
49) 鈴木＆川本(1952) p. 124。
50) Olympiad (1908) pp. 29-31.

とは別のチームとして参加することに成功したが，入場行進においては，ロンドン大会とストックホルム大会共に，イギリスの前，あるいは後に続いて行進した。例えば，ロンドン大会では，開催国として最後に行進したイギリスの前を，オーストラレーシア，カナダ，南アフリカの順で選手が行進していたのである。他方，1906年のアテネ中間大会で単独のチームとして出場したアイルランドは，彼らの不満にもかかわらず，ロンドン大会からはイギリスの名で出場することになり，結果として統一された「連合王国」選手団が結成された。

　話をチェコに戻すことにしよう。ロンドン大会については，ウィーンの『ドイツ・オーストリア体操誌』が詳細な報告を行っており，オーストリアからの参加者が「乏しい」ことを批判している。そして，ハンガリーとチェコについて以下のように述べたのであった。

> 彼ら［ハンガリー人］は，当然のことながら独自の国民として登場し，オーストリアの国歌が演奏されている時も —— これまた当然のことながら —— 座ったままであった。そして，チェコ人もハンガリー人の猿真似をしていた。彼らも自立した国民として登場し，自分たちの祖国を「ボヘミア」，つまり，違法な呼び名である「ベーメン」を使ったのである。ロンドンにおいて，オーストリアはかくも不愉快な状況に置かれていたのであった[52]。

　一方，1905年よりIOCメンバーとなっていたオーストリアのゾルムス＝ブラウンフェルスは，グートをIOCから追放すべく様々な圧力をかけていた。例えば，1907年6月24日付の書簡では，「オーストリアの一地方にすぎないボヘミアが独自の代表を持つというようなことは絶対に容認できません」と書いているし，同年12月21日付の書簡では，「委員会［IOCのこ

---

[51] 鈴木&川本 (1952) p. 120; Coubertin (1996) p. 88.
[52] *Deutschösterreichische Turnzeitung* (1908) p. 433 (quoted in Niedermann (1995) p. 28).

と］における同格のメンバーとして，チェコ人と一緒に会合に出席しようとするオーストリアの代表は一人として存在しないでしょう」と主張した[53]。その一方で，彼は，「多忙のため」IOC メンバーを辞任したいと述べ，しかも，「オーストリアではオリンピックに関する関心があまり高くないので自分に代わる人間を見出すことが難しい」と書いたのであった。クーベルタンはゾルムス゠ブラウンフェルスに対する返事の中で以下のように書いている。

> グート博士は，IOC 設立以来の――つまり 14 年半前からの――メンバーであることをお忘れにならないで下さい。そして，貴方に申し上げておきたいのですが，私の考えでは，IOC の中にはそのような［グートを除名するという］意見に賛成する人間は一人もいないでしょう。……我々はスポーツ上の地域自治ということを考慮しなければなりません。我々はチェコを国家として受け入れたのではありません。スポーツ上の一つの中心として受け入れたのです[54]。

結局，ゾルムス゠ブラウンフェルスは IOC を辞任し，オーストリアは再び IOC に代表を持たない状態となった。なお，ゾルムス゠ブラウンフェルスは表立ってグートを攻撃することはなく，クーベルタンへの書簡など，あくまで目立たない形でグートを IOC から追放しようとしていた。グート自身，そうしたゾルムス゠ブラウンフェルスの意図をクーベルタンから聞いて初めて知った[55]のであり，オリンピックにおいてチェコの地位が脅かされているという危機感はまだ感じられていなかったと思われる。

---

53) Kössl (1998) vol. 1, pp. 66-67, 76-77.
54) 1908 年 12 月 29 日付のクーベルタンからゾルムス゠ブラウンフェルスへの書簡の草稿。Kössl (1998) vol. 1, pp. 78-79.
55) Guth (1929) p. 77.

6.4 「国家的事項」としてのオリンピック

6.4.1 「オリンピック国民」の定義

　ストックホルム大会の準備が開始された頃から，サンクトペテルブルクやウィーンでは「嵐が巻き起こり始めた」[56]。新聞では，オリンピックの開会式における各代表団の入場行進の順番について報道がなされ，ウィーン政府は，オーストリア，ハンガリー，チェコの選手団は一緒に行進すべきなのか，それとも別々に行進しても構わないのか，といった「さして重要でもない問題」に多大な関心を持つようになった。政府や王室がオリンピックに干渉するようになり，オリンピックを「国家的事項」としてしまったのである。ロシア政府は，事態をあまり真剣に考えていなかったのか，「それほど執拗ではなかった」が，オーストリア政府の態度は強硬であり，IOC 側は，チェコ・オリンピック委員会の同意の下で譲歩せざるを得なくなったのである。

　さて，実際にオーストリアがオリンピックにおける「チェコ問題」に乗り出したのは，1911 年 5 月にブダペシュトで開催された IOC の会合の時からであった。1909 年以来，オーストリア代表が存在しなかった IOC に皇帝の孫娘エリザベートの婿ヴィンディシュグレーツ侯爵を送り込み，その彼に対して，フランツ・フェルディナント皇太子が，「オーストリア＝ハンガリーの三分裂状態を解消し，オーストリア＝ハンガリーの二重主義があまり目立たないようにする」ことを要請したのである[57]。しかしながら，1911 年のブダペシュト会議においては，独立したチームとしてのチェコのオリンピック参加を排除することができなかった。ここで採択されたストックホルム大会の一般規程 6 条では，オリンピックに参加する資格を持つ国民が以下のように定義されている。

---

56) Coubertin (1996) pp. 118-122.
57) Guth (1929) p. 127.

オリンピックにおける「国民 nation」とは以下のものを指す。すなわち，IOC において自らの代表を有する国（country），そうした代表を有しないとしても以前のオリンピック競技で「国民」と見なされた国（country），あるいは，国家連合の一部を成さない各主権国家，または，単一かつ同一の主権の下に置かれている国家連合，である。
「国民」あるいは「国民」がその一部を成すような主権国家に生まれつき帰属する者，または，その「国民」に帰化した者は，オリンピック競技の選手として当該「国民」を代表する適格者と見なされる[58]。

この定義に基づけば，IOC に自らの代表を有し，しかも，以前のオリンピックに単独の「国民」として参加しているチェコとフィンランドは，次回のオリンピックにも参加することが可能であった。その意味では，これはグートの勝利を意味していた。不満を持ったヴィンディシュグレーツはクーベルタンに圧力をかけたが，政治問題を IOC に持ち込みたくなかったクーベルタンは，オーストリアとチェコとの直接交渉によって「チェコ問題」を解決するように要請したのであった。後に，クーベルタンはこの時の苦悩を以下のように語っている。

> 一方では明白な政治的現実があるのに対し，他方では，我々をしっかりと支援してくれた諸国（pays）に対しても公正さを示し，感謝の念を示さねばならない。そんな中で私は困惑していた。私の個人的な感情については自分の職務上抑制しなければならなかったが，もし可能であるならば，ボヘミア（Bohème）やフィンランドだけでなくポーランドやアイルランドにも［オリンピックに］参加するための場を与えようと考えていた。……私は，政治的な地勢とは異なる「スポーツ地勢 géographie sportive」というものが確固として存在するということを常に主張してきた。我々がボヘミアとフィンランドに有利な形で判断を下す結果と

---

58) Olympiad (1912) p. 93.

なったのに対し，クロアチア・ソコルから前年に提出された［オリンピック参加への］要求に対しては，資格要件を満たしていないという理由で拒否の回答を出したのも，そうした点を考慮した結果である[59]。

6.4.2　グートとヴィンディシュグレーツの直接交渉

1911年の秋より行われたオーストリアとチェコの交渉において争点になったのは，次の4点であった。(1) IOCにおけるチェコ人メンバー，すなわちグートの地位について，(2)オリンピック競技におけるチェコ人の地位，(3)勝利の際の旗の掲揚，(4)チェコ人選手団の名称，についてである。その中でも，両者の間で最も激しい論争を呼び起こしたのは4番目の名称問題であった。というのも，19世紀後半の国民主義においては，歴史的なボヘミア王冠の地，すなわちボヘミア，モラヴィア，シレジアの一体性とそこにおける自治，つまりボヘミア国権の実現がチェコ国民の最終的な目標とされていたからである。この文脈においては，対外的な場で「ボヘミア Čechy, Böhmen, Bohemia, Bohème」という地域名で呼ばれることがチェコ人にとっては重要であった。これに対し，オーストリア当局は，国権を想起させる「ボヘミア」を使わせることに神経質になっており，地域名よりも人的集団を示す「チェコ人 Češi, Tschechen, Czechs, Tschèques」を使うように要求した。当然のことながら，こうした対立は，オリンピックにおけるチェコ人の名称問題にも影響を及ぼしていたのである。

ヴィンディシュグレーツは1912年1月16日付の書簡において，以下のような論理でチェコの「ボヘミア」という名称に反対した。

> ボヘミアの人口の5分の2がドイツ人であることを考えると，［IOCメンバーのリストにおいて］貴方の名前のところにボヘミアという名称をつけるのは根拠がないと思われます。貴方はボヘミアにおけるチェコ人を代表しているのであり，私はボヘミアにおけるドイツ人を代表してい

---

59) Coubertin (1996) pp. 120-121.

るわけですから[60]。

　これに対しチェコ側は，あくまで「ボヘミア」という名称にこだわっていたため[61]，両者の対立が表面化し，最終的には帝国議会における論争へと発展する[62]。だが，ストックホルム大会が間近に迫っていたこともあり，最終的な決定は内閣メンバーを交えての直接交渉によって行われることとなった。
　1912年6月9日，病気のシュトゥルク首相に代わってハイノルド男爵が司会役を務め，オーストリア・オリンピック委員会からはヴィンディシュグレーツ，コロレド＝マンスフェルト伯爵，O.ヘルシュマン，チェコ・オリンピック委員会からはグートが出席して話し合いが行われた。チェコ側からの人間はグート一人，しかも彼にとっては「あまり得意ではない」ドイツ語での交渉であったためだろうか，結果はオーストリアに「有利なもの」となり，「ボヘミア」という名称の代わりに「チェコ人」という名称が用いられることが決定された。具体的には以下のとおりである[63]。

(1) 競技者名簿における名称
　　オリンピック競技チェコ委員会[64]の同意の下に以下のことが決定された。すなわち，競技者および役員の名簿においては，名前のとこ

---

60) Quoted in Kolář (1977) p. 719.
61) ただし，1929年に出版された回想録を見ると，当時のグートは「ボヘミア」という名称に含まれている矛盾を自覚しており，「ボヘミア」に対してそれほど強い執着心を持っていなかったという。「ボヘミア」という名称にはモラヴィアとシレジアが含まれていないし，「ボヘミア」内部におけるドイツ人住民が含まれてしまう，というのがその理由であった。Guth (1929) pp. 112-113. その意味では，「ボヘミア Bohème」よりは「チェコ人 Tschèques」という名称の方が正確であったが，「チェコ人」という名称は，ボヘミア国権の観点が抜け落ちてしまうという点で「嫌悪すべき」ものであった。
62) Kolář (1977) p. 720.
63) "Art der Bezeichnung der Teilnehmer böhmischer Nationalität an den olympischen Spielen in Stockholm," Praha, LA PNP, fond Guth-Jarkovský［国立文献博物館文書アルヒーフ，グート・コレクション］(quoted in Kolář (1977) p. 720).
64) チェコ・オリンピック委員会の正式名称。Český výbor pro hry olympijské.

ろに「オーストリア Autriche」と書かれ，さらに「チェコ人 Tschèques」という民族（Nationalität）を示すフランス語の単語が付け加えられる（したがって地域を示す単語ではない。あくまで民族（Nationalität）を示す単語である）。なお，オーストリアからの他の参加者についても，自らの民族名（Nationalität）を表明したい場合には，これと同じ方法を取ることが許可される。

(2) IOC メンバーの名簿

　この件に関しては，グート博士は「オーストリア Autriche」の項に含められ，さらに彼の名前の後に C.O.T.[65] という文字が挿入される。

(3) チェコ人参加者用のプラカード

　プラカードは全く使用されないと思われるため，この項目は無用である。しかしながら，万が一用いられる場合には，第1項と同様，「オーストリア Autriche」と書き，その下にそれより小さい文字で「チェコ人 Tschèques」と記すことになる。

(4) 旗の掲揚

　旗が掲揚される場合には，帝国旗と併せて，それより小さいサイズで，勝利をおさめた地域の旗が掲揚される（ただし，三角旗ではない[66]）。したがってチェコが勝利した場合には，[帝国旗と併せて]白・赤の旗が掲げられる。

　以上の合意は，翌6月10日にはチェコ・オリンピック委員会のメンバーにも通知され，彼らの失望を招いた。だが，チェコ選手団をストックホルムに派遣するためには他に選択肢はなく，チェコ・オリンピック委員会はやむなくこの合意を追認する。しかしながら，政界も含めてこの合意に関する議

---

65) チェコ・オリンピック委員会のこと。Comité Olympique Tschèque の略号。
66) 話し合いにおいては，オーストリア側は帝国旗と併せて掲揚されるチェコの旗は三角旗（Wimpel）に限ると主張していたが（Guth 1929, p. 133），この点についてはチェコ側の主張が通り，長方形の旗を揚げることが認められた。

論が沸騰し，6月18日にはチェコ・サッカー同盟(ČSF, Český svaz footballový)が，同22日にはチェコ・アマチュア運動競技連合(ČAAU)がこの合意に対する反対を表明し，後者——はすぐに撤回したとはいえ——自団体の会員に対してストックホルムへの参加を禁止するといった行動にも出ている[67]。

6.4.3　1912年のストックホルム大会

ストックホルムに到着したチェコ選手団を待ちかまえていたのは，入場行進をめぐる新たな問題であった。当オリンピックの組織委員会から届いた通知によれば，行進時においては旗が使用されることになっており，その件に関しては，オーストリアとチェコの間には取り決めがなされていなかったのである。開会式の前日である7月4日，チェコ・オリンピック委員会の事務局長であったレスレルは，在ストックホルムのオーストリア公使館に赴き，書記のコロヴラット伯爵[68]と数時間にわたる交渉を行った[69]。その結果，チェコ・チームは，オーストリアと別ではなく，オーストリアのすぐ後ろを行進することになったものの，黒・金のオーストリアの旗だけではなく，それと同じサイズのチェコの旗も掲げることが認められた。チェコ側は，ボヘミアの紋章の使用許可を事前に皇帝より得ていたことから，行進で使う旗にも図6.1にあるようなボヘミアを示すライオンの紋章を使うことが許されたのである[70]。

さらに，チェコ選手団が掲げるプラカードにはフランス語で「オーストリ

---

67) Kolář (1977) pp. 720-721.
68) ボヘミア出身の貴族でグートと同じギムナジウムの出身。グートによれば，彼はオーストリア側で最もチェコに好意的な人物であった。Guth (1929) pp. 125-126.
69) Rössler, "Z odboje českého výboru olympijského...," pp. 117, 150（本章脚注47参照）；Guth (1929) p. 148.
70) 紋章の使用許可を獲得するうえで，大きな働きをしたのはチェコ・オリンピック委員会の後援者であったF. ロプコヴィッツ公であった。グートは，彼がボヘミア総督のトゥーン伯爵に圧力をかけて皇帝を説得させ，紋章の使用許可を獲得したのではないかと推測している。Guth (1929) p. 139.

図 6.1　チェコ選手団の記章と旗(1912 年)
出典：Kössl (1998) vol. 1, n. p.

ア——チェコ人 Autriche-Tchèques」と記されることになった。つまり，同年 6 月の合意のように「オーストリア」と書いて，その下に小さく「チェコ人」と書くのではなく，「オーストリア」と「チェコ人」を並べて一行で記すことが認められたのである。図 6.2 を見れば明らかなように，約 60 名の選手団を派遣したチェコ・チームは，オーストリアの後ろとはいえ，自分のプラカードを持って一つの団体として行進している[71]。当大会の競技においては一つもメダルを獲得できなかったとはいえ，少なくとも，入場行進においては，チェコは自らの存在をアピールすることができたのであった。そもそも，英語で書かれたストックホルム大会の公式記録(Olympiad 1912)では，チェコはチェコ人(Czechs)ではなくボヘミア(Bohemia)と記され，他の国民と同格の扱いを受けている。1 頁目に掲載された IOC メンバーのリストにおいても，グートの名がオーストリアの中に含められたものの，「チェコ人」ではなく「ボヘミア」と表記されている。その点から考えれば，チェコ人がこの大会において「他の国民と全く同等の地位を得た」[72]というグートの言葉も偽りとは言えまい。

　一方，ハンガリーは，オーストリアに妥協してオーストリアとチェコの後ろを行進したが[73]，自らの旗を掲げ，公式記録の写真ではオーストリアと一

---

71) レスレルは，チェコ・チームが行進の時にチェコの旗とそれより小さいオーストリアの旗を同時に掲げていたと主張している。Rössler, "Z odboje českého výboru olympijského...," p. 117(本章脚注 47 参照).
72) Guth (1929) p. 148.

図6.2　チェコ選手団の入場行進(1912年)
出典：Olympismus (1999) p. 30.

緒にされてしまったチェコとは違い，図6.3のように単独で一枚の写真におさまっている。また，図6.4と図6.5から分かるように，大選手団を派遣したフィンランドは，当初，一人の女性選手がフィンランド女性体操連盟の連盟旗を掲げて先頭に立っていたが，ロシア側が抗議したためにその女性は退場を余儀なくされ，途中からは旗なしの行進となった[74]。だが，フィンランド選手は多くの競技において1位をおさめたため，勝利の式典においては，

---

73) Niedermann & Kutassi (1990) p. 182. 1908年のロンドン大会の場合には，英語のアルファベット順ではハンガリー(Hungary)がオーストリア(Austria)の後ろになるため特に問題は生じなかったが，スウェーデン語においてはオーストリア(Österrike)の頭文字であるÖがアルファベット順では一番最後になるため，原則から考えればハンガリー(Ungern)の後に行進することが予想された。このため，オーストリアとハンガリーの一種の妥協として，オーストリア，チェコ，ハンガリーの順番となったようである。

74) 日本体育協会監修『最新スポーツ大事典』大修館，1987，正編，p. 144(桑原一良執筆部分)。

図 6.3　ハンガリー選手団の入場行進(1912 年)
出典：Olympiad (1912) pl. 113.

図 6.4　フィンランド選手団(旗あり)(1912 年)
出典：岸野雄三ほか(編)，日本体育協会監修
『最新スポーツ大事典』大修館，1987，正編，p. 144。

図 6.5　フィンランド選手団(旗なし)(1912 年)
出典：Olympiad (1912) pl. 108.

ロシアの旗と共にフィンランドの旗が何度も掲揚されたのであった。

6.5 チェコ・オリンピック委員会の追放

6.5.1 チェコ・スポーツ基本政治綱領

1912年のストックホルム大会においては，チェコ側は独立した地位をかろうじて維持したが，その後のオリンピックについては不透明であったし，また，オーストリア政府がチェコ・オリンピック委員会に対してより一層強い圧力をかけてくることは明白であった。そうした中，チェコ系スポーツの団結を図り対外的な姿勢を統一するために，1913年3月よりグートのイニシアティヴによってチェコ・スポーツ基本政治綱領 (Rámcový sportovně politický program český) の作成が開始される[75]。同年12月5日には，確定された最終案がチェコ・オリンピック委員会の名で各団体に送付され，結果としては，ソコルやその他のスポーツ団体に承認されたのであった。しかしながら，(1) スポーツ団体間の対立が完全に解消されるには至っておらず，また，各団体が統一的な規範によって拘束されることを嫌ったこと，(2) ソコルや政界の関心を喚起することに失敗したこと，といった理由で実際には効力を持たなかった。

とはいえ，この草案には興味深い点が見られる[76]。第1に，ボヘミア王領，モラヴィア辺境伯領，シレジア大公領のいずれの出身者であっても，チェコ人はチェコ人として競技に参加しなければならない，という点である。つまり，ボヘミア人，モラヴィア人，シレジア人という区別を廃止し，チェコ人という一つのカテゴリーで彼らのすべてを包括することがここで主張されていた。こうした条項の存在は，当時においてモラヴィア人やシレジア人といった概念が根強く存在し，スポーツ競技の場で使われる場面が存在したこ

---

75) Kössl & Kolář (1998) pp. 30-31.
76) ここでは，Kössl (1998) vol. 1, pp. 117-120 に収録されている草案を基にしている。

とを示唆している。

　第2に，チェコ人チームの名称として「ボヘミア」ではなく「チェコ人」を使うことを徹底させたという点である。もちろん，この背景には，「ボヘミア」という国権の主張を想起させる名称を使用するのは実際には不可能であるという現実的な配慮が働いている。しかしながら，オーストリア側に対しても，「オーストリア」ではなく「オーストリア・ドイツ人」という名称を使うように要求している点を考えると，地域ではなく国民を単位とするチーム編成を徹底させ，かつチェコ人という枠の存在基盤を固めようとする意図が伺える。

　一方，ヴィンディシュグレーツはクーベルタンに対して手紙を出し，オーストリア内で領邦ごとにオリンピック委員会を組織させるつもりであることを伝えていた[77]。もちろん，それらの領邦ごとの委員会を統括するのは，ウィーンに置かれているオーストリア・オリンピック委員会であった。その結果かどうかは定かではないが，プラハではドイツ・サッカークラブ（DFC Prag）の代表であるK. ヴェルフェルがボヘミア領邦内ドイツ系オリンピック委員会を設立し，1914年1月には，ウィーンで開かれたオーストリア・オリンピック委員会の会合にその代表として出席している[78]。しかし，当委員会はドイツ人の団体として設立されたものであり，ボヘミアという地域を単位としたものではなかった。オリンピックだけでなく，すべてのスポーツ競技でチェコ人とドイツ人の対立が深刻になりつつあったこの時点において，ボヘミアのチェコ人とドイツ人が協力して統一オリンピック委員会を創るという発想に至ることはおそらくなかったであろう。ヴィンディシュグレーツの意図とは裏腹に，当地ではチェコ人とドイツ人が別々にオリンピック委員会を形成する方向に向かっていたのである。

---

77) 1913年12月30日付のヴィンディシュグレーツからクーベルタンへの書簡。Kössl (1998) vol. 1, pp. 121-122. 他に Guth (1929) pp. 156-157 を参照。
78) *Sport a hry* 13:1 (1914) p. 11; Guth (1929) p. 196. 残念ながら当団体についてはこれ以上の情報は見つかっていない。Kössl & Kolář (1998) p. 29, n. 101; Kössl (1998) vol. 1, p. 122, n. 4 を参照。

6.5.2　オリンピック・コングレスの参加資格

　オリンピック復活 20 周年記念となる 1914 年のパリ・コングレスを開催するにあたって，そもそも誰にその参加資格があるのか，という点が問題となっていた。次第に人々の注目を集め，肥大化する傾向を見せ始めていたオリンピック・コングレスも，その組織上の理由から，会議への参加資格を明確にしようという動きが出ていたのである。もちろん，そこには国民主義も絡んでおり，国民の規模に応じた議席配分を行い，地位の「曖昧な」国民を放逐しようとする欲求も作用していたに違いない。1913 年に行われた IOC の第 15 回セッションでは，その点についての明確な決定がなされている[79]。まず，コングレス参加者が 3 つのカテゴリー，すなわち，(1) IOC メンバー，(2) IOC によって承認された国民オリンピック委員会(NOC)の代表，(3) IOC によって承認されていない NOC の代表，と区分された[80]。「承認された」というのは，IOC に自らの代表を有している NOC か，あるいは IOC との合意がなされている NOC のことを指している。しかしながら，自らの代表が IOC を辞任したり，IOC との合意が撤回された場合には，この「承認」も取り消されるのであった。また，承認されていない NOC は所属国家の外相からの委任を得たうえで 3 名ずつの代表を派遣できるものの，決議の際には参考票を出す権利しか持たない。

　IOC によって承認された NOC は，さらに以下の 4 つのグループに分類された。第 1 グループは，イギリス，フランス，イタリア，ドイツ，ロシア，アメリカであり各 10 名の代表を派遣することができる。第 2 グループは，ベルギー，日本，オランダ，オーストリア，ギリシア，スウェーデン，スイス，ハンガリーであり各 6 名の代表枠を持っていた。第 3 グループは，その他の NOC であり各 5 名の代表を派遣することができ，第 4 グループは，ルクセンブルク，モナコ，チェコ，フィンランドであり各 2 名の代表枠を持っ

---

79) Müller (1983) p. 76, n. 3.
80) Kössl & Kolář (1998) pp. 32-33.

ていた。チェコに関していえば，コングレスに参加することになったのは，IOC のメンバーであるグートと，チェコ・オリンピック委員会の代表として選ばれた当委員会事務局長のレスレル，チェコ・ソコルの会長シャイネルの2人，計3名であった。

6.5.3　1914年のパリ・コングレス

1914年6月15日，突然病気になったクーベルタンに代わり，IOC 副会長のヴィンディシュグレーツが第6回オリンピック・コングレスの開会を宣言した。6月8日のウィーンでの会談において「国民問題はこのコングレスでは議題にしない」という保証をヴィンディシュグレーツから得ていたにもかかわらず[81]，実際には，チェコ人の地位は危険にさらされたのであった。その日の午前のセッションが終了した後，チェコ人の代表3名はオーストリア側の代表に招かれ，非公式に話し合いを行っている。オーストリア側がチェコをコングレスから追放する――すなわち，独立した単位としてのチェコがコングレスに参加する権利を剥奪する――提案を提出する予定であることを表明したために，チェコ側が反発し，議論が紛糾した。結局，シャイネルの提案によって話し合いはいったん終了となる。「クーベルタン男爵のお宅に伺ってこの件について直接尋ねてみようではありませんか」。そこで，ヴィンディシュグレーツとコロレド＝マンスフェルト，グートの3人は，車でクーベルタンの住まいへと向かった。

パジャマ姿で彼らを出迎えたクーベルタンは，黙ってオーストリア側の提案を聞いた後，落ち着いた調子で答えた。

> しかし皆さん，それは無理ですね。チェコ人はここではチェコ人として出席しているのではないのです。イギリス人がイギリス人ではなく，ドイツ人がドイツ人でないのと同じように，です。ここでは，国民オリンピック委員会の代表，つまり，チェコ委員会，イギリス委員会，ドイツ

---

81) Guth (1929) p. 191.

委員会といった各委員会の代表が出席しているだけなのです。チェコ委員会からは2名の参加が認められていて，あなた方もそれについては1年以上前からご存じではありませんか。その時には，誰も反対しなかったわけですし。だから，チェコ委員会を［今すぐ］追い出すことはできないのです。まあ，もし次回のコングレスについてのチェコ国民の地位について話し合うことなら可能ですが……[82]

　午後のセッションも，引き続きヴィンディシュグレーツの司会によって開始されたが，すぐにクーベルタンが登場し「盛大な拍手をもって」迎えられた。そして，彼の目の前でオーストリア側がチェコをコングレスから追放する提案を，当初の案のまま，ドイツ語で読み上げ始めたのである。最初，ドイツ語を解しないクーベルタンはその提案を黙って聞いていたが，同じ提案がフランス語で繰り返されると，すぐさまそれをさえぎったのであった。「警告します。それは協定に反する提案です……」。結局，その日は，クーベルタンのおかげで「チェコ問題」は議題にならずに終了した。

　だが，翌16日に行われた午前のセッションでは，今度はドイツから「オリンピック国民」に関する提案が出される。それによれば，1916年のベルリン大会以降のオリンピックにおいては「政治的国民」しか参加資格を持たないのであり，「政治的国民」ではないチェコとフィンランドは参加できないのであった[83]。これに対し，フィンランドを擁護するつもりであったス

---

82) Guth (1929) pp. 197-198.
83) *Rheinisch-Westfälische Sportzeitung* 3:26 (1914) p. 4 (quoted in Lennartz, "Český a československý olympijský výbor..." p. 5. 本章脚注46参照)．この記事によれば，当セッションにおいては，クーベルタンとドイツのW. ホルニングが交代で司会を務めていたようである。当時，クーベルタンは病気のために散発的にしかこのコングレスに参加していないが，レンナルツは，これは戦略的なものであったのではないかと推測している。*Ibid*., p. 10, n. 25. なお，このパリ・コングレスの終了直後に第一次世界大戦が勃発したため，議事録は出版されていない。1919年にはIOCより当コングレスの決定事項だけを記した9頁の報告書が出されているが，そこには，こうした国民問題に関する議論については記されていない。また，オーストリアでは，少なくとも，ウィーンの『フレムデンブラット *Fremdenblatt*』において，「チェコ人とパリ・コングレス Die

ウェーデンが，ストックホルム大会における「オリンピック国民」の定義に基づいて対抗提案を出した。彼らの主張においては，IOCのメンバーを有する国民，あるいは過去のオリンピックに出場したことのある国民も「オリンピック国民」と見なされるのであった。両者の提案をめぐって激しい議論が巻き起こったが，次第にドイツ側の案が優勢となっていく。チェコの反論に対し，「もしあなた方チェコ人に独立した地位を正式に与えるならば，イギリスのアイルランド人もロシアのフィンランド人も同じ地位を求めるようになるでしょう」[84]といった意見が出され，また，多民族国家であるアメリカも，チェコ人に対して否定的な意見を述べ始めた。グートの言葉によれば，彼らは国民問題を「悪魔か何かのように恐れていた」のである。議論の結果，「政治的国民」でなくても主権国家の承認が得られた場合にはスポーツ上の独自の地位が与えられる，すなわち，オリンピックに参加できる，という修正がなされたものの，基本的にはドイツ側の案が採用された。だが，オーストリア政府やロシア政府の合意が得られる可能性を持っていなかったチェコとフィンランドにとっては，修正があってもなくても同じであった。両者は，この決定によって，単独の団体としてオリンピックに参加する可能性を奪われてしまったのである。

6.5.4 「政治的国民」の意味するもの

ここで主張されていた「政治的国民」については注意が必要であろう。コングレスの詳細な議事録が存在しないため，「政治的国民」が正確に何を意味していたかについては明らかではないが，グートの回想録から判断する限り，「政治的国民」は主権国家を有する国民と解されていた[85]。ただし，これをもって，競技に参加する基本単位が国民国家（ネイション・ステート）で

  Czechen und der Pariser Kongreß」というタイトルでこの件についての報道が行われている。Pál [Karel Jiří Vopálecký], "Češi a olympijské hry" [チェコ人とオリンピック], *Sport a hry* 13:22 (June 13, 1914) pp. 349-350; Niedermann (1995) p. 33.
84) Guth (1929) pp. 194-195.
85) Guth (1929) p. 203.

あるという通念がオリンピックの世界において定着したと見なすことはできまい。ここでは，オーストリア＝ハンガリー二重君主国の一部分であるハンガリーが「政治的国民」の一つとして了解されていたことも事実である。ドイツの提案は，明らかにチェコとフィンランドの排除を狙ったものであり，ハンガリーへの攻撃を意図したものではなかった。実際，当セッションにおいては，ハンガリー代表はほとんど何も発言しておらず，彼ら自身が議論の当事者になっていたという状況ではなかったようである[86]。また，カナダ，オーストラリア，南アフリカなど英連邦に所属する自治領もここでは問題にされていなかった。要するに，ここで語られた「政治的国民」という言葉は曖昧さを残しており，政治的な理由によって使い分けされる余地を持っていたのである。

　注意すべきもう一つの点は，オリンピック・コングレスではこうした国民問題がそもそも二次的な問題でしかなかった，という事実である。チェコの事情については，コングレスの参加者はあまり知らなかったし，もし知っていたとしてもそれは「ドイツ側からの情報」であった。参加者の大多数にとっては，「もっと重要なテーマに時間を割くことの方が重要」であり，このようなテーマについては「議論がどちらに転んでもあまり関係なかった」のである[87]。また，オリンピック・コングレスについては，1983年にミュ

---

[86] このコングレスにおけるハンガリーの主たる関心は，クタッシによれば，1920年のオリンピックの開催地としてブダペシュトが選出されるかどうかであった。Niedermann & Kutassi (1990) pp. 190-191. つまり，オリンピックにおけるハンガリーの地位が危険にさらされている，という差し迫った認識はこの時点ではなかったと考えられる。確かに，1867年にアウスグライヒ（妥協）をウィーン政府から引き出すことに成功したハンガリーは，形のうえでは帝国の西半分であるオーストリアと同等の地位を得，帝国崩壊までオーストリア側の一部にとどまったチェコよりは優位な立場を保持していた。しかしながら，ウィーン政府は，依然として帝国の統一チームによるオリンピックへの参加を望んでおり，チェコは「従属的な地位」，ハンガリーは「二流の地位」しか持たないという考えを捨てていなかった。したがって，1916年予定のオリンピックでチェコを排除することに成功したウィーン政府が，次に攻撃の矛先をハンガリーに向けてくる事態は当然予想されることであった。ハンガリー側がオリンピックのブダペシュト誘致に熱心であったのは，そうしたことに対する危機感が背景にあったためかもしれない。

ラーによる詳細な研究(Müller 1983)が発表されているが，そこではこうした国民問題についての議論には全くと言っていいほど触れられていない。これはミュラー本人の責任というよりは，コングレスの公式記録において国民問題の占める比重が如何に小さいものであったか，の証左と見なすべきであろう。

おわりに

　単独の団体としてベルリン大会に出場する可能性を奪われたチェコ・オリンピック委員会には，2つの道しか残っていなかった。すなわち，オーストリア・オリンピック委員会の傘下に入って，オーストリア代表団の一員としてオリンピックに出場するか，国際的に孤立することを覚悟でスポーツにおけるチェコの独自性を求めて活動し続けるか，のどちらかであった。しかしながら，第一次世界大戦が勃発してまだ間もない1914年11月，グートとレスレルは「政治犯の容疑」をかけられ，翌15年の春には，青年チェコ党のクラマーシュやシャイネルと共に逮捕されてしまう。1916年6月19日には，プラハ警察の署長であったクンツェがチェコのスポーツについて以下のように報告している。

　　政治と同様，学問的な世界においても，チェコ人たちは，国権の要求をアピールできるのであれば，どんな機会をも逃さなかった。……最も微妙であったのがスポーツにおける「チェコ問題」であった。……［チェコ人は］対外的な場における独立の権利を求めていたのである。つまるところ，それは政治的な権利，すなわちスポーツ上の国権であった[88]。

　この報告においてチェコ人の各体操・スポーツ団体は反体制的と見なされ，

---

87) Guth (1929) pp. 201-202.
88) Guth (1929) pp. 233-234.

解散させられている。そうした中で，1916年10月4日，グートは「自由意思に基づいて」チェコ・オリンピック委員会を解散する署名にサインし，IOC委員も辞任した。ところが，1918年秋にハプスブルク帝国が崩壊すると，オリンピックにおける「チェコ問題」は全く予想されていなかった方法で解決されることとなる。つまり，チェコスロヴァキアの誕生により新たにチェコスロヴァキア・オリンピック委員会が設立されたために，チェコ人たちは，スロヴァキア人と共に，今度は国家を有する国民としてオリンピックに参加するようになったのである。結果論ではあるが，彼らは「オリンピック国民」の定義を修正するのではなく，自らの国民を国家に結びつけることによって，すなわち「国民国家」となることによってオリンピックに復帰したのであった。もちろん，戦間期における国民においても，新生チェコスロヴァキア国家に含まれるスロヴァキア人，ドイツ人，ハンガリー人の扱いをめぐる対立の火種は存在した[89]。

　スポーツにおける国民の問題は，実は，オリンピックだけではない。オリンピックにおいて国民と国家の問題が表面化してきたのとほぼ同じ時期において，サッカーやテニス，漕艇，フェンシング，レスリング・重量挙げ，アイスホッケーなど，ほとんどすべてのスポーツの分野において次々と国際組織が誕生し，組織への加盟条件をめぐって対立が発生していたのである。例えば，1901年に創設されたチェコ・サッカー同盟(ČSF)は，1904年に設立された国際サッカー連盟(FIFA, Fédération Internationale de Football Association)への加盟を07年のアムステルダムにおける総会で正式に承認されたものの，それに反対するオーストリア・サッカー同盟(Österreichischer Fussballverband)やドイツ・サッカー同盟(Deutscher Fussball-Bund)がFIFAのボイコットを宣言するに至り，対立が表面化した。結局，1908年にウィーンで開催されたFIFAの総会では「一国一団体」の原則が採用されたために，チェコはFIFAを追放され，アイルランドとスコット

---

[89] 少なくとも，チェコスロヴァキア代表としていわゆるズデーテン・ドイツ人がオリンピックに参加していた点は確認されている。Lennartz, "Český a československý olympijský výbor..." p. 6 (本章脚注46参照)。

ランドの新規加盟が拒絶されている。その後，これらの団体は，同年秋にFIFAを自由意思で脱退したフランスと共に，国際アマチュア・サッカー協会連合(UIAFA, Union Internationale Amateur de Football Association)を結成したものの，1912年にフランスがFIFAに復帰したため，UIAFAは崩壊してしまう[90]。ただし，イギリスの強い後押しにより，「一国一団体」の原則に反する形でアイルランド，スコットランド，それにウェールズのFIFA加入が認められている。

　オリンピックをはじめとする各種のスポーツ競技は，第一世界大戦前においては依然として萌芽期にあったし，スポーツをめぐっての対立は，6.1節で明らかにしたように社会的に見ればまだまだインパクトの小さいものであった。しかしながら，参加の単位が個人やクラブから国民へと固定化され，しかも，その国民の定義が厳格化されていく過程には，国民主義研究において無視できない問題が含まれているように思われる。以下，考えうる論点を2点提示し，それによって本章を締めくくることとしよう。

　まず第1に，オリンピックにおいてはそれぞれの国民がお互いに同格なものとして現出する，という点が挙げられる。つまり，フランスやイギリスのような「世界的国民」もチェコ人のような「歴史なき国民」も同じ国民として競技場に登場するのであって，主権国家の有無や文化水準のレヴェルといった相違はここでは捨象されてしまう。国家的イヴェントとして開催されるようになった万国博覧会においては，国力の差が一望できる形で会場が造

---

90) サッカーについては，Josef V. Kaufman, *Třináct let bojů proti Vídni o uznání české samostatnosti ve sportu footballovém* ［サッカー・スポーツにおけるチェコの独立性を求めての13年間にわたるウィーンに対する闘い］(Praha, 1910) pp. 28-29; František Kolář, "'Nesmiřitelná' rivalita Slavie a Sparty (Kapitola z počátků českého fotbalu)" ［スラヴィアとスパルタの「和解不可能な」ライヴァル関係（初期のチェコ・サッカーについての一章）］, In: Jindřich Dejmek and Josef Hanzal (eds.), *České země a československého v Evropě XIX. a XX. století: Sborník prací k 65. narozeninám prof. dr. Roberta Kvačka* (Praha: Historický ústav AVČR, 1997) pp. 165-190, esp. pp. 183-184; pp. 188-189, n. 99; Guth (1929) pp. 235-239 などを参照。

られたのに対し，オリンピックにおいては身体能力の違いだけが問題となる。例えば，フィンランドのように国家を持たない小さな国民であっても，1912年のストックホルム・オリンピックにおいてはスウェーデン，アメリカ，イギリスに次いで4番目に多く金メダルを獲得し，自らの能力を内外に誇示することができたのである。そして，こうした国民の同格性が最も象徴的に示されたのが，1908年のロンドン大会から採用された入場行進という儀式であった[91]。ここでは，国民という名で呼ばれる集団が，それぞれに自らの旗とプラカードを持ち，アルファベット順という各集団の特性とは無関係の基準に基づいた順番で行進できたのである。チェコとオーストリア，フィンランドとロシアの間において，行進の順番や旗の有無といった一見すると些細でしかない問題をめぐって対立が表面化したのは決して偶然ではない。まさにこの入場行進において，チェコとオーストリアが，そしてフィンランドとロシアが対等な国民として扱われることの問題性がはっきりと意識されるようになり，国家の側がそれを看過できなくなったのである。

　このように考えると，オリンピックが国家と国民を結びつける，という第2の論点も理解することができよう。少なくともロンドン大会以降には，国家を有する国民のみがオリンピックに出場すべきだという認識が広まってきており，オーストリアとチェコとの対立からも伺えるように，宮廷をはじめとする国家エリートからオリンピックへの積極的な働きかけが出始めていた。こうした動きが逆に，国家構成員を一つの国民として統合しなければならないという国家側の自覚にもつながっていったとも考えられる。その意味では，オリンピックという「インターナショナルな」イヴェントが国家による国民的な統合を促進させ，結果として，第一次世界大戦後において国民国家（ネイション・ステート）モデルが定着するうえでの一つの布石になったと推論することも可能であろう。

---

91) この点については，東京外国語大学の篠原琢氏から貴重な示唆をいただいた。記して感謝申し上げる。

エピローグ

《マラトンの戦い》とチェコ国民

　舞台は再び1912年のプラハへと戻る。本書の冒頭で紹介した第6回ソコル祭典では，徒手体操やパレードなどの他，《マラトンの戦いの後のアテネにて》と題する大規模な演劇パフォーマンスも行われていた[1]。
　言うまでもなくマラトンとは，紀元前490年にペルシアとギリシアの戦いが行われた場所であり，マラソン競技の由来ともなった地名である。おそらくは，ソコル祭典の数日後に開会式が予定されていた第5回ストックホルム・オリンピックに対抗しようとしたのであろう。ソコルは，スタジアムで《マラトンの戦い》を再現することにより，ソコル祭典こそが「真のオリンピアーダ」であり，チェコ国民こそが古代ギリシア精神を継承するにふさわしい存在であるとアピールしたのであった。
　だが，紀元前のギリシアを再現するにあたっては様々な「困難」が待ち受けていた。パフォーマンスの準備を担当したグループは，「基本的なライン」については忠実でありながらも，市民の服装や軍隊の形態，戦争のスタイル，といった細部については推測に頼らざるを得ず，独自の演出を施したのである。パフォーマンスに合わせて演奏される音楽についても，建築における「新古典派の精神」を参照することによって作曲され，古代ギリシアからボ

---

1) Památník VI, pp. 153-188.

図1 《マラトンの戦い》における重装歩兵(1912年)
出典：Památník VI, p. 168.

ヘミア同胞団までの連続性を想起させるモチーフが随所に散りばめられたという。

　子供から大人まで1300名を動員して行われたパフォーマンスは，マラトンの戦いそのものではなく，アテネに残り，出陣した男たちを案じる女性や子供，老人たちを描くところから始まる。以下，その情景を辿っていくことにしよう。

　アテネで兵士の帰りを待っている彼ら／彼女らは，不安で居ても立ってもいられず，スタジアム中央に設けられた祭壇へと次第に集まっていく。そこに，戦いの指揮官，ミルティアデス将軍の妻が息子を連れて人々の輪に加わると，神官が生け贄を捧げ，神々に救いを求める儀式を開始した。

　その時，どこからともなく神々の声が聞こえる。「我々は勝った」。人々から歓喜の声が上がると同時に，一人の兵士が門から入ってくる。傷つき，疲れ果てたその兵士は，力を振り絞って最後の声を上げる。「勝利だ！！！」という叫びと共に倒れ，彼は息絶える。その後，続々と兵士たちが帰還し，場面は勝利を祝う祝宴のシーンへと転換していく。

　宴もたけなわとなったところで，神官たちとミルティアデス将軍が協議を

行い，勝利をもたらしてくれた神々への返礼として古代五種競技を奉納することを決定する。兵士の中から24名が競技に参加。まず徒競走が行われ，その勝者が幅跳び，またその勝者が槍投げ，円盤投げ，レスリングへと進んでいく。最後のレスリングに参加できたのは4名，その中で勝ち残った唯一人がオリーヴの枝を獲得。だが，祝祭の時はそう長くは続かない。哨兵がミルティアデスの下に走り寄り，ペルシア軍が再び迫っていることを伝える。また戦争が始まるのだ。ギリシア人たちはスタジアムから退場し，新たな戦いへと立ち向かっていく……

《マラトンの戦いの後のアテネにて》は，こうして幕を閉じた。上演は全部で3回行われ，最大で10万人の観客を集めたとされている。五種競技の際には，兵士たちが古代オリンピックの精神に従い，褌を身につけただけの裸体でゲームに参加したが，それについても，観衆は理解を示し，当局は黙認したという。パフォーマンスの企画者たちは，ギリシア兵士に扮する演者がスタジアムの真ん中で褌一つの格好へと着替えることに大きな不安を抱いていたが，結局は当局から事前に了解を得ないまま強行したのであった。《マラトン》について，企画者の一人は以下のように回想している。

> ……マラトンは，我々にとっての国民覚醒のシンボルとなり，モデルとなった。[自らの命を賭けてアテネに戻ってきた]走者は，壮烈な戦いでの「勝利」のみを宣言したのではない。それは，ユングマンが，ドブロフスキーが，パラツキーが，そしてティルシュが，各々の戦いの中で表明した勝利でもあった。ティルシュが国民的ソコルによって表明した勝利は，我々の未来に対する勝利であった。それは，自らの肉体と精神，そして魂をも犠牲にし，力尽きて自らの命を落とすほどの精神によって叫ばれたのであった。——高揚感に満ちたこうした深い感覚がマラトンの精神によって引き出されたことを，舞台上の語りは告げる。「汝ギリシア人たちよ，祖国を解放した諸君によって神に捧げる最も美しい祭典，すなわち体操祭典が行われる。この近代世界にマラトン精神をもたらす

ことができるのは、ソコルをおいて他には存在しない。ソコルの精神だけが文化的自由をかけての闘いを自覚し、勝利を勝ち取ることができるのだ。」[2]

《ティルシュの夢》──国民的体操運動の頂点

《マラトンの戦い》は、美学者でもあったティルシュの夢を具現化するものであった。古代ギリシア人との一体性を強調することによってチェコ国民の存在理由を証明しようとする姿勢は、現在の感覚からすれば一種の倒錯に見えなくもない。だが、古典古代との結びつきを誇示しようとする動きは、この時期の国民主義においてはむしろ一般的であった。

その直接的なきっかけとなったのは、1821年、オスマン・トルコからの解放を目指すギリシアの闘争が始まった時であろう。この戦争は、非キリスト教世界に対する戦いと位置づけられ、全ヨーロッパに広汎な「親ギリシア的」支援活動が巻き起こり、諸政府もまたこれに加わったのであった。ドイツ地域においても各地でギリシア協会が設立され、各種の支援活動が行われている。フランス政府によって1820年に開始された古代オリンピアの発掘作業も、こうした流れと密接に関連していた。だが、この時の発掘は8年間にわたって行われたにもかかわらず、成功一歩手前で中止となり、わずかの出土品をルーヴル美術館に持ち帰ったにすぎなかった。本格的な発掘は、ドイツ・ゲッティンゲン大学の建築史教授クルティウスによって初めて行われた。これは、一考古学者による単なる学術調査ではなかった。この発掘は、古代ギリシアやローマの研究において英仏の「後塵を拝してきた」ドイツが国家の威信をかけたものだったのである[3]。ドイツ体操運動においても、古

---

2) Památník VI, p. 186.
3) 実際、1875年から行われた調査は、最大で500人以上の人夫を用いた大規模なものであり、79年までの間に1328点の石像、7464点の青銅、2094点の土器、696点の碑文、3035点の硬貨が発見されたという。Suzanne L. Marchand, *Down from Olympus: Archaeology and Philhellenism in Germany, 1750-1970* (Princeton University

図2 《ティルシュの夢》における活人画(1932年)
出典：Památník IX, pp. 262-263.

代オリンピックにおける五種競技の再現は重要な意味を持っていた。ウィーン第一体操協会において，それが反セム主義と密接に結びついた点は，第5章で見たとおりである。

　古代ギリシアに対する情熱(philhellenism)とその領有(appropriation)が最高潮に達したのは戦間期であろう。1936年のベルリン・オリンピックを扱ったレニ・リーフェンシュタールの《民族の祭典》でオープニングを飾るのはギリシア神殿である。映画の冒頭，カメラは神殿から彫像へとクローズアップされ，頭部，半身，全身が次から次へと映し出される。そして，その彫像が生身の人間へと変化し，スローモーションで動き出して実際に円盤を投擲，その後，神殿で得られた聖火が人々の手を介してベルリンのスタジアムへと運ばれ，開会式の映像へと接続していく。

　こうしたシーンを予告するかのように行われたのが，1932年の第9回ソコル祭典であった。ここでは，ティルシュの生誕百周年を記念して《ティルシュの夢》と題する一大パフォーマンスが行われ，古代ギリシアを彷彿とさせる情景が現出されたのである[4]。ティルシュに扮する声がスタジアムにこだますると同時に，約5000名の参加者が古代ギリシア人として入場し，オリンピック競技の開催，勝利の儀式などを行った。図2は，その中で披露された活人画である。そして，最後のシーンにおいて古代ギリシア人たちは一

Press, 1996) p. 87. ドイツ体操運動におけるギリシア・イメージについては，Krüger (1995/96) pp. 90f. を参照．

4) Památník IX, pp. 261-264.

表1　チェコスロヴァキアにおける各体操団体の会員数(1935年)

		ソコル	オレル	労働者体操協会同盟(SDTJ・社民系)	プロレタリア体育連盟(FPT・共産系)
チェコ系	支部数	3,209	1,325	1,312	200
	男性	268,115	43,721	46,506	—
	女性	117,104	32,653	18,374	—
	小計	385,219	76,374	64,880	—
	青年(14-18歳)	91,809	22,562	19,730	—
	児童(8-14歳)	282,888	61,352	57,725	—
	総計	759,916	160,288	142,335	17,000

		ドイツ体操連合(DTV)	労働者体操・スポーツ同盟(ATUS)	キリスト教ドイツ体操家連盟	ドイツ体操クライス(自由主義派)
ドイツ系	支部数	1,136	481	140	23
	男性	89,205	17,690	5,785	1,187
	女性	30,199	5,850	2,203	780
	小計	119,404	23,540	7,988	1,967
	青年(14-18歳)	22,645	4,206	1,791	346
	児童(8-14歳)	67,796	14,792	6,980	1,287
	総計	209,845	42,538	16,759	3,600

その他，シオニスト系のマカビは77支部，9350名の会員数，ポーランド系労働者の団体「力 Siła」は37支部，1700名の会員数であった。また，共産党系のプロレタリア体育連盟(FPT)は，1921年に結成された労働者体操協会連盟(FDTJ)が26年に改組されたものである。
出典：AODTVS, Sbírka k Svazu D. T. J., Inventory No. 950, Carton No. 36, "D. T. J. tělo-cvičné korporace v ČSR a Internacionála," n. d., p. 2.

斉に同時代のソコル・メンバーへと転じ，「夢は実現した」というティルシュの声と共に幕を閉じるのであった。

確かに，第一次世界大戦後のソコルは，戦間期に同一国家となったスロヴァキア地域にも自らの勢力を拡大し，「ティルシュの夢」を実現したと言えるほどの全盛期を迎えていた[5]。1928年の時点において，実にチェコスロヴァキア人12名につき1人がソコル会員であった。ヴァイマール共和国で

---

[5] チェコスロヴァキア第一共和国における体操運動を概観したものとして，福田(2002)を参照。

165万人の会員数を誇っていたドイツ体操家連盟(DT)が，ドイツ人40名当たり1人の会員であったことを考えれば，ソコルの「強さ」が伺えよう[6]。

だが，ハプスブルク時代と比べて変化した最大の点は，量的な意味での拡大というよりはむしろ，ソコルが国家対抗的な組織から国家体制的な組織へと変貌したという事実であろう。その点が端的に表れていたのは軍隊との結びつきであった。端緒となったのは，独立後の混乱期においてソコルが率先して国内の治安維持を担当し，国境地域の紛争を解決したことである。特に，1919年にハンガリーがスロヴァキア東部を占領した際には，多くのソコル会員が派遣され，事態の収拾に多大な貢献をしたという。設立当初のチェコスロヴァキア軍で最高司令官(Nejvyšší správce)に任命されたのは，ソコル会長のシャイネルであったし，軍隊制度が整備されるまでの時期には，暫定的な措置としてソコルの各支部が徴兵検査を代行していたのであった。

1920年代半ばには，軍隊的規律の厳しさが災いしたためか，ソコル会員の伸びが鈍化するという現象が発生したが[7]，兵士＝国民にふさわしい精神と肉体を育成するという方針は，ソコル運動の主要なモチーフであり続けた。戦間期の祭典においては，徒手体操の中に，剣で突く，相手を殴る，手榴弾を投げる，といった軍事訓練を思わせるような動作が組み込まれ，ソコル会員の祖国防衛への意気込みが示されていたのである。また，祭典の一環として本物の軍隊による軍事演習も行われ，スタジアム上空を戦闘機が飛び，フィールドの中を武装した兵士が走り回っていた。時には，チェコスロヴァキア，ユーゴスラヴィア，ルーマニアの3カ国によって構成された小協商の合同部隊が祭典に参加し，国家間の結束を誇示することもあった[8]。

---

6) 1928年のソコル会員数は56万2917名。チェコスロヴァキアのドイツ体操連合 (DTV, Deutscher Turnverband)は会員数15万6735名，ドイツ人20名に1人の割合，オーストリアのドイツ体操家同盟(DTB, Deutscher Turnerbund)は会員数11万6268名，オーストリア人60名に1人の割合であった。Rudolf Jahn, "Der Deutsche Turnverband," In: Jahn (1958) part 1, pp. 125-270, esp. pp. 139-140.

7) Marek Waic, "Sokolská obec od vzniku Československa do Mnichovského diktátu"［チェコスロヴァキアの誕生からミュンヘン命令に至るまでのソコル共同体］, In: Waic (1996/97) pp. 102-159, esp. pp. 142-144.

図3　第10回ソコル祭典（1938年）
3万2000名の男子による徒手体操
出典：X. slet (1939) n. p.

　こうしたソコル運動が最高点に達したのは，1938年の夏に行われた第10回祭典の時であろう。同年3月に，ドイツがオーストリアとの合邦（アンシュルス）を実現したこともあって，この祭典は迫り来るナチスの脅威を強く意識したものとなった。図3に見られるように，男女それぞれ3万名を超える徒手体操が行われ，ドイツ人に対するチェコスロヴァキア国民の団結が，さらにはナチズムに対する民主主義の抵抗が示されたのであった。だが，そ

---

8) 1926年の第8回ソコル祭典の際には，ウィーン駐在武官であった篠塚義男陸軍中佐が視察に訪れている。*Věstník Sokolský* 29:5 (1927) pp. 78-79. また，1936年には，「チェツコスロバキヤの様に国民保健の外に国民精神の統一と云つた精神的な所をラヂオ体操の中に取り入れ度い」という主張がなされている。「協同の精神」や「大和民族の底力」を発揮するといった精神性の向上を望んでいた日本のエリートたちは，ソコルの集団体操が持っている効果に注目し，もともと簡易保険事業の一環として導入されたラジオ体操にその精神性を取り入れようとしていた。黒田勇『ラジオ体操の誕生』（青弓社ライブラリー4），青弓社，1999, pp. 207-208.

のわずか2カ月後にはミュンヘン会談が行われ，その結果「ズデーテン地域」がドイツに割譲されてしまう。翌39年3月には親ナチス的な勢力がスロヴァキアの独立を宣言，その翌日にはドイツ軍がチェコにも進軍し，チェコをボヘミア・モラヴィア保護領とする。ここにチェコスロヴァキア第一共和国は解体したのであった。抵抗運動の基盤となりうるソコルも他の体操団体と共に解散させられたのである。

夢のあとに──終わりの始まり

　戦間期に頂点を迎えたソコル運動。だが，それは国民的体操運動の終わりの始まりでもあった。

　まず第1に挙げられるのは，体操とスポーツの関係が逆転した点である。ソコル運動やドイツ体操運動の議論において典型的に見られたように，少なくとも第一次世界大戦前の段階においては，スポーツよりも体操の方が重視されており，国民の発展にとってスポーツは何の意味も持たないと見なされていた。体操に必要とされたのは，徒手体操に代表されるような集団美であり，メンバー個々人の道徳心や規律であった。また，集団を単位とする体操運動は，基本的には国民の内部で完結するものであり，スポーツ競技のように国際大会を行うという発想を持っていなかった。集団美の比較によって各国民の精神性や身体能力について優劣を判定することには，そもそも無理があったし，スポーツ競技に比べてはるかに多くの参加者を一つの場所に集めることも現実的ではなかった。もちろん，当時の体操運動が純粋に国民内部にとどまっていたわけではない。例えば，ソコルは，南スラヴ地域やフランスなど積極的に「国外」との交流を持ち，チェコ人が持つ身体文化の優位性を盛んにアピールしていた。だが，それはあくまで例外的なものであった。

　これに対し，スポーツは比較可能性を持つものとして登場する。オリンピックなどのスポーツ・イヴェントにおいては，各国民の精鋭が代表として競技に参加し，比較可能な統一基準の下で優劣を競うのである。各国民の構成員は，そのほとんどが観客としてイヴェントに参加し，代表者である選手

の成績によって自集団の優劣を判断することとなる。その中では，体操そのものも一つの競技となり，「客観的な」ルールと採点基準の下で判定されるスポーツへと変容していくのであった。

また，19世紀末においては，産業社会の進展により大量の工場労働者が生み出されると共に，余暇そのものの質が変化し始めていた[9]。それまでの余暇は，基本的に市民層のものであり，教養としての余暇，洗練された文化としての余暇が支配的であった。だが，この場に下層民が参入するようになると，娯楽としての余暇が台頭する。体操運動においては，道徳と規律を重んじる市民層に対し，自分のための「楽しみ」や「気晴らし」を求める下層民が対峙する格好となったのである。いわゆる「大衆文化」が戦間期に発達し，スポーツがその中で重要な位置を占めるようになると，すべての階層を包摂しようとするソコルは，国民的な体操を柱としつつ「道徳的ではない」スポーツも組織の中に組み込む，というジレンマを抱え込むこととなった。

その点からすれば，1936年に行われたベルリン・オリンピックは，スポーツの体操に対する優位を示す象徴的な事例となった。第6章において指摘したように，このオリンピックは，万国博覧会とオリンピックの関係を逆転させるきっかけとなったが，それと同時に，スポーツと体操との関係をも決定的に変えたのである。第二次世界大戦後，オリンピックをはじめとするスポーツ競技は，コマーシャリズムとも結びついてますます隆盛を極めるようになったのに対し，ソコル運動をはじめとする体操文化は，社会主義圏における国家主導の連帯感醸成装置に特化されていったのである。

国民的体操運動の限界として第2に挙げられるのは，民主主義との関係である。特に冷戦後のソコル運動史において顕著であるが，戦間期のソコルを民主主義の牙城と見なし，ドイツ民族至上主義およびナチズムに対する防波堤と位置づける理解が一般的である。ソコル会員であったファシストは極々少数であり，親ナチスのドイツ体操連合(DTV)とは対照的な組織であった

---

9) 近代社会における余暇とレジャーの興隆については，アラン・コルバン(編著)，渡辺響子(訳)『レジャーの誕生』藤原書店，2000，の6章と9章などを参照。

というのである。また，同連合(DTV)の指導者であった体操教師のK.ヘンラインが，後にズデーテン・ドイツ党の指導者となり，最終的には「ズデーテン地域」におけるナチズムの浸透に寄与したことも，連合(DTV) = 親ナチスという理解を助長したのであった。

　しかしながら，実際のソコル運動においては，ファシストに与する勢力が一定程度存在し，民主主義を否定していた事実が指摘されている[10]。戦間期のチェコスロヴァキアでは，「東欧」の中では「例外的に」民主主義が定着したという理解が一般的であり，1938年のミュンヘン協定によって外部から破壊されるまでは，安定的な民主主義を維持していたと考えられている。だが，この新生国家においてもファシズム勢力は存在したのであり，その少なからぬ部分をソコル運動が担っていた。また，ドイツ体操連合(DTV)にしても，少なくとも1934年までは，ヘンライン本人が共和国の維持を前提とした活動を行っていた。連合(DTV)が積極的にナチスを支持し，ドイツへの「ズデーテン地域」の編入を声高に主張し始めたのは38年になってからである[11]。その点では，「民主主義のソコル vs. 親ナチスのドイツ体操連合DTV」という単純な解釈は避けねばならない。

　また，1930年代の「危機の時代」においては，民主主義とファシズムとの境界は曖昧となっていた。中田が指摘するように，30年代のチェコスロヴァキアにおいては，経済恐慌を契機とする危機と従来の政治体制の限界が指摘され，それを乗り越える「秩序と行動の民主主義」が提示されていたのである[12]。その中では，「経済・社会分野における自由主義の終焉」が認識され，議会主義と政党中心の体制に代わる新しい意思決定のシステムが模索されていた。それは，今までの民主主義に代わる「新しい民主主義」と位置

---

10) この点については，Tomáš Pasák, *Český fašismus 1922-1945 a kolaborace 1939-1945* ［チェコ・ファシズムと［対独］協力］(Práh: Praha, 1999) pp. 67ff. などを参照。
11) Luh (1988) pp. 67-72, 294-300, 447-457; Luh (1986) pp. 281-305.
12) 中田(1998)。また，民主主義とファシズムの「微妙な」関係については，Mark Mazower, *Dark Continent: Europe's Twentieth Century* (New York: Vintage Books, 2000) chaps. 1-4 を参照。

づけられたのである。そうした点を考えれば，ソコル運動を単純に民主主義の牙城と見なすことは不可能となる。

　国民的体操運動の限界を示す第3の点として，労働者体操運動との関係が挙げられよう。1921年5月には，社会民主党から共産党が分離するのとほぼ同時に体操運動も分裂し，共産主義体操運動が本格的に開始されている[13]。戦間期に共産党の書記長やコミンテルン執行委員を務めたK.ゴットヴァルトは，共産党系の労働者体操協会連盟(FDTJ)においても指導的役割を果たしており，48年の二月事件後に大統領となって以降，党主導による体操組織の再編に着手している。特に，ソ連型社会主義が導入されると共にその傾向が強まり，1952年にはソコルそのものが廃止され，すべての組織が共産党系に一本化された。それは，国民的体操運動の終焉と共産主義体操運動の興隆を示す出来事であった。

　だが，ソコル運動がそれで完全に終わったわけではなかった。1989年の体制転換によって共産党政権が崩壊すると，すぐさまソコルが復活されたのである。しかしながら，往年の勢いはもう見られない。1994年には第12回，2000年には第13回目のソコル祭典が行われたものの，集団体操やパレードに加わっているメンバーの多くは，以前のソコルを覚えているような年輩の人たちであった。かつては，身分や階級の区別なく同じ体操着を着ることに民主主義の精神を感じ，集団の中の一人として体操に参加することにある種の解放感を味わうことができたのかもしれない。だが，関心が多様化した現在の社会では，それは解放ではなく集団への拘束として感じられてしまう。とりわけ，1989年以降の「自由」しか知らない若い世代にとってはそうであろう。今後もソコルは存続すると思われるが，それは第二次世界大戦以前のような国民的団体ではなく，ごく普通の一組織としてであろう。

　しかしながら，チェコ，あるいはチェコスロヴァキアという小さな地域においてソコルをはじめとする活発な体操運動が登場し，チェコ国民を生み出すうえで大きな影響力を持っていたという事実は記憶しておくべきであろう。

---

13) Mucha (1953) pp. 95ff.

体操結社は会員の日常生活に踏み込んだ活動を行い，精神と身体の国民化を推し進めていたのである。

参考文献

〔A〕アルヒーフ

AHMP, *Archiv hlavního města Prahy* [首都プラハ文書館], Praha.
　http://www.ahmp.cz/
AODTVS, *Archiv oddělení dějin tělesné výchovy a sportu, Národní muzeum*
　[国民博物館　体育・スポーツ史部門文書館], Praha.
　http://www.nm.cz/historicke-muzeum/
AŽM, *Archiv židovského muzea* [ユダヤ博物館付属文書館], Praha.
　http://www.jewishmuseum.cz/
SA, *Sudetendeutsches Archiv* (Collegium Carolinum) München.
　http://www.collegium-carolinum.de/
SÚA, *Státní ústřední archiv* [国立中央文書館], Praha.
　(現 Národní archiv, http://www.mvcr.cz/archivy/)

〔B〕定期刊行物

Borec [闘士], Kolín (1894-1900).
Hagibor: Židovský sport s přílohou Hamakabi [ハギボル ―― ユダヤ・スポーツとハマカ
　ビ], Praha (1926-1933).
(JTZ) *Jüdische Turnzeitung*, Berlin (1900-1912); *Jüdische Monatshefte für Turnen und
　Sport* (1913-1918); *Jüdische Turn- u. Sportzeitung* (1918-1921). (Neu herausgegeben
　von Manfred Lämmer, Walluf/Neudeln, 1977).
Orel [オレル], Brno (1913-).
Rozvoj: Časopis politický a kulturní českožidovský [発展 ―― チェコ・ユダヤ政治文化紙],
　Pardubice (1904-1907), Praha (1907-1938).
Selbstwehr, Praha (1907-1938).
Sokol [ソコル], Praha (1871-).
Tělocvičný ruch [体育活動], Praha (1905-1938).
Věstník Sokolský [ソコル広報], Praha (1897-).

〔C〕レファレンス

Klaus Berchtold (1967) (ed.), *Österreichische Parteiprogramme 1868-1966* (Wien).

(Dodatky) *Ottův slovník naučný nové doby: dodatky k velikému Ottovu slovníku naučnému* (1930-1940) ［新オットー学術事典 —— オットー大学術事典への補遺］(Praha) ［CD-ROM 版 1998］, 6 vols (12 parts).

(Encyklopedie 1988) *Encyklopedie tělesné kultury* ［身体文化百科事典］(Praha), 2 vols.

Přemysl Ježek (1968), *Česká knižní tělovýchovná literatura od první poloviny 19 století až do roku 1918* ［19世紀前半から1918年までのチェコ体育に関する文献］(Praha: SPN).

────── (2002), *Česká tělovýchovná a sportovní literatura 1919-1945* ［チェコの体育スポーツ文献 1919-1945］(Praha: FTVS UK), 3 vols.

(Judaica 1996) *Encyclopaedia Judaica* (Jerusalem), 17 vols.

(Ottův slovník) *Ottův slovník naučný* (1888-1909) ［オットー学術事典］(Praha) ［CD-ROM 版 1997］, 28 vols.

(Spolky 1998) Marek Lašťovka, et al., *Pražské spolky: soupis pražských spolků na základě úředních evidencí z let 1895-1990* ［プラハの結社 —— 官庁記録に基づくプラハの結社目録 1895-1990 年］(Praha: Scriptorium).

〔D〕同時代文献

(II. slet 1891) *II. slet všesokolský v Praze* ［第2回全ソコル祭典・プラハ］(Praha).

(III. slet 1895) *III. slet všesokolský v Praze* (Praha).

(IV. slet 1901) *IV. slet všesokolský* (Praha).

(V. slet 1907) *V. slet všesokolský* (Praha).

(X. slet 1939) *X. Všesokolský slet v Praze 1938* (Praha).

(XII. slet 1995) *XII. Všesokolský slet Praha 1994* (Praha).

(XIII. slet 2001) *XIII. Všesokolský slet/Praha 2000* (Praha).

O. バウアー (2001), 丸山敬一ほか (訳)『民族問題と社会民主主義』御茶の水書房.〔Otto Bauer, *Die Nationalitätenfrage und die Sozialdemokratie* (Wien, 1907, 1924²)〕

K. チャペック (1993), 石川達夫 (訳)『マサリクとの対話 —— 哲人大統領の生涯と思想』成文社.〔Karel Čapek, *Hovory s T. G. Masarykem* (Praha, 1929-35)〕

Pierre de Coubertin (1966), *The Olympic Idea: Discourses and Essays* (Carl-Diem-Institut: Köln).

────── (1996), *Mémoires Olympiques* (Revue EP. S.: Paris). (Réimpression de l'Édition Bureau International de Pédagogie Sportive, Lausanne, 1931). （ピエール・ド・クベルタン (著), カール・ディーム (編), 大島鎌吉 (訳)『オリンピックの回想』ベースボール・マガジン社, 1976, 第2版）。残念ながら, 独語版からの重訳である日本語

版には誤訳が多い。

(Gedenkschrift 1887) *Gedenkschrift des Deutschen Turnvereins in Prag 1862-1887* (Praha).

Jiří Stanislav Guth-Jarkovský (1929), *Paměti olympijské 1894-1918*［オリンピックの回想 1894-1918 年］(Praha). (*Paměti*, vol.2).

(Handbuch 1911) Fritz Wildung (ed.), *Handbuch des Arbeiter = Turnerbundes: Im Auftrage des Bundesvorstandes und mit Unterstützung durch zahlreiche Mitarbeiter* (Leipzig).

(Handbuch 1931) Tschechoslowakischer Makabikreis im Makabi-Weltverband (ed.), *Makabi Handbuch* (Praha).

Věnceslav Havlíček (1923), "Vliv Darwinovy nauky na Tyrše"［ティルシュにおけるダーウィン理論の影響］, *Tyršův sborník* 7, pp. 47-67.

Fritz Hirth & Anton Kießlich (1928), *Geschichte des Turnkreises Deutschösterreich* (Teplice-Šanov [Teplitz-Schönau]).

Antonín Hubka (1899), *Naše menšiny a smíšené kraje na českém jihu*［南ボヘミアにおける我々の少数派と混住地域］(Praha).

Friedrich L. Jahn & Ernst Eiselen (1816), *Die deutsche Turnkunst zur Einrichtung der Turnplätze* (Berlin). (Reprinted in 1960 by Sportverlag Berlin with an Introduction by Dr. Willi Schröder).

Ladislav Jandásek (1932), "The Sokol Movement in Czechoslovakia," *The Slavonic and East European Review* 11:31, pp. 65-80.

―― & Jan Pelikán (1946), *Stručné dějiny sokolstva 1862-1912*［ソコル概史 1862-1912 年］(Praha).

K. カウツキー (1980), 栗原佑（訳）『中世の共産主義』（叢書ウニベルシタス）法政大学出版局.〔Karl Kautsky, *Kommunistische Bewegungen in Mittelalter* (Stuttgart, 1909)〕

Hans Kohn (1913), "Die jüdische Turnbewegung in Oesterreich," JTZ 14:6, pp. 188-190.

Antonín Krejčí (1947), *T. G. Masaryk a Sokol*［T. G. マサリクとソコル］(Praha: ČOS).

Václav Kukaň (1898), *Výchova lidu a Sokolstvo*［人民の教育とソコル運動］(Praha).

―― (1900), *Národnostní boje v Čechách: české menšiny a český národ*［ボヘミアにおける民族の戦い ―― チェコ系少数派とチェコ国民］(Praha).

―― (1922), *Sokolstvo a jeho činnost menšinová (1896-1921)*［ソコル運動と少数派の為の活動, 1896-1921 年］(Praha).

Jaroslav Ludvíkovský (1923), *Antické myšlenky v Tyrošově sokolském a národním programu*［ティルシュのソコル綱領・国民綱領における古典思想］, *Tyršův sborník* 6.

Jan Masák (1924), "Jan Ev. Purkyně: první uvědomělý český tělocvikář"［J. E. プルキニェ ―― チェコ人としての意識を持った最初の体操家］, *Tyršův sborník* 9, pp. 5-32.

(Olympiad 1908) *The Fourth Olympiad being the official report of the Olympic Games of 1908 celebrated in London under the patronage of His Most Gracious Majesty King Edward VII and by the sanction of the International Olympic Committee*, written by Theodore Andrea Cook (London, 1908).

(Olympiad 1912) *The Fifth Olympiad: The Official Report of the Olympic Games of Stockholm 1912* (Stockholm, 1913), ed. by Erik Bergvall.

(Památník 1883) *Památník vydaný na oslavu dvacetiletého trvání tělocvičné jednoty Sokola pražského* ［体操協会プラハ・ソコル 20 周年記念論集］(Praha).

(Památník VI) *Památník sletu slovanského sokolstva roku 1912 v Praze* ［1912 年プラハにおけるスラヴ・ソコル祭典記念論集］(Praha, 1919).

(Památník VII) *Památník VII. sletu všesokolského v Praze 1920* (Praha, 1923).

(Památník VIII) *Památník osmého sletu všesokolského v Praze 1926* (Praha, 1927).

(Památník IX) *Památník IX. sletu všesokolského* (Praha, 1932).

Emanuel Rádl (1928), *Der Kampf zwischen Tschechen und Deutschen* (Reichenberg [Liberec]).

K. レンナー(2002-03), 田口晃, 福田宏(解説・解題・抄訳)「カール・レンナー『諸民族の自治権』1918 年」『北大法学論集』(1) 53:2 (2002) pp. 207-260; (2) 53:3, pp. 131-167; (3・完) 53:5 (2003) pp. 285-317.〔Karl Renner, *Das Selbstbestimmungsrecht der Nationen: In besonderer Anwendung auf Österreich* (Leipzig, 1918)〕

Ernst Rychnovsky (1912), *Der Deutsche Turnverein in Prag, 1862-1912* (Praha).

Josef E. Scheiner (1911), *Sokolstvo* ［ソコル運動］(Praha). (Zvláštní otisk z díla *Slovanstvo: Obraz jeho minulosti a přítomnosti*, Praha, 1912).

Rudolf Silaba (1928), *Třicet let dělnické tělovýchovy* ［労働者体育の 30 年］(Praha).

Miroslav Tyrš (1868), *Hod olympický* ［オリンピアの祭典］, In: Tyrš (1930) vol. 1, pp. 37-56.

─── (1871), "Náš úkol, směr a cíl" ［我々の課題, 方向と目的］, In: Tyrš (1930) vol. 1, pp. 127-138.

─── (1873), *Základové tělocviku* ［体操の基礎］(Praha), 5th edition in 1926.

─── (1930), *O sokolské idei* ［ソコルの理念について］(Praha), 2 vols.

(Tyrš n.d.) *Dr. Miroslav Tyrš 1832 1932: k stým narozeninám zakladatele Sokolstva* ［ミロスラフ・ティルシュ博士 1832-1932 年 ── ソコル運動創設者の生誕百周年によせて］(Praha).

Renáta Tyršová (1927), *Jindřich Fügner: paměti a vzpomínky na mého otce* ［フュグネル ── 我が父の回想と思い出］(Praha), 2 vols.

─── (1932-34), *Miroslav Tyrš: jeho osobnost a dílo* ［ミロスラフ・ティルシュ ── 人物とその仕事］(Praha), 3 vols.

(Za praporem 1887) *Za praporem sokolským: Posvěceno mužnému duchu Čechův* ［ソコ

ル旗のために —— チェコ人の男性的精神に捧げられた旗] (Praha).
(Žižkov 1922) *Padesát let Sokola v Žižkově* [ジシュコフ・ソコルの 50 年] (Praha).

〔E〕 二次文献

B. アンダーソン (1997), 白石隆, 白石さや (訳)『増補 想像の共同体 —— ナショナリズムの起源と流行』NTT 出版.〔Benedict Anderson, *Imagined Communities* (London/New York: Verso, 1991²)〕

M. アンダーソン (1997), 三谷研爾, 武林多寿子 (訳)『カフカの衣装』高科書店.〔Mark M. Anderson, *Kafka's Clothes* (Oxford University Press, 1992)〕

有賀郁敏 (1994)「ベルリントゥルネン委員会の成立と啓蒙的プロパガンダ —— 1850 年代ベルリンの近代化とトゥルネン協会の実態」『立命館経済学』43：3, pp. 18-39。

——— (1998)「19 世紀ドイツにおける結社研究の構想 —— 1848/49 年革命と『トゥルネン協会 (Turnverein)』」『立命館大学産業社会論集』34：2, pp. 71-87。

——— (1999)「トゥルネン史における 1848/49 年革命について —— 革命 150 周年記念集会 (バーデン・ヴュルテンベルク) との関連で」『体育史研究』16, pp. 49-58。

——— ほか (2002a)『スポーツ』(近代ヨーロッパの探究 8) ミネルヴァ書房。

——— (2002b)「国民形成期ドイツにおけるトゥルネン協会史研究の課題と史料」『立命館大学人文科学研究所紀要』79, pp. 37-85。

Karl F. Bahm (1999), "The Inconveniences of Nationality: German Bohemians, the Disintegration of the Habsburg Monarchy, and the Attempt to create a 'Sudeten German' Identity," *Nationalities Papers* 27:3, pp. 375-405.

Jaroslav Bakala (1978), "Průmyslová oblast severozápadních Čech a národnostní zápas v letech 1848-1896" [1848-1896 年の北西ボヘミア工業地帯と民族闘争], *Slezský sborník* 76:4, pp. 262-285.

P. M. Baldwin (1980), "Liberalism, Nationalism, and Degeneration: The Case of Max Nordau," *Central European History* 13:2, pp. 99-120.

(Bar Kochba 1977) *Bar Kochba: Makkabi—Deutschland, 1898-1938* (Tel-Aviv), Im Auftrage der Vereinigung ehemaliger Barkochbaner-Hakoahner herausgegeben von Dr. Robert Atlasz.

Hartmut Becker (1975), "Die jüdische Turnbewegung und ihr Verhältnis zum Zionismus: Ein Beitrag zur Entstehungsgeschichte der Jüdischen Turnerschaft und zur Entwicklungsgeschichte der nationaljüdischen Idee," *Judaica: Beiträge zum Verständnis des jüdischen Schicksals in Vergangenheit und Gegenwart* 31:2, pp. 71-84.

——— (1980), *Antisemitismus in der deutschen Turnerschaft* (Sankt Augustin).

——— (1989), "Antisemitismus in der deutschen Turnbewegung vor dem Ersten Weltkrieg," *Stadion: Internationale Zeitschrift für Geschichte des Sportes* 15:1, pp. 1-8.

Franz Benda (1991), *Der Deutsche Turnerbund 1889: seine Entwicklung und Weltanschauung* (Wien: VWGÖ), Dissertation der Universität Wien.

Michael Berkowitz (1993), *Zionist Culture and West European Jewry Before the First World War* (Cambridge University Press).

D. ブラックボーン & G. イリー (1983), 望田幸男 (訳)『現代歴史叙述の神話――ドイツとイギリス』晃洋書房。〔David Blackbourn & Geoff Eley, *Mythen deutscher Geschichtsschreibung* (Frankfurt am Main, 1980)〕

Diethelm Blecking (1990), *Die Geschichte der nationalpolnischen Turnorganisation "Sokół" im Deutschen Reich 1884-1939* (Münster: Lit), 2nd edition.

―――― (ed.) (1991), *Die slawische Sokolbewegung: Beiträge zur Geschichte von Sport und Nationalismus in Osteuropa* (Dortmund).

John W. Boyer (1981), *Political Radicalism in Late Imperial Vienna: Origins of the Christian Social Movement 1848-1897* (University of Chicago Press).

―――― (1995), *Culture and Political Crisis in Vienna: Christian Socialism in Power, 1897-1918* (University of Chicago Press).

Emil Brix (1982a), *Die Umgangssprachen in Altösterreich zwischen Agitation und Assimilation: die Sprachenstatistik in den zisleithanischen Volkszählungen 1880 bis 1910* (Wien: Böhlau).

―――― (1982b), "Der böhmische Ausgleich in Budweis," *Österreichische Osthefte* 24:2, pp. 225-248.

―――― (1988), "Mentalität ist gut: Die Teilung der Prager Universität 1882," *Österreichische Osthefte* 30:3, pp. 371-382.

Karl M. Brousek (1977), *Die Wiener Tschechen zwischen den beiden Weltkriegen: unter besonderer Berücksichtigung des Turnvereins "Sokol"* (PhD thesis: Universität Wien), Unpublished.

John Bunzl (ed.) (1987), *Hoppauf Hakoah: Jüdischer Sport in Österreich. Von den Anfängen bis in die Gegenwart* (Wien: Junius).

Kateřina Čapková (2005), *Češi, Němci, Židé?: Národní identita Židů v Čechách 1918-1938* [チェコ人，ドイツ人，ユダヤ人？――ボヘミアにおけるユダヤ人の国民的アイデンティティー 1918-1938] (Praha/ Litomyšl: Paseka).

Gary B. Cohen (1981), *The Politics of Ethnic Survival: Germans in Prague 1861-1914* (Princeton University Press).

Petr Čornej (1995), *Lipanské ozvěny* [リパンの反響] (Praha: H&H).

Julius Dolanský (1957), "První počátky Sokola podle zprávy pražského policejního ředitelství" [プラハ警察本部の報告から見た初期のソコル], *Teorie a praxe tělesné výchovy a sportu* 5, pp. 513-523.

Dieter Düding (1984), *Organisierter gesellschaftlicher Nationalismus in Deutschland*

(1808-1847): Bedeutung und Funktion der Turner- und Sängervereine für die deutsche Nationalbewegung (München).

Zora Dvořáková (1989), *Miroslav Tyrš: Prohry a vítězství* [ミロスラフ・ティルシュ——敗北と勝利] (Praha: Olympia).

John M. Efron (1994), *Defenders of the Race: Jewish Doctors and Race Science in Fin-de-Siècle Europe* (Yale University Press).

江口布由子(1998)「1897年のバデニー言語令事件——オーストリア社会民主党およびキリスト教社会党の指導層の動静を中心に」『比較社会文化研究』(九州大学大学院比較社会文化研究科) 3, pp. 21-32。

George Eisen (1983), "Zionism, Nationalism and the Emergence of the Jüdische Turnerschaft," *Leo Baeck Institute Year Book* 28, pp. 247-262.

Christiane Eisenberg (1996), *"English Sports" und Deutsche Bürger* (Paderborn/München/Wien/Zürich: Ferdinand Schöningh).

N. エリアス & E. ダニング(1995), 大平章(訳)『スポーツと文明化——興奮の探求』(叢書ウニベルシタス), 法政大学出版局。〔Norbert Elias & Eric Dunning, *Quest for Excitement* (Oxford: Basil Blackwell, 1986)〕

František Färber (1997), "Makabi — významná tělovýchovná a společenská organizace před II. sv. válkou" [マカビ——第二次世界大戦以前における重要な体育・社会組織], In: Petr Pálka (ed.), *Židé a Morava: sborník z konference konané v listopadu 1996 v Kroměříži* 3, pp. 60-63.

Othmar Feyl (1956), "Die Entwicklung des Sokolgründers Heinrich Fügner im Lichte seiner Prager Briefe an den böhmendeutschen Konservativen Joseph Alexander von Helfert in den Jahren 1848 bis 1865: Unveröffentliche deutsche Brief Fügners und ihre Streiflichter zur Sozialgeschichte Böhmens," In: Hans H. Bielfeldt (ed.), *Deutsch-Slawische Wechselseitigkeit in sieben Jahrhunderten* (Berlin) pp. 511-578.

Petr Fiala (1995), *Katolicismus a politika: O politické dimenzi katolicismu v postmoderní době* [カトリシズムと政治——ポストモダンにおけるカトリシズムの政治的次元] (Brno: CDK).

Michal Frankl (2001), "The Background of the Hilsner Case: Political Antisemitism and Allegations of Ritual Murder 1896-1900," *Judaica Bohemiae* 36, pp. 34-118.

Karen A. J. Freeze (1988), "The Progressive Youth of the 1890s: Children of the December Constitution," In: Hans Lemberg, et al. (eds.) (1988), *Bildungsgeschichte, Bevölkerungsgeschichte, Gesellschaftsgeschichte in den Böhmischen Ländern und in Europa* (München: R. Oldenbourg) pp. 275-285.

Eric Friedler (1998), *Makkabi chai — Makkabi lebt: Die Jüdische Sportbewegung in Deutschland 1898-1998* (Wien/München: Verlag Christian Brandstätter).

福田宏(2002)「ソコルと国民形成——チェコスロヴァキアにおける体操運動」有賀郁敏ほ

か(2002a) pp. 67-96。

Bruce M. Garver (1978), *The Young Czech Party 1874-1901 and the Emergence of a Multi Party System* (Yale University Press).

E. ゲルナー(2000)，加藤節(監訳)『民族とナショナリズム』岩波書店。〔Ernest Gellner, *Nations and Nationalism* (Oxford: Blackwell, 1983)〕

Sander L. Gilman (1995), *Franz Kafka: the Jewish Patient* (Routledge: New York/London).

S. L. ギルマン(1997a)，管啓次郎(訳)『ユダヤ人の身体』青土社。〔Sander L. Gilman, *The Jew's Body* (Routledge, 1991)〕

────(1997b)，鈴木淑美(訳)『フロイト・人種・ジェンダー』青土社。〔Sander L. Gilman, *Freud, Race, and Gender* (Princeton University Press, 1993)〕

Cathleen M. Giustino (2003), *Tearing Down Prague's Jewish Town: Ghetto Clearance and the Legacy of Middle-Class Ethnic Politics around 1900* (Columbia University Press).

Monika Glettler (1970), *Sokol und Arbeiterturnvereine (D.T.J.) der Wiener Tschechen bis 1914: Zur Entwicklungsgeschichte der nationalen Bewegung in beiden Organisationen* (München: R. Oldenbourg).

Svenja Goltermann (1998), *Körper der Nation: Habitusformierung und die Politik des Turnens 1860-1890* (Göttingen: Vandenhoeck & Ruprecht).

Ján Grexa (1997), "Sport- und Turnvereine als Bestandteil der Ausformung der bürgerlichen Gesellschaft in der Slowakei 1900-1945," In: Elena Mannová (ed.), *Bürgertum und bürgerliche Gesellschaft in der Slowakei 1900-1989* (Bratislava: Academic Electronic Press) pp. 259-273.

O. グルーペ & M. クリューガー(1999)，永島惇正ほか(訳)『スポーツと教育 ── ドイツ・スポーツ教育学への誘い』ベースボール・マガジン社。〔Ommo Grupe & Michael Krüger, *Einführung in die Sportpädagogik* (Schorndorf: Hofmann, 1997)〕

アレン・グットマン(1997)，谷川稔ほか(訳)『スポーツと帝国 ── 近代スポーツと文化帝国主義』昭和堂。〔Allen Guttmann, *Modern Sports and Cultural Imperialism* (Columbia University Press, 1994)〕

J. ハーバーマス(1994)，細谷貞雄，山田正行(訳)『公共性の構造転換 ── 市民社会の一カテゴリーについての研究』未来社，第2版。〔Jürgen Habermas, *Strukturwandel der Öffentlichkeit* (Suhrkamp, 1990²)〕

Fred Hahn (1983), "The Dilemma of the Jews in the Historic Lands of Czechoslovakia, 1918-1938," *East Central Europe* 10:1-2, pp. 24-39.

Miloš Havelka (ed.) (1995), *Spor o smysl českých dějin 1895-1938* 〔チェコ史の意味に関する論争〕(Praha: Torst).

Jan Havránek (1979), "Češi v severočeských a západočeských městech v letech 1880-

1930"［1880-1930年の北ボヘミア・西ボヘミア諸都市におけるチェコ人］, *Ústecký sborník historický*, pp. 227-253.

―― (1995), "Sociální struktura pražských Němců a Čechů, křest'anů a židů ve světle statistik z let 1890-1930"［1890-1930年の統計に基づいたプラハ・ドイツ人とチェコ人，キリスト教徒とユダヤ教徒の社会的構造］, *Český časopis historický* 93:3, pp. 470-480.

早川武彦(1977)「日本における『クーベルタン像』について」『一橋論叢』77：1, pp. 85-92。

林忠行(1982)「チェコスロヴァキア第一共和国の内政システムの形成とその特質(1918～1921年)」『歴史学研究』別冊, pp. 134-144。

―― (1993)『中欧の分裂と統合――マサリクとチェコスロヴァキア建国』中公新書。

Peter Heumos (1986), "Krise und hussitisches Ritual: Zum Zusammenhang von tschechischer Arbeiter- und Nationalbewegung in Böhmen in den sechziger und siebziger Jahren des 19. Jahrhunderts," In: Seibt (1986) pp. 109-122.

Milan Hlavačka (1991), *Jubilejní výstava 1891*［1891年記念博覧会］ (Praha: TECHKOM).

E. J. ホブズボーム(2001)，浜林正夫ほか(訳)『ナショナリズムの歴史と現在』大月書店。〔Eric J. Hobsbawm, *Nations and Nationalism since 1780* (Cambridge University Press, 1992²)〕

―― & T. レンジャー(編)(1992)，前川啓治，梶原景昭ほか(訳)『創られた伝統』(文化人類学叢書)，紀伊国屋書店。〔Eric J. Hobsbawm & Terence O. Ranger, *The Invention of Tradition* (Cambridge University Press, 1983)〕

Zdeněk Hojda & Jiří Pokorný (1997), *Pomníky a zapomníky*［記憶された碑と忘却された碑］(Praha/Litomyšl: Paseka), 2nd edition.

Miroslav Hroch (1985), *Social Preconditions of National Revival in Europe: A Comparative Analysis of the Social Composition of Patriotic Groups among the Smaller European Nations* (Cambridge University Press), translated by Ben Fowkes.

―― (1999a), *Na prahu národní existence: touha a skutečnost*［国民の存在と非存在の境目にて――憧憬と現実］(Praha: Mladá fronta).

―― (1999b), *V národním zájmu: Požadavky a cíle evropských národních hnutí devatenáctého století v komparativní perspektivě*［国民という関心事へ――比較の観点から見た19世紀ヨーロッパの国民運動における要求と目的］(Praha: Nakladatelství Lidové noviny).

Kurt A. Huber (1979), "Die Enzyklika 'Rerum novarum' und die Genesis der christlich-sozialen Volksparteien der Tschechoslowakei," In: Karl Bosl (ed.), *Die Erste Tschechoslowakische Republik als multinationaler Parteienstaat* (München: R. Oldenbourg) pp. 241-257.

Wilma A. Iggers (1988), "Juden zwischen Tschechen und Deutschen," *Zeitschrift für Ostforschung* 37:3, pp. 428-442.

石川達夫 (1995)『マサリクとチェコの精神——アイデンティティと自律性を求めて』成文社。

―――― (2000)『黄金のプラハ——幻想と現実の錬金術』平凡社選書。

Rudolf Jahn (ed.) (1958), *Sudetendeutsches Turnertum: Im Auftrag der Arbeitergemeinschaft sudetendeutscher Turner und Turnerinnen in der Sudetendeutschen Landmannschaft* (Heimreiterverlag: Frankfurt am Main) 2 parts.

G. ヤノーホ (1994), 吉田仙太郎 (訳)『増補版 カフカとの対話——手記と追想』ちくま学芸文庫。〔Gustav Janouch, *Gespräche mit Kafka* (Frankfurt am Main, 1968)〕

Tomáš Jelínek (2000), "Od Sokola k Pionýru: Tělocvičné a skautské hnutí v městské společnosti a jeho sociální úloha" [ソコルからピオネールへ——都市社会における体育・スカウト運動とその社会的課題], *Documenta Pragensia* 18, pp. 315-324.

Hans-Georg John (1976), *Politik und Turnen: Die Deutsche Turnerschaft als nationale Bewegung im deutschen Kaiserreich von 1871-1914* (Ahrensburg bei Hamburg).

W. ジョンストン (1986), 井上修一ほか (訳)『ウィーン精神——ハープスブルク帝国の思想と社会 1848-1938』みすず書房, 2 vols。〔William M. Johnston, *The Austrian Mind* (Berkeley, 1972)〕

Pieter M. Judson (1996a), *Exclusive Revolutionaries: Liberal Politics, Social Experience, and National Identity in the Austrian Empire, 1848-1914* (University of Michigan Press).

―――― (1996b), "Frontiers, Islands, Forests, Stones: Mapping the Geography of a German Identity in the Habsburg Monarchy, 1848-1900," In: Patricia Yaeger (ed.), *The Geography of Identity* (University of Michigan Press) pp. 382-406.

唐木國彦 (1977)「『トゥルネン＝スポーツ抗争』と労働者体育家連盟」『一橋論叢』77：1, pp. 21-40。

Ludmila Kárníková (1965), *Vývoj obyvatelstva v českých zemích 1754-1914* [チェコ諸領邦における人口発展] (Praha).

Alfred Kelly (1981), *The Descent of Darwin: The Popularization of Darwinism in Germany, 1860-1914* (The University of North Carolina Press).

Hillel J. Kieval (1988), *The Making of Czech Jewry: National Conflict and Jewish Society in Bohemia 1870-1918* (Oxford University Press).

―――― (2000), *Languages of Community: the Jewish Experience in the Czech lands* (University of California Press).

Jeremy King (2002), *Budweisers into Czechs and Germans: A Local History of Bohemian Politics, 1848-1948* (Princeton University Press).

桐生裕子 (2003)「世紀転換期ボヘミアにおける農村社会の再編——ボヘミア王国農業審議

会の農業雇用関係への対応を中心に」『東欧史研究』25, pp. 2-27。
岸野雄三ほか(編) (1979)『体育・スポーツ人物思想史』不昧堂。
J. コッカ(編) (2000), 望田幸男(監訳)『国際比較・近代ドイツの市民 —— 心性・文化・政治』ミネルヴァ書房。〔Jürgen Kocka (ed.), *Bürgertum im 19. Jahrhundert* (München, 1988), vol. 3〕
Hans Kohn (1960), *Pan-Slavism: Its History and Ideology* (Vintage Books: New York), 2nd edition.
H. コーン(1982), 稲野強ほか(訳)『ハプスブルク帝国史入門』恒文社。〔Hans Kohn, *The Habsburg Empire 1804-1918* (New York, 1961)〕
(国民 1997) E. ルナン, J. G. フィヒテ, J. ロマン, E. バリバール, 鵜飼哲(著)『国民とは何か』インスクリプト。
František Kolář (1977), "Boj za samostatnou českou účast na V. Olympijských hrách 1912 ve Stockholmu" [1912年の第5回オリンピックにおけるチェコ単独の代表権を求める闘い], *Teorie a praxe tělesné výchovy* 25:12, pp. 717-722.
——— (1979), "Vznik českého olympismu a založení Českého výboru pro hry olympijské" [チェコ・オリンピック運動とオリンピック・チェコ委員会の始まり], *Sborník k dějinám 19. a 20. století* 6, pp. 303-325.
——— (1981), "'Česká otázka' a mezinárodní olympijský kongres v Paříži v roce 1914" [「チェコ問題」と1914年パリ・オリンピック・コングレス], *Teorie a praxe tělesné výchovy* 29:12, pp. 709-713.
——— & Jiří Kössl (1994), "Origin and Development of the Czech and Czechoslovak Olympic Comittee," *Citius, Altius, Fortius* 2:3, pp. 11-26.
——— & ——— (1995), "Pierre de Coubertin a Čechy/Pierre de Coubertin et la Bohême," In: Bohumila Ferenčuhová (ed.), *Francúzsko a stredná Európa/La France et l'Europe centrale* (Bratislava: Academic Electronic Press) pp. 136-151.
Hans-Jürgen König (1989), "Die Anfänge der jüdischen Turn- und Sportbewegung," *Stadion: Internationale Zeitschrift für Geschichte des Sportes* 15:1, pp. 9-28.
——— (1992), "Zwischen Marginalisierung und Entfremdung: Zum Nationalismus der jüdischen Turn- und Sportbewegung im Wilhelminischen Kaiserreich," *Stadion: Internationale Zeitschrift für Geschichte des Sportes* 18:1, pp. 106-125.
Jiří Kořalka (1992), "Historiography of the Countries of Eastern Europe: Czechoslovakia," *The American Historical Review* 97:4, pp. 1026-1040.
——— (1996), *Češi v habsburské říši a v Evropě 1815-1914: Sociálněhistorické souvislosti vytváření novodobého národa a národnostní otázky v českých zemích* (Praha: Argo), trans. and revised by the Author. Original German Version: *Tschechen im Habsburgerreich und in Europa 1815-1914* (München: R. Oldenbourg, 1991).
Jiří Kössl (1977), *Dějiny československého olympijského hnutí* [チェコスロヴァキア・オ

リンピック運動史] (Praha: Olympia).

―――, et al. (1986), *Dějiny tělesné výchovy* [体育史], vol. 2: *Od roku 1848 do současnosti* [1848 年から現在まで] (Praha).

――― (ed.) (1995), *Příspěvky k historii českého a mezinárodního olympijského hnutí* [チェコ及び国際オリンピック運動史論文集], *Olympijská knihovnička* 9 (Praha: Český olympijský výbor). チェコ・オリンピック委員会内部資料.

―――, et al. (eds.) (1998), *Dokumentace k dějinám českého olympismu* [チェコ・オリンピック史に関する資料集], *Olympijská knihovnička* 14, 17 (Praha: Český olympijský výbor), 2 vols. チェコ・オリンピック委員会内部資料.

――― & František Kolář (1998), "První etapa českého olympismu (1894-1918)," Manuscript. この草稿をはじめとして，多くの内部資料を提供していただいたケスル氏とコラーシュ氏に感謝申し上げる。なお，この草稿は Olympismus (1999) として出版されたが，編集の過程で大幅に縮減されたため，著者の了解を得たうえで，草稿より直接引用している。

Reinhard Krammer (1981), *Arbeitersport in Österreich* (Wien: Europaverlag).

Helena Krejčová (1998), "Pražský prosincový pogrom roku 1897" [1897 年におけるプラハの 12 月ポグロム], *Documenta Pragensia* 16, pp. 73-78.

Jan Křen (1990), *Konfliktní společenství Češi a Němci 1780-1918* (Praha: Academia). German Version: *Die Konfliktgemeinschaft: Tschechen und Deutsche in den böhmischen Ländern 1780-1918* (München: R. Oldenbourg, 1996), translated by Peter Heumos.

A. クリューガー & J. リオーダン（編）(1988)，上野卓郎（編訳）『論集 国際労働者スポーツ』民衆社。[Arnd Krürger & James Riordan (eds.), *Der Internationale Arbeitersport* (Köln: Pahl-Rugenstein, 1985)]

Michael Krüger (1995/96), "Die Antike Gymnastik und Athletik als Vorbild für Turnen und Sport in Deutschland im 19. Jahrhundert," *Stadion: Internationale Zeitschrift für Geschichte des Sportes* 21/22, pp. 86-99.

――― (1996), *Körperkultur und Nationsbildung: die Geschichte des Turnens in der Reichsgründungsära; eine Detailstudie über die Deutschen* (Schorndorf: Hoffmann).

Erika Kruppa (1992), *Das Vereinswesen der Prager Vorstadt Smichow 1850-1875* (München: R. Oldenbourg).

Martin Kučera (2000), "Český politický katolicismus před první světovou válkou" [第一次世界大戦前におけるチェコの政治的カトリシズム], *Český časopis historický* 98:1, pp. 83-118.

T. キューネ（編）(1997)，星乃治彦（訳）『男の歴史――市民社会と「男らしさ」の神話』（パルマケイア叢書8），柏書房。[Thomas Kühne (ed.), *Männergeschichte-Geschlechtergeschichte* (Frankfurt am Main: Campus Verlag, 1996)]

切刀俊雄(1984)「初期ソコル運動の方針をめぐって」『東欧史研究』7, pp. 87-106。
――― (1988)「チェコスロヴァキア労働者スポーツ運動」クリューガー&リオーダン(1988) pp. 287-304。
Toshiaki Kyogoku(京極俊明)(2001), "Vývoj obecného školství na Moravě v 70. letech 19. století: K problematice tzv. 'germanisace' za německo-liberální vlády" [1870年代のモラヴィアにおける初等学校の発展――ドイツ系自由派政府下におけるいわゆる「ゲルマン化」の問題について], Časopis Matice moravské 120, pp. 433-451.
――― (2003), "Národní agitace a obecní školství na Moravě na přelomu 19. a 20. století" [19/20世紀転換期のモラヴィアにおける国民的扇動と初等学校], In: Harald Binder, et al. (eds.), Místo národních jazyků ve výchově, školství a vědě v Habsburské monarchii 1867-1918 (Praha: Výzkumné centrum pro dějiny vědy) pp. 563-577.
Dieter Langewiesche (2000), "'für Volk und Vaterland kräftig zu würken...': Zur politischen und gesellschaftlichen Rolle der Turner zwischen 1811 und 1871," In: D. Langewiesche, Nation, Nationalismus, Nationalstaat in Deutschland und Europa (C. H. Beck: München).
W. ラカー(1985), 西村稔(訳)『ドイツ青年運動――ワンダーフォーゲルからナチズムへ』人文書院。〔Walter Laqueur, Young Germany: a History of the German Youth Movement (London, 1962)〕
――― (1994), 高坂誠(訳)『ユダヤ人問題とシオニズムの歴史』(新版), 第三書館。〔Walter Laqueur, A History of Zionism (London, 1972)〕
Andreas Luh (1986), "Geschichtsbild und Geschichtsbewußtsein im Deutschen Turnverband in seiner Entwicklung vom Turnvereinsbetrieb zur volkspolitischen Bewegung," In: Seibt (1986) pp. 281-305.
――― (1988), Der deutsche Turnverband in der Ersten Tschechoslowakischen Republik: vom völkischen Vereinsbetrieb zur volkspolitischen Bewegung (München: R. Oldenbourg).
J. J. マカルーン(1988a), 柴田元幸, 菅原克也(訳)『オリンピックと近代――評伝クーベルタン』平凡社。〔John J. MacAloon, This Great Symbol: Pierre de Coubertin and the Origins of the Modern Olympic Games (University of Chicago Press, 1981)〕
――― (編)(1988b), 光延明洋ほか(訳)『世界を映す鏡――シャリヴァリ・カーニヴァル・オリンピック』平凡社。〔John J. MacAloon (ed.), Rite, Drama, Festival, Spectacle (Philadelphia: ISHI, 1984)〕
Jaroslav Marek (1967), "Vývoj a obsah tělovýchovné činnosti Sokola v letech 1862-1871" [1862-1871年のソコルにおける体育活動の発展と内容], Acta Universitatis Carolinae: Gymnica 2:2, pp. 85-115.
Pavel Marek (1999), "K dějinám Křesťansko-sociální strany lidové v letech 1899-1906"

[1899-1906 年におけるキリスト教社会人民党の歴史について], *Český časopis historický* 97:1, pp. 37-52.
——— (2003), *Český katolicismus 1890-1914: kapitoly z dějin českého katolického tábora na přelomu 19. a 20. století* [チェコ・カトリシズム 1890-1914 年——19・20 世紀転換期におけるチェコ系カトリック陣営史の断章] (Olomouc: Gloria Rosice).
松本彰 (1981)「ドイツ『市民社会』の理念と現実——Bürger 概念の再検討」『思想』683, pp. 27-53。
——— (1985)「『ドイツの特殊な道』論争と比較史の方法」『歴史学研究』543, pp. 1-19。
———＆立石博高 (編) (2005)『国民国家と帝国——ヨーロッパ諸国民の創造』山川出版社。
Jan Měchýř (1996), "České národní menšinové školství v Čechách 1867-1914" [ボヘミアにおけるチェコ国民の少数派学校 1867-1914 年], In: Zdeněk Kárník (ed.), *Sborník k problematice multietnicity: České země jako multietnická společnost: Češi, Němci a Židé ve společenském životě českých zemí 1848-1918* (Praha: Filozofická fakulta UK) pp. 67-84.
Erwin Mehl (1958), "Deutsches Turnen: seine Vorläufer und seine Begleiter in den Länder der böhmischen Krone von den Anfängen bis 1918," In: Jahn (1958) part 1, pp. 9-124.
南塚信吾 (1998)「東欧のネイションとナショナリズム」『工業化と国民形成 18 世紀末——20 世紀初』(岩波講座 世界歴史 18), 岩波書店, pp. 73-95。
——— (編) (1999)『ドナウ・ヨーロッパ史』(新版世界各国史 19), 山川出版社。
三浦雅士 (1994)『身体の零度——何が近代を成立させたか』講談社選書メチエ。
Hans Mommsen (1963), *Die Sozialdemokratie und die Nationalitätenfrage im habsburgischen Vielvölkerstaat* (Wien: Europa Verlag), vol.1: *Das Ringen um die supranationale Integration der zisleithanischen Arbeiterbewegung (1867-1907)*.
森田直子 (2001)「近代ドイツの市民層と市民社会」『史学雑誌』110：1, pp. 100-116。
George L. Mosse (1992), "Max Nordau, Liberalism and the New Jew," *Journal of Contemporary History* 27, pp. 565-581.
G. L. モッセ (1994), 佐藤卓己, 佐藤八寿子 (訳)『大衆の国民化——ナチズムに至る政治シンボルと大衆文化』(パルマケイア叢書 1), 柏書房。〔George L. Mosse, *The Nationalization of the Masses* (New York, 1975)〕
——— (1996), 佐藤卓己, 佐藤八寿子 (訳)『ナショナリズムとセクシュアリティ——市民道徳とナチズム』(パルマケイア叢書 7), 柏書房。〔George L. Mosse, *Nationalism and Sexuality* (University of Wisconsin Press, 1988)〕
——— (1998), 植村和秀ほか (訳)『フェルキッシュ革命——ドイツ民族主義から反ユダヤ主義へ』(パルマケイア叢書 10), 柏書房。〔George L. Mosse, *The Crisis of German Ideology* (New York: Schocken Books, 1981)〕

―――(2005)，細谷実ほか(訳)『男のイメージ――男性性の創造と近代社会』作品社.
〔George L. Mosse, *The Image of Man* (Oxford University Press, 1996)〕
Vilém Mucha (1953), *K dějinám dělnického tělovýchovného hnutí* [労働者体育運動史について] (Praha: Orbis).
Norbert Müller (1983), *Von Paris bis Baden-Baden: Die Olympischen Kongresse 1894-1981* (Schors-Verlag: Niedernhausen/Taunus), 2nd edition.
長沼宗昭(1995)「反セム主義とシオニズム」歴史学研究会(編)『強者の論理――帝国主義の時代』(講座世界史5)，東京大学出版会，pp. 195-211.
中田瑞穂(1995)「チェコスロヴァキア第一共和制の形成(1918-1920)」『国家学会雑誌』108：3/4, pp. 161-206.
―――(1998)「『秩序と行動の民主主義』――1930年代チェコスロヴァキアにおける『新民主主義』構想」『東欧史研究』20, pp. 26-44.
中根一貴(2002)「一次大戦期チェコにおける政党間協調の始まり」『法学』(東北大学) 65：6, pp. 843-886.
中澤達哉(2002)「ネイション・ナショナリズム研究の現状と課題」『早稲田大学大学院文学研究科紀要』47：4, pp. 35-48.
成田十次郎(2002)『ドイツ体育連盟の発展』(近代ドイツスポーツ史Ⅲ)不昧堂.
Erwin Niedermann (1995), *Die Olympische Bewegung in Österreich: Von den Anfängen bis 1994* (Wien: Österreichisches Olympisches Comité).
―――& László Kutassi (1990), *Die Olympische Bewegung in Österreich und Ungarn von den Anfängen bis 1918* (Wien: Österreichisches Olympisches Comité).
西川知一(1977)『近代政治史とカトリシズム』有斐閣.
Claire E. Nolte (1986), " 'Our Task, Direction and Goal': The Development of the Sokol National Program to World War I," In: Seibt (1986) pp. 123-138.
―――(1990), *Training for National Maturity: Miroslav Tyrš and the Origins of the Czech Sokol, 1862-1884* (PhD thesis: Columbia University).
―――(1993a), "Art in the Service of the Nation: Miroslav Tyrš as Art Historian and Critic," *Bohemia* 34:1, pp. 47-62.
―――(1993b), "Every Czech a Sokol!: Feminism and Nationalism in the Czech Sokol Movement," *Austrian History Yearbook* 24, pp. 79-100.
―――(1996), "Choosing Czech Identity in Nineteenth-Century Prague: The Case of Jindřich Fügner," *Nationalities Papers* 24:1, pp. 51-62.
―――(2000), "Politics on the Parallel Bars: Gymnastic Clubs in the Czech Lands to 1914," In: John Morison (ed.), *Ethnic and National Issues in Russian and East European History* (St. Martin's Press: London) pp. 260-278.
―――(2002), *The Sokol in the Czech Lands to 1914: Training for the Nation* (Palgrave MacMillan: New York).

野村真理(1999)『ウィーンのユダヤ人——19世紀末からホロコースト前夜まで』御茶の水書房。

Josef Novotný (1990), *Sokol v životě národa* [国民生活におけるソコル], *Slovo k historii* 25 (Praha: Melantrich).

小原淳(2001)「1850〜60年代におけるドイツ・トゥルネン運動の政治的・社会的意味」『西洋史論叢』(早稲田大学)22, pp. 31-42。

———(2003)「帝政期のドイツ・トゥルナー連盟(Deutsche Turnerschaft)の数量的分析——1914年の統計史料を中心に」『西洋史論叢』(早稲田大学)25, pp. 65-81。

———(2004)「19世紀〜20世紀初頭のドイツにおける『オリンピック問題』」『早稲田大学大学院文学研究科紀要 第四分冊』49, pp. 59-73。

———(2005)「帝国創設期におけるドイツ・トゥルネン運動——民族意識の浸透とその限界」『西洋史学』217, pp. 44-66。

大津留厚(1984)「ターボル運動 1868-1871——チェコ民族運動の展開」『歴史学研究』526, pp. 35-46。

———(1995)『ハプスブルクの実験——多文化共存を目指して』中公新書。

———(1998)「ハプスブルク帝国——アウスグライヒ体制の論理・構造・展開」『帝国と支配——古代の遺産』(岩波講座 世界歴史 5), 岩波書店, pp. 297-320。

R. オーキー(1987), 越村勲, 田中一生, 南塚信吾(編訳)『東欧近代史』勁草書房。〔Robin Okey, *Eastern Europe 1740-1980* (Hutchinson University Library, 1982)〕

Robin Okey (2001), *The Habsburg Monarchy: From Enlightenment to Eclipse* (St. Martin's Press: New York).

Věra Olivová (1979), *Lidé a hry: historická geneze sportu* [人々と遊戯——スポーツの歴史的起源](Praha: Olympia).

———(1991), "Die Gründung der Slawischen Olympishcen Spiele im Jahre 1882: Hellenistische Ideen im Tschechischen 'Sokol'," In: Renson, et al. (1991) pp. 155-164.

(Olympismus 1999) *Český olympismus: 100 let Českého olympijského výboru* [チェコ・オリンピズム——チェコ・オリンピック委員会の100年](Praha: Olympia).

小沢弘明(1987)「オーストリア社会民主党における民族問題——『小インターナショナル』の解体と労働組合」『歴史学研究』572, pp. 19-38。

———(1991)「境界をつくるもの, こえるもの——ヨーロッパ国民国家の歴史的相対化」『歴史学研究』626, pp. 2-9。

———(1994)「ハプスブルク帝国末期の民族・国民・国家」歴史学研究会(編)『国民国家を問う』青木書店, pp. 70-86。

Cynthia J. Paces (2000), "Rotating Spheres: Gendered Commemorative Practice at the 1903 Jan Hus Memorial Festival in Prague," *Nationalities Papers* 28:3, pp. 523-539.

———(2001), "The Fall and Rise of Prague's Marian Column," *Radical History Review*

79, pp. 141-155.

Václav Pacina (1986), *Sport v Království českém* ［ボヘミア王国のスポーツ］(Praha: Mladá fronta).

Bruce F. Pauley (1992), *From Prejudice to Persecution: a History of Austrian Anti-Semitism* (University of North Carolina Press).

E. パーヴェル(1998)，伊藤勉(訳)『フランツ・カフカの生涯』世界書院。〔Ernst Pawel, *The Nightmare of Reason: a Life of Franz Kafka* (New York, 1984)〕

Tomáš Pěkný (2001), *Historie Židů v Čechách a na Moravě* ［ボヘミアとモラヴィアにおけるユダヤ人の歴史］(Praha: Sefer), 2nd edition.

Gertrud Pfister (1989), "Die Rolle der jüdischen Frauen in der Turn- und Sportbewegung (1900-1933)," *Stadion: Internationale Zeitschrift für Geschichte des Sportes* 15:1, pp. 65-89.

Jaromír Perútka & Ján Grexa (1995), *Dejiny telesnej kultúry na Slovensku* ［スロヴァキアにおける身体文化の歴史］(Bratislava).

Joseph C. Pick (1971), "Sports," In: The Society for the History of Czechoslovak Jews, *The Jews of Czechoslovakia: Historical Studies and Surveys* (Philadelphia), 3 vols., 1968, 1971, 1984, vol. 2, pp. 185-228.

Peter Pulzer (1988), *The Rise of Political Anti-semitism in Germany and Austria* (Peter Halban: London), 2nd edition.

Jiří Rak (1994), *Bývali čechové: české historické mýty a stereotypy* ［チェコ人が存在した ── チェコの歴史的神話と固定観念］(Praha: H&H).

Roland Renson, et al. (eds.) (1991), *The Olympic Games through the Ages: Greek Antiquity and its Impact on Modern Sport* (Athens: Hellenic Sports Research Institute).

ジャック・ル・リデー(2004)，田口晃，板橋拓己(訳)『中欧論 ── 帝国からEUへ』(文庫クセジュ)白水社。〔Jacques Le Rider, *La Mitteleuropa* (Que sais-je?) (Paris, 1994)〕

Antonín Roček (1995), "K filozoficko-psychologickým aspektům formování samostatné české tělovýchovy" ［哲学的・心理学的観点から見た自立的チェコ体育の形成］, *Sborník Národního muzea v Praze: Řada A—Historie* 39:1/2, pp. 1-35.

J. ロスチャイルド(1994)，大津留厚(監訳)『大戦間期の東欧 ── 民族国家の幻影』刀水書房。〔Joseph Rothschild, *East Central Europe between the Two World Wars* (University of Washington Press, 1974)〕

佐藤卓己(1992)『大衆宣伝の神話 ── マルクスからヒトラーへのメディア史』弘文堂。

佐藤雪野(2004)「チェコにおける連邦制論と国家権概念 ── 1848年～1914年」『西洋史研究』(東北大学)新輯33, pp. 83-95。

薩摩秀登(1998)『プラハの異端者たち ── 中世チェコのフス派にみる宗教改革』現代書館。

───(2003)「600年後の和解 ── 異端者ヤン・フスの名誉回復」『人文科学論集』(明治

大学経営学部) 48/49, pp. 77-89。

(Sborník sympozia 1988) *Povědomí tradice v novodobé české kultuře: doba Bedřicha Smetany* [近代チェコ文化における伝統の認識——ベドジフ・スメタナの時代] (Praha: Národní galerie).

Julius H. Schoeps (1982), "Modern Heirs of the Maccabees: The Beginning of the Vienna Kadimah, 1882-1897," *Leo Baeck Institute Year Book* 27, pp. 155-170.

カール・E. ショースキー(1983), 安井琢磨(訳)『世紀末ウィーン——政治と文化』岩波書店。〔Carl E. Schorske, *Fin-de-siècle Vienna: Politics and Culture* (Cambridge University Press, 1979)〕

Klaus Schreiter von Schwarzenfeld (1956), *Das deutsche und tschechische Turn- und Sportwesen in der Tschechoslowakischen Republik von seinen Anfängen bis zum Jahr 1938* (München: R. Oldenbourg).

Christoph Schulte (1997), *Psychopathologie des Fins de siècle: Der Kulturkritiker, Arzt und Zionist Max Nordau* (Frankfurt am Main: Fischer).

Ferdinand Seibt (ed.) (1986), *Vereinswesen und Geschichtspflege in den böhmischen Ländern* (München: R. Oldenbourg).

清水諭(編)(2004)『オリンピック・スタディーズ——複数の経験・複数の政治』せりか書房。

篠原琢(1991)「1848年革命とボヘミアの農村住民」『史学雑誌』100：10, pp. 1-40。

——— (1993)「ボヘミア村落社会と自治制度(1848年〜63年)——1848年革命以後の国家と地域社会」『現代史研究』39, pp. 1-20。

——— (1995)「『国民』形成と地域社会——ターボル運動を例として」『歴史学研究』677, pp. 101-107。

——— (1997)「チェコの19世紀をめぐって——自己表象の歴史学」『東欧史研究』19, pp. 65-73。

——— (1998)「マサリクと『新しいヨーロッパ』——主体としての『国民』と『中央ヨーロッパ』の多様性」『地域と地域統合の歴史認識(その3)中欧とバルカン』(「スラヴ・ユーラシアの変動」領域研究報告輯 No.74), pp. 1-31。

——— (2003a)「文化的規範としての公共圏——王朝的秩序と国民社会の成立」『歴史学研究』781, pp. 16-25。

——— (2003b)「歴史主義の時代におけるチェコ『国民』の自己表象」林忠行(編)『東欧・中央ユーラシアの近代とネイションⅡ』(北海道大学スラブ研究センター研究報告シリーズ No.89), pp. 15-22。

A. スケッド(1996), 鈴木淑美, 別宮貞徳(訳)『図説ハプスブルク帝国衰亡史——千年王国の光と影』原書房。〔Alan Sked, *The Decline & Fall of the Habsburg Empire 1815-1918* (London/New York: Longman, 1989)〕

A. D. スミス(1998), 高柳先男(訳)『ナショナリズムの生命力』晶文社。〔Anthony D.

Smith, *National Identity* (University of Nevada Press, 1991)〕
(Sokol 1973) *Stodeset let Sokola 1862-1972* [ソコルの110年，1862-1972] (Praha: Olympia)。
(Sokol 1998) *Sokol, jeho vznik, vývoj a význam: Sborník příspěvků z mezinárodní konference, Praha, září 1997 (Sokol, seine Entstehung, Entwicklung und Bedeutung)* (Praha: Organizační výbor mezinárodní konference).
Blanka Soukupová (1992), "České a německé spolky v Praze v 60. až 80. letech 19. století: Soužití a kulturní výměna" [1860-80年代におけるチェコ系結社とドイツ系結社——共存と文化交流], In: *Pražané: jiní-druzí-cizí* (Praha: Ústav pro etnografii a folkloristiku ČSAV) pp. 7-28.
Michael Stanislawski (2001), *Zionism and the Fin de Siècle: Cosmopolitanism and Nationalism from Nordau to Jabotinsky* (University of California Press).
Irena Štěpánová (2005), *Renáta Tyršová* (Praha/ Litomyšl: Paseka).
Christoph Stölzl (1975), *Kafkas böses Böhmen: Zur Sozialgeschichte eines Prager Juden* (Edition Text und Kritik: München).
鈴木良徳&川本信正(1952)『オリンピック史』日本出版共同株式会社。
鈴木咲里奈(2002)「チェコスロヴァキア第一共和国のユダヤ人——民族としての承認と帰属意識」『年報地域文化研究』(東京大学大学院総合文化研究科)6，pp. 112-139。
竹中亨(2004)『帰依する世紀末——ドイツ近代の原理主義者群像』ミネルヴァ書房。
多木浩二(1995)『スポーツを考える——身体・資本・ナショナリズム』ちくま新書。
A. J. P. テイラー(1987)，倉田稔(訳)『ハプスブルク帝国1809-1918——オーストリア帝国とオーストリア=ハンガリーの歴史』筑摩書房。〔A. J. P. Taylor, *The Habsburg Monarchy 1809-1918* (Penguin Books, 1948)〕
Miloš Trapl (1995), *Political Catholicism and the Czechoslovak People's Party in Czechoslovakia, 1918-1938* (Columbia University Press).
上野卓郎(1977)「ヤーン像再検討の視点——西ドイツ体育史家の一つの試み」『一橋論叢』77：1，pp. 93-99。
―――― (1978)「トゥルネン史にとって1848年革命とは何か？——研究展望」『日本体育大学紀要』7，pp. 13-22。
Otto Urban (1990), "Die tschechische Frage um 1900," *Österreichische Osthefte* 32:3, pp. 427-438.
―――― (1994), *Die tschechische Gesellschaft 1848-1918* (Wien: Böhlau), translated by Henning Schlegel. Original Czech Version: *Česká společnost 1848-1918* (Praha, 1982).
K. ヴァーゲンバッハ(1995)，中野孝次ほか(訳)『若き日のカフカ』ちくま学芸文庫。〔Klaus Wagenbach, *Franz Kafka: eine Biographie seiner Jugend 1883-1912* (Bern, 1958)〕

Marek Waic, et al. (1996/97), *Sokol v české společnosti 1862-1938 (Sokol in der tschechischen Gesellschaft)* (Praha: FTVS UK).

—— (1998), "Katolická tělovýchova v českých zemích a československu do druhé světové války" [チェコ諸領邦および第二次大戦までのチェコスロヴァキアにおけるカトリック体育], *Česká kinantropologie* 2:1, pp. 73-81.

—— (ed.) (2004), *Češi a Němci ve světě tělovýchovy a sportu/Die Deutschen und Tschechen in der Welt des Turnens und des Sports* (Praha: Karolinum).

Andrew G. Whiteside (1975), *The Socialism of Fools: Georg Ritter von Schönerer and Austrian Pan-Germanism* (University of California Press).

Elizabeth Wiskemann (1967), *Czechs and Germans: A study of the Struggle in the Historic Provinces of Bohemia and Moravia* (New York, 1938, 1967²).

山本徳郎(1972)「GutsMuthsとJahnにおける運動内容のちがいが意味するもの——19世紀初頭ドイツ体育の一考察」『体育学研究』17：1，pp. 1-6。

—— (1976)「平行棒論争に関する史的考察——ドイツ体育の科学化は何を意味したか」『文化女子大学研究紀要』7，pp. 1-10。

—— (1984)「ドイツ各地におけるUr-Turnen(初期トゥルネン)について」『体育史研究』1, pp. 1-5。

—— (1993)「ドイツにおける運動文化近代化過程に関する試論」『人間文化研究科年報』(奈良女子大学)9，pp. 1-11。

—— (2004)「トゥルネンとギムナスティーク——トゥルネン史の基底にながれているもの」『体育学研究』49：1，pp. 41-49。

吉見俊哉(1992)『博覧会の政治学——まなざしの近代』中公新書。

Davide Zaffi & Roman Zaoral (1995), "Ethnicity Policy in School-Associations: Two Case Studies from the Austro-Hungarian Monarchy (1880-1900)," In: László Kontler (ed.), *Pride and Prejudice: National Stereotypes in 19th and 20th Century Europe East to West* (Central European University: Budapest) pp. 53-66.

Tara Zahra (2004), "Reclaming Children for the Nation: Germanization, National Ascription, and Democracy in the Bohemian Lands, 1900-1945," *Central European History* 37:4, pp. 501-543.

あとがき

　今どきマスゲーム（集団体操）など流行らないのかもしれない。冷戦期の旧社会主義国家では，スパルタキアーダと呼ばれるマスゲームが有名であったがそれも今は昔。一糸乱れぬ集団体操が政治的に意味を持つのは，今ではごく一部の国家にすぎない。

　だが，集団の中で個々人が興奮状態を共有するという現象は，人間社会では普遍的に見られるものである。サッカーやオリンピックの観戦は典型的な例であろう。自宅のテレビで見るのも良いが，何と言っても面白いのはやはりスタジアムでの直接観戦である。特にサッカーのワールドカップが日本と韓国で行われた際には，「普通の人々」が集団で熱狂し，普段とは異質の雰囲気が生み出された。だが，試合が終われば興奮状態は収まり，人々は「日常」へと戻っていく。フーリガンのような問題も幸いにして発生しなかった。N. エリアスの言葉を借りれば，我々はスポーツという「限定的な興奮」によってストレスを発散させ，「文明社会」における暴力の噴出を抑制している，ということになろう。

　しかしながら，集団現象は時として許容される範囲を超えてしまう。最近気になったのは，2004年4月にイラクで発生した邦人人質事件とそれに対するバッシングである。イラクで支援活動を行っていた民間人3名が武装グループによって人質に取られ，その後釈放されたにもかかわらず日本で「誹謗中傷」の嵐に遭った，というあの事件である。この3名に対しては様々な見方がなされていたが，それ自体はここでは問わない。だが，なぜ集団ヒステリーのような非難の嵐が発生したのだろう。特にインターネットは悲惨であった。ウェブ上の掲示板では，「匿名」の人間たちによる「怒りの声」で充ち満ちていたからである。

そもそも，インターネットは開かれた空間であり，ある意味では非常に民主的な装置である。膨大な量の情報を得ることができるし，必要とあらば自らの意見をネット上で発信し，様々な人と議論することも可能である。だが現実はそうなっていない。ブログや掲示板は，同質の意見の人間が集まってお互いの意見を確認し，共鳴し合う場と化し，主張を先鋭化させる傾向を持ち始めた。インターネットは，人々に公共のフォーラムを提供するどころか社会を分裂させ，過激な集団現象を助長する結果を招いているのではないか（キャス・サンスティーン（著），石川幸憲（訳）『インターネットは民主主義の敵か』毎日新聞社，2003年）。

話が飛躍しすぎたかもしれない。昨今の変化の原因をインターネットだけに帰すべきかどうかはともかく，人質事件の時のような集団現象が最近は増えてきているように思われる。ほんの些細なことがきっかけで「世論」が過敏に反応し，冷静な判断がなされないままに，多くの人がそれに同調してしまう。そのうねりは，特定の個人や団体への攻撃に結びつくこともあれば，時として国政選挙の結果をも左右しかねないようになっている。

私がソコル運動に関心を持つようになったのは，こうした集団現象に対する「違和感」が根底にあったのかもしれない。もちろん，集団体操そのものが「悪」というわけではない。だが，1万を超える人間をフィールドに集結させ，一つの動きに同調させたエネルギーは一体何だったのか。この書物は，そうした疑問に対する格闘の結果，生まれた。

本書は，2003年3月に北海道大学より学位を取得した博士論文「チェコ社会における多極化とネイション形成 —— 近代的『市民社会』の形成と体操運動」（主査田口晃教授，副査古矢旬教授および林忠行教授）に加筆修正したものである。また，以下の4つの章については，既発表論文がベースとなっている。

・第2章「体操運動におけるチェコ系社会とドイツ系社会の『分化』——『他者』を『他者』と認識するとき」『東欧・中央ユーラシアの近代とネイションII』（北海道大学スラブ研究センター研究報告シリーズ

No. 89），2003 年。
- 第 3 章「チェコにおける体操運動とネイション——ナショナル・シンボルをめぐる闘争」『東欧史研究』24 号，2002 年。
- 第 4 章「『我が祖国』への想像力——ドイツ系多数地域におけるチェコ・ソコルの活動」『スラヴ研究』49 号，2002 年。
- 第 6 章「初期の近代オリンピックとネイション概念の変容——チェコ・オリンピック委員会の動向をもとに」『北大法学論集』50 巻 4 号，1999 年。

なお，第 1 章と第 5 章，およびプロローグとエピローグは書き下ろしであるが，以下の既発表原稿と一部重複する部分がある。
- 有賀郁敏ほか著『スポーツ』（近代ヨーロッパの探究 8），ミネルヴァ書房，2002 年，に収載された論考「ソコルと国民形成——チェコスロヴァキアにおける体操運動」
- 薩摩秀登編『チェコとスロヴァキアを知るための 56 章』明石書店，2003 年，に収載された小論「ユダヤ人」

体操運動を本格的に研究し始めたのは博士課程に進学した 1995 年頃であるから，本書を完成させるのに丸 11 年もの時間を要したことになる。その長い過程においては，実に様々な方に御世話になった。まず，北海道大学大学院法学研究科の政治学講座にて指導教官を務めて下さった田口晃氏（現北海学園大学法学部）に感謝を申し上げたい。体操運動という政治学としては「前代未聞」の領域に踏み込むことを許して下さったばかりか，それを後押しして頂いた。

私が同法学研究科にて助手，および講師を務めていた 5 年間（1999-2002，2003-2005）は，独法化などで国立大学が大きな転機を迎えた時期でもあった。北大でもスタッフのほとんどが本来の仕事（教育と研究）以外の業務に忙殺されるようになったが，法学研究科では若手研究者を「蚊帳の外」に置き，「本業」に専念できる環境を提供して下さった。とりわけ，ゼミや研究会な

どで批判や励ましの言葉を頂いた政治学講座の方々には深く感謝している。

また，2005年からは北大スラブ研究センターの21世紀COE研究員として採用されたが，こちらでも恵まれた研究環境を提供して頂いている。特に，博士論文の審査でも副査を務めて下さった同センターの林忠行氏は，修士論文をはじめとして，私の書いた文章のほとんどに目を通され，そのたびに鋭いコメントを下さっている。

現在は残念ながら休会中だが，長與進氏(早稲田大学)が主宰されているチェコ／スロヴァキア研究者の「サロン」にも一方ならず御世話になった。氏は，2週に一度ご自身の研究室を開放され，午後4時から8時，9時まで，場合によっては近くの居酒屋に場所を移して深夜まで議論の場を提供して下さった。私自身，論文のネタができるたびに早稲田に押しかけて話を聴いて頂いたがずいぶんご迷惑をおかけしたのではないかと思う。また，この「サロン」では篠原琢氏(東京外国語大学)や中田瑞穂氏(立教大学)をはじめとする多くの方々から意見を頂くことができた。体育学会の体育史専門分科会，特に切刀俊雄氏(奈良女子大学)からも貴重なアドヴァイスを頂いている。

『東欧史研究』や『スラヴ研究』といった学術誌に論文を投稿した際には，査読の方からA4で5枚，6枚にわたる詳細なコメントを頂いている。匿名での審査のため，どなたが書いて下さったかは不明であるが，駆け出しの研究者にはもったいないぐらいのコメントであった。この場を借りて感謝申し上げたい。

2年半にわたったチェコでの在外研究(1996-1999)では，カレル大学哲学部のフラヴァチカ氏(Milan Hlavačka)に指導教官を務めて頂き，お会いするたびに示唆に富むアドヴァイスを頂戴した。同体育・スポーツ学部のケスル氏(Jiří Kössl, 故人)やヴァイツ氏(Marek Waic)，チェコ・オリンピック委員会のコラーシュ氏(František Kolář)からは，未公刊文書を含む様々な資料を提供して頂いている。また，研究が進まずプラハで途方に暮れていた時期にノルテ氏(Claire E. Nolte, アメリカ，マンハッタン大学)にお会いできたのは幸運であった。氏から頂いたヒントのおかげでトンネルの出口が見えたことを今でもよく覚えている。

他にも御世話になった方々は多数いらっしゃるが，名前をすべて挙げれば，このささやかな書物には不釣り合いな量の「あとがき」となってしまうであろう。だが，今まで数々の貴重なコメントを賜ったにもかかわらず，本書では依然として不充分な点が残っている。この拙い書を出版するにあたっては，幸いにも日本学術振興会より研究成果公開促進費（平成17年度科学研究費補助金）を頂いたが，年度内に予算を執行するというタイムリミットがなければ，終わることなく「加筆修正」を続けていたに違いない。結局のところ，これで完成と思えるような地点は存在しないのであろう。このような不充分な書を世に出すことには内心忸怩たるものがあるけれども，本書をさしあたりの成果として次のステップに進むしか他はないと考えている。

　これまで研究を進めるにあたっては，旧日本育英会（現学生支援機構）から4年間（1992-1995）にわたって奨学金を貸与して頂き，日本学術振興会からは特別研究員（DC2）として2年間（1996-1998）にわたる支援を受けた。また，博士課程在学中は，そのほとんどの期間，北海道大学より授業料を免除して頂いている。現在の授業料の水準では，学費と生活費のすべてをアルバイトで賄いつつ研究を進めることは不可能である。各機関から提供して頂いた経済的な支援は私にとっての命綱であり，それがなければ研究活動を断念していたに違いない。ここまで来られたことにただただ感謝するのみである。最近では，増加する大学院生の数に支援体制が追いつかないために，私などよりはるかに優秀な若手が経済的に困窮するケースが出てきている。事態の改善を切に望んでいる。

　最後になってしまったが，本書の出版にあたっては，北海道大学出版会の前田次郎氏と今中智佳子氏に御世話になった。御礼を申し上げたい。

　また，私事で恐縮であるが，熊野の地（三重県の最南部）にて筆者を見守ってくれている父・學と母・美知子に本書を捧げる。そして，常に精神的な支えとなってくれている妻・陽子に多謝。

　　2006年2月1日，トリノ五輪を前にして

福　田　　宏

人名索引

＊クレール・E.ノルテやマレク・ヴァイツなど，二次文献の執筆者としてのみ言及した人物は原則として省略した。

【ア行】

アイスネル，パヴェル(Pavel Eisner, 1889-1958, チェコのユダヤ系批評家)……29

アードラー，ヴィクトール(Viktor Adler, 1852-1918, オーストリア社会民主党の指導者)……28

アメルリング，カレル・スラヴォイ(Karel Slavoj Amerling, 1807-1884, チェコの教育学者)……50

イェセンスカー，ミレナ(Milena Jesenská, 1896-1944, チェコのジャーナリスト)……32

ヴァーグナー，リヒャルト(Richard Wagner, 1813-1883, ドイツの作曲家)……27

ヴァニーチェク，インジフ(Jindřich Vaníček, 1862-1934, ソコルの体操家)……179

ヴァニーチェク，カレル(Karel Vaníček, 1860-1926, ソコルの体操家)……77, 84, 158

ヴァルデン，アンソニー(Anthony A. Warden, イギリスのテニス選手)……185

ヴァーレ，オットー(Otto Wahle, 1879-1963, ウィーン出身の水泳選手)……185

ヴィルチェク伯爵，ハンス(Hans Graf Wilczek, 1837-1922, オーストリアの貴族)……187-188

ヴィンディシュグレーツ侯爵，オットー(Otto Fürst Windischgrätz, 1873-1952, オーストリアの貴族)……192-195, 202, 204-205

ヴェーバー，マックス(Max Weber, 1864-1920, ドイツの社会学者)……42, 146

ヴェーバー，マリアンネ(Marianne Weber, 1870-1954, ドイツの女性運動家)……146

ヴェルフェル，カール(Karl Werfel, プラハ・ドイツ系サッカークラブの代表)……202

ヴォルフ，カール・ヘルマン(Karl Hermann Wolf, 1862-1941, オーストリア・ドイツの民族至上主義派)……129

ウンナ，ヘンリー(Henry Unna, ユダヤ体操運動の指導者)……150, 154

エピクテトス(Epiktetos, ca.55-ca.135, 後期ストア派の哲学者)……8

エベル，フランチシェク(František Ebel, チェコ系労働者体操運動の指導者)……90-91

エリアス，ノルベルト(Norbert Elias, 1897-1990, ドイツの社会学者)……39-40

【カ行】

カウツキー，カール・ヨハン(Karl Johann Kautsky, 1854-1938, ドイツの社会主義者)……93

カフカ，フランツ(Franz Kafka, 1883-1924, ユダヤ系作家)……17, 32-33, 35, 147

ガリバルディ，ジュゼッペ(Giuseppe Garibaldi, 1807-1882, イタリア統一運動の指導者)……54, 56, 63, 106

カルーソー，エンリコ(Enrico Caruso, 1873-1921, イタリアの歌手)……17

カント，イマヌエル(Imanuel Kant, 1724-1804, ドイツの哲学者)……8, 56

キッシュ，エゴン・エルウィン(Egon Erwin Kisch, 1885-1948, ユダヤ系作家)……17

キースリヒ，アントン(Anton Kießlich, 1858-1925, プラハのドイツ系体操家)……142

キースリング，フランツ・クサヴェル(Franz Xaver Kießling, 1859-1940, オーストリア・ドイツの体操家)……140-141, 144

キュペルス，ニコラ(Nicolas J. Cupérus, 1842-1928, ベルギーの体操家)……174-175
ギンデリ，アントニーン(Antonín Gindely, 1829-1892, チェコの歴史家)……45
クカニ，ヴァーツラフ(Václav Kukaň, 1859-1925, ソコルの体操家)……76-77, 112-113, 125-127, 130, 133, 158
クシェン，ヤン(Jan Křen, 1872-?, ソコルの体操家)……25
グーツムーツ，ヨハン・クリストフ・フリードリヒ(Johann Christoph Friedrich Guts-Muths, 1759-1839, ドイツの体育教育者)……10
クーデンホーヴェ伯爵，カール(Karl Graf Coudenhove, 1855-1913, ボヘミア総督)……161
グート゠ヤルコフスキー，イジー・スタニスラフ(Jiří Stanislav Guth-Jarkovský, 1861-1943, チェコ・オリンピック委員会の創設者)……169-170, 173-174, 177-185, 187-188, 190-191, 193-198, 201, 204, 206-209
クーベルタン，ピエール・ド(Pierre de Coubertin, 1863-1937, 近代オリンピック運動の創始者)……169-173, 176-178, 180-181, 183-184, 191, 193-194, 202, 204-205
クラマーシュ，カレル(Karel Kramář, 1860-1937, 青年チェコ党の政治家)……2, 208
クルティウス，エルンスト(Ernst Curtius, 1814-1896, ドイツの考古学者)……216
グレーグル，エドゥアルド(Eduard Grégr, 1827-1907, 医師，青年チェコ党の政治家)……50, 55, 156
グレーグル，ユリウス(Julius Grégr, 1831-1896, ジャーナリスト，青年チェコ党の政治家)……50, 55, 58-59
クンツェ(Kunce, プラハ警察署長)……208
ゲッツ，フェルディナント(Ferdinand Goetz, 1826-1915, ドイツの体操家)……141, 144
ゲーテ，ヨハン・ヴォルフガング・フォン(Johann Wolfgang von Goethe, 1749-1832, ドイツの作家)……149
ゲプハルト，ヴィリバルト(Willibald Gebhardt, 1861-1921, ドイツ・オリンピック委員会委員)……184
ケメーニ，フェレンツ(Ferenc Kemény, 1860-1944, ハンガリー・オリンピック委員会委員)……170, 181
ゴットヴァルト，クレメント(Klement Gottwald, 1896-1953, チェコスロヴァキア共産党の政治家)……224
コロヴラット伯爵，ハヌシュ(Hanuš Graf Kolowrat-Krakowský, 1879-1955, オーストリアの貴族)……197
コロレド゠マンスフェルト伯爵，ルドルフ(Rudolf Graf Colloredo-Mansfeld, 1876-1948, オーストリアの貴族)……195, 204
コーン，ハンス(Hans Kohn, 1891-1971, プラハ生まれの歴史家)……4, 11, 15, 42
コンドルセ侯爵(Marquis de Condorcet, 1743-1794, フランスの哲学者)……79

【サ行】

ザックス，ユリウス・フォン(Julius von Sachs, 1832-1897, ドイツ系の植物生理学者)……61
サンブフ，ジョゼフ(Joseph Sanboeuf, 1848-1938, フランスの体操家)……180
シェーネラー，ゲオルク・フォン(Georg von Schönerer, 1842-1921, オーストリア・ドイツの民族至上主義派)……28, 143
ジシュカ，ヤン(Jan Žižka z Trocnova, ca. 1360-1424, フス派の軍事指導者)……93
シモン，ヨゼフ(Josef Šimon, 1862-1937, チェコ系キリスト教社会党の政治家)……156
シャイネル，ヨゼフ(Josef E. Scheiner, 1861-1932, ソコルの体操家)……69-70, 103, 116, 159, 161, 177-179, 204, 208, 219
シャファジーク，パヴェル・ヨゼフ(Pavel Josef Šafařík, 1795-1861, チェコ／スロヴァキアの言語学者)……50
シャルフ，ヤクプ(Jakub Scharf, 1857-1922, ユダヤ系の青年チェコ党政治家)……156
シュトゥルク伯爵，カール(Karl Graf Stürgkh, 1859-1916, オーストリア首相)

人名索引　255

……195
シュトレマイアー、カール・フォン（Karl von Stremayr, 1823-1904, オーストリアの政治家）……110-111
シュミット、フェルディナンド（Ferdinand Schmidt, プラハの体操施設指導者）……50
ショーペンハウアー、アルトゥール（Arthur Schopenhauer, 1788-1860, ドイツの哲学者）……58
シラー、フリードリヒ・フォン（Friedrich von Schiller, 1759-1805, ドイツの作家）……149
ジルベラー、ヴィクトール（Viktor Silberer, 1846-1924, オーストリアのスポーツ・ジャーナリスト）……186-187
スヴェトラー、カロリナ（Karolina Světlá, 1830-1899, チェコの作家）……55
スティード、ヘンリー・ウィッカム（Henry Wickham Steed, 1871-1956, イギリスのジャーナリスト）……2
ゾイター卿（Eduard Seutter Edle von Lötzen, 信用銀行のプラハ支店長）……52
ゾルムス゠ブラウンフェルス公、アレクザンダー（Prinz Alexander Solms-Braunfels, オーストリアの貴族）……186, 190-191
ゾンネンタール、アドルフ・フォン（Adolf von Sonnenthal, 1834-1909, オーストリアのユダヤ系俳優）……17

【タ行】

ダーウィン、チャールズ（Charles Darwin, 1809-1882, イギリスの生物学者）……61
ターフェ伯爵、エドゥアルト（Eduard Graf Taaffe, 1833-1895, オーストリア首相）……28, 48-49, 110-111
ヂェヂツ、カレル（Karel Dědic, チェコ社会民主党の政治家）……156
ツィンマーマン、ロベルト（Robert Zimmermann, 1824-1898）……57-58
ティルシュ、ミロスラフ（Miroslav Tyrš, 1832-1884, ソコルの創設者）……10, 26, 50, 55-64, 84, 91, 96-97, 113, 159, 177, 215-218

ティルショヴァー、レナータ（Renáta Tyršová (Fügnerová), 1854-1937, チェコの批評家）……54-56, 60, 64
デカルト、ルネ（René Descartes, 1596-1650, フランスの哲学者）……56
デュルケム、エミール（Emile Durkheim, 1858-1917, フランスの社会学者）……5
トウェイン、マーク（Mark Twain, 1835-1910, アメリカの作家）……86
トゥルン゠タクシス侯爵、ルドルフ（Rudolph Fürst Thurn-Taxis, 1833-1904, チェコの貴族）……58-59
トゥーン゠ホーエンシュタイン伯爵（Franz Anton Graf Thun-Hohenstein, 1847-1916, ボヘミア総督）……198
トクヴィル、アレクシス・ド（Alexis de Tocqueville, 1805-1859, フランスの哲学者）……5
ドブロフスキー、ヨゼフ（Josef Dobrovský, 1753-1829, スラヴ学の創始者）……78, 215
トンネル、エマヌエル（Emanuel Tonner, 1829-1900, ソコルの体操家）……52

【ナ行】

ナポレオン・ボナパルト（Napoléon Bonaparte, 1769-1821, フランスの政治家）……10, 79
ノヴォトニー、ヨゼフ・ライムンド（Josef Raimund Novotný, 1830-1878）……54
ノルダウ、マックス（Max Nordau, 1849-1923, シオニズムの指導者）……137-138, 146-147, 149-150

【ハ行】

ハイノルド男爵（Karl Freiherr von Heinold-Udynski, 1862-1943）……195
ハイン、アントニーン（Antonín Hajn, 1868-1949, チェコのジャーナリスト）……81-82, 84
バウアー、オットー（Otto Bauer, 1881-1938, オーストリア社会民主党の指導者）……92, 115, 117
ハヴリーチェク、カレル（Karel Havlíček

Borovský, 1821-1856, チェコのジャーナリスト)……56
バクサ, カレル(Karel Baxa, 1863-1938, プラハ市長)……157, 159
バデーニ伯爵, カジミエシュ(Kazimierz Graf Badeni, 1846-1909, オーストリア首相)……86-87, 120-121, 157
パラツキー, フランチシェク(František Palacký, 1798-1876, チェコの歴史家)……50, 79, 82, 215
バルック, ヴィクトル・グスタフ(Viktor Gustav Balck, 1844-1928, スウェーデン・オリンピック委員会委員)……184
バルテルムス, エドゥアルト(Eduard Bartelmus, チェコの工場経営者)……58
ビスマルク, オットー・フォン(Otto von Bismarck, 1815-1898, ドイツ宰相)……33, 143
ヒトラー, アドルフ(Adolf Hitler, 1889-1945, ナチ期の総統)……174
ヒルスネル, レオポルド(Leopold Hilsner, 1877-1928, 儀式殺人の被告)……157-158
フィヒテ, ヨハン・ゴットリープ(Johann Gottlieb Fichte, 1762-1814, ドイツの哲学者)……10, 62, 143-144
ブシェズノフスキー, ヴァーツラフ(Václav Březnovský, 1843-1918, 青年チェコ党の政治家)……156, 159
フス, ヤン(Jan Hus, ca.1371-1415, 宗教改革者)……6, 8-9, 36, 69-70, 77-84, 93-94, 98-101
プターク(Pták, 路面電車の運転手)……108
フュグネル, インジフ(Jindřich Fügner, 1822-1864, ソコルの創設者)……9-10, 26, 53-56, 58-60, 64-65, 96-97, 103-104, 113, 159
フランツ・フェルディナント大公(Franz Ferdinand d'Este Erzherzog, 1863-1914, ハプスブルクの皇太子)……192
フランツ・ヨーゼフ1世(Franz Joseph I, 1830-1916, ハプスブルクの皇帝)……186
プルキニェ, ヤン・エヴァンゲリスタ(Jan Evangelista Purkyně, 1787-1869, チェコの生理学者)……50

フルメツキー, ペテル(Peter Chlumecký, 1825-1863, チェコの歴史家)……45
フレッシュ, ジークフリート(Siegfried Flesch, オーストリアのフェンシング選手)……185
プロコプ(Prokop, -1434, フス派の軍事指導者)……93
プロハースカ, F.(F. Procházka, 炭坑夫)……104, 114
ペスタロッツィ, ヨハン・ハインリヒ(Johann Heinrich Pestalozzi, 1746-1827, スイスの教育改革者)……10
ヘルシュマン, オットー(Otto Herschmann, 1877-1942, オーストリアのスポーツ選手)……195
ヘルツル, テオドール(Theodor Herzl, 1860-1904, シオニズムの指導者)……137, 149
ペルツル, フランチシェク・マルチン(František Martin Pelcl, 1734-1801, チェコの歴史家)……78
ヘルバルト, ヨハン・フリードリヒ(Johann Friedrich Herbart, 1776-1841, ドイツの哲学者)……57
ヘルフェルト, ヨゼフ・アレクサンダー・フォン(Joseph Alexander von Helfert, 1820-1910, オーストリアの政治家)……9, 54
ヘレル, カレル(Karel Heller, ソコルの体操家)……90-92
ヘンライン, コンラート(Konrad Henlein, 1898-1945, 「ズデーテン・ドイツ」の政治家)……223
ポドリプニー, ヤン(Jan Podlipný, 1848-1914, プラハ市長)……83, 120, 159, 161
ホルニング(W. Horning, ドイツ・オリンピック委員会委員)……205
ボンディ, ボフミル(Bohumil Bondy, 1832-1907, チェコの金物業経営者)……19

【マ行】

マウトナー, フリッツ(Fritz Mauthner, 1849-1923, チェコのドイツ系作家)……32

人名索引

マサリク，トマーシュ・ガリグ（Tomáš Garrigue Masaryk, 1850-1937, チェコスロヴァキア初代大統領）……3-4, 63, 157

マッツィーニ，ジュゼッペ（Giuseppe Mazzini, 1805-1872, イタリア統一運動の指導者）……25

マリー，ヤクプ（Jakub Malý, 1811-1885, チェコの歴史家）……26

マリペトル，ヤン（Jan Malypetr, 1815-1899, プラハの体操施設指導者）……50, 52

マル，ヴィルヘルム（Wilhelm Marr, 1819-1904, ドイツのジャーナリスト）……139

ミュラー，イェルゲン・ペーター（Jörgen Peter Müller, 1866-1939, デンマークの体操理論家）……147

ミル，ジョン・スチュアート（John Stuart Mill, 1806-1873, イギリスの哲学者）……8

ミルティアデス（Miltiades, ca.B.C. 550-ca. B.C. 489, 古代ギリシアの将軍）……214-215

メッテルニヒ侯爵，クレメンス（Klemens W. N. L. Fürst von Metternich, 1773-1859, オーストリアの政治家）……79

モドラーチェク，フランチシェク（František Modráček, 1871-1960, チェコの社会主義者）……93

【ヤ行】

ヤーン，フリードリヒ・ルードヴィヒ（Friedrich Ludwig Jahn, 1778-1852, ドイツ体操運動の創始者）……10, 36-37, 62-63, 143

ヤンダ゠スーク，フランチシェク（František Janda-Suk, 1878-1955, チェコのスポーツ選手）……173

ユングマン，ヨゼフ（Josef Jungmann, 1773-1847, チェコの言語学者）……215

ヨーゼフ，ジャック（Jacques Josef, 1865-1934, ドイツのユダヤ系医師）……145

ヨーゼフ2世（Joseph II, 1741-1790, ハプスブルク皇帝）……31

【ラ行】

ライフェンシュタイン男爵（Baron von Reiffenstein, ドイツの貴族）……180

ラウヒベルク，ハインリヒ（Heinrich Rauchberg, 1860-1938, チェコのドイツ系統計学者）……29-31, 109

リーゲル，フランチシェク・ラヂスラフ（František Ladislav Rieger, 1818-1903, 老チェコ党指導者）……127

リービヒ，ヨハン・フォン（Johann von Liebig, リベレツの繊維工場経営者）……54

リーフェンシュタール，レニ（Leni Riefenstahl, 1902-2003, ドイツの映像作家）……174, 217

ルソー，ジャン・ジャック（Jean-Jacques Rousseau, 1712-1778, フランスの哲学者）……10

ルター，マルティン（Martin Luther, 1483-1546, ドイツの宗教改革者）……81

ルードヴィヒ大公，カール（Erzherzog Karl Ludwig, 1833-1896, ハプスブルク皇子）……120-121

レオ13世（Leo XIII, 1810-1903, ローマ教皇）……95

レスレル゠オジョフスキー，ヨゼフ（Josef Rössler-Ořovský, 1869-1933, チェコ・オリンピック委員会委員）……188, 197-198, 204, 208

レーフ，イェフーダ（Jehúda Löw, ca.1520-1609, ユダヤ教律法師）……164

レンナー，カール（Karl Renner, 1870-1950, オーストリア社会民主党指導者）……122-123

ローゼンバウモヴァー，ヘドヴィガ（Hedwiga Rosenbaumová, プラハのテニス選手）……185

ロプコヴィッツ公（Prinz Ferdinand Lobkowitz, 1850-1926, オーストリアの貴族）……198

ローリング，アウグスト（August Rohling, 1839-1931, カトリック司祭）……158

【ワ行】

ワシントン，ジョージ（George Washington, 1732～1799, アメリカ合衆国初代大統領）……56

〈著者紹介〉

福田　宏（ふくだ　ひろし）
- 1971年　和歌山県新宮市生まれ。
- 1999年　北海道大学大学院法学研究科博士課程単位取得退学（政治学専攻）。博士（北海道大学・法学）。同法学研究科助手，講師を経て，
- 現在　　北海道大学スラブ研究センター 21世紀COE研究員。
- 専攻　　チェコ近現代史，ハプスブルク帝国史。

主要業績
『スポーツ』（近代ヨーロッパの探究8）〈共著〉ミネルヴァ書房，2002年。
「『国民楽派』を超えて――近代のチェコ音楽とは？」『フィルハーモニー』（NHK交響楽団機関誌），2004年9月。
　　　　　　　　　　　　　　　　　　　　　　　　　　ほか

身体の国民化――多極化するチェコ社会と体操運動
2006年2月28日　第1刷発行

　　　著　者　　福　田　　宏
　　　発行者　　佐　伯　　浩

発行所　北海道大学出版会
札幌市北区北9条西8丁目 北海道大学構内（〒060-0809）
Tel. 011(747)2308・Fax. 011(736)8605・http://www.hup.gr.jp

アイワード／石田製本　　　　　　　　　　　　Ⓒ 2006　福田　宏

ISBN4-8329-6581-6

書名	著訳編者	判型・頁数・定価
ドイツ社会民主党日常活動史	山本 左門 著	A5・384頁 定価6400円
複数民族社会の微視的制度分析 ―リトアニアにおけるミクロストーリア研究―	吉野 悦雄 著	A4・192頁 定価12000円
ロシア帝国民族統合史の研究 ―植民政策とバシキール人―	豊川 浩一 著	A5・528頁 定価9500円
ロシア革命と東方辺境地域 ―「帝国」秩序からの自立を求めて―	西山 克典 著	A5・484頁 定価7200円
ミニットマンの世界 ―アメリカ独立革命民衆史―	R.A.グロス 著 宇田 佳正 訳 大山 綱夫	B6・280頁 定価1600円
北海道大学法学部ライブラリー4 市民的秩序のゆくえ	長谷川 晃 編	A5・322頁 定価4200円
19世紀パリ社会史 ―労働・家族・文化―	赤司 道和 著	A5・266頁 定価4500円

〈定価は消費税を含まず〉

北海道大学出版会